高校图书馆区域联合信息咨询的理论与实践

季淑娟　王晓丽　刘恩涛　著

北京邮电大学出版社
www.buptpress.com

内容简介

本书重点介绍高校图书馆区域联合信息咨询服务的建设发展现状及运行管理，全书共11章，内容包括：联合信息咨询相关理论研究和历史沿革；高校图书馆协作组织类型和典型案例；联合信息咨询服务项目内容、服务模式与服务规范；联合信息咨询服务系统的架构和系统平台的构建；联合信息咨询体系的运营管理；联合信息咨询建设绩效和发展前瞻。

本书为促进高校图书馆区域联合信息咨询服务发展，加强图书馆之间网络信息咨询服务与应用技术的交流和合作，满足包括社会公众在内的广大用户多样化深层次的信息需求提供了重要理论参考和实践指导。

图书在版编目(CIP)数据

高校图书馆区域联合信息咨询的理论与实践 / 季淑娟，王晓丽，刘恩涛著. -- 北京：北京邮电大学出版社，2019.12

ISBN 978-7-5635-5959-6

Ⅰ. ①高… Ⅱ. ①季… ②王… ③刘… Ⅲ. ①院校图书馆—图书馆服务—信息咨询—研究 Ⅳ. ①G258.6

中国版本图书馆CIP数据核字（2019）第298079号

策划编辑： 彭　楠　　**责任编辑：** 毋燕燕　　**封面设计：** 七星博纳

出版发行： 北京邮电大学出版社
社　　址： 北京市海淀区西土城路10号
邮政编码： 100876
发 行 部： 电话：010-62282185　传真：010-62283578
E-mail： publish@bupt.edu.cn
经　　销： 各地新华书店
印　　刷： 北京九州迅驰传媒文化有限公司
开　　本： 787 mm×1 092 mm　1/16
印　　张： 13
字　　数： 319千字
版　　次： 2019年12月第1版
印　　次： 2019年12月第1次印刷

ISBN 978-7-5635-5959-6　　定　价：66.00元

前　　言

高校图书馆区域联合信息咨询服务是近年发展起来的一种基于多馆合作的服务模式。图书馆基于分布式的各自馆藏和数字化资源，依托互联网，以各图书馆的专业馆员、专家为后盾，遵循一定的规范和协议，借助网络平台或其他方式为在任何时间、任何地点提出信息服务需求的用户提供全面、优质的信息服务。多个图书馆通过强强联合、强弱协助，可以提高区域高校图书馆整体的综合服务实力，不仅为用户多样化的信息需求提供便捷的获取途径，也为高校图书馆适应高等教育的发展开拓创新服务提供有效的技术支撑。

本书系统论述了联合信息咨询的相关理论，梳理了国内外相关研究历史。介绍了我国高校图书馆间协作联盟组织的发展及开展联合信息服务的代表性案例。以北京地区高校图书馆文献资源保障体系(Beijing Academic Library & Information System，BALIS)联合信息咨询中心近十年的理论研究和实践经验为基础，论述了联合信息咨询服务项目规划、服务模式、服务规范、服务系统架构、服务网络平台构建、体系运营管理等问题，通过服务实践的详实数据分析了 BALIS 联合信息咨询的建设绩效与未来发展的前景。

本书第 1 章、第 3 章、第 6 章、第 10 章及第 11 章由季淑娟执笔；第 2 章由季淑娟、王晓丽联合执笔；第 4 章、第 5 章及第 9 章由王晓丽执笔；第 7 章、第 8 章由刘恩涛执笔。全书由季淑娟统稿。

在北京地区高校图书馆文献资源保障体系管理中心的指导和支持下，本书的研究成果依托 BALIS 十余年的研究建设与运行实践。在此，特别感谢 BALIS 管理中心主任、中国人民大学图书馆书记刘春鸿老师，BALIS 联合信息咨询中心的李晓娟、黄芳、左文革、郑兰、张建文、高彦静老师，同时也感谢所列参考文献中的各位作者。

希望本书的出版，能为高校图书馆区域联合信息咨询服务的开展起到积极的推进作用。联合信息咨询服务理论是不断发展的，虽然本书竭尽作者之能，但仍难免存在有待完善之处，敬请广大读者见谅。

作者

2019 年 4 月

目　　录

第1章 导 言

随着我国高等教育的可持续快速发展，教育结构调整加快，学科专业不断拓展，科学研究日益深入，创新型高层次人才培养模式的不断推进，要求高校图书馆提供高品质、深层次的信息咨询服务。高校图书馆的开拓创新能力、前瞻发展能力和快速适应能力，直接关系到图书馆的发展前景、服务品质以及竞争能力。为顺应和满足我国高等教育结构调整，学科专业拓展，科学研究能力提升，创新型高层次人才培养模式有效推进的快速发展形势，高校图书馆不断吸收先进的服务理念，引入先进的科学技术和现代的管理思想，以人为本，以教学和科研需求为动力，加大高素质人才的引进力度，开拓服务创新领域，持续提高专业化的服务品质，深度挖掘服务内涵，使得高校图书馆综合信息分析服务的水平与知识服务的能力明显提升。图书馆实现了从文献资源采集到多种媒体资源的整合，整体建设水平不断提高；从以文献的搜集整理为主到提供信息分析服务、知识服务研究，信息服务的水平不断提高；从过去的以文献资源的管理与服务为主到以人为中心，读者服务的水平不断提高；从提供单一的文献资源与服务到提供学习与研究空间、技术支撑与利用平台，为教学与科研服务的参与度在不断提升；图书馆的专业性突显、技术性增强、人员综合素质不断提高，使得图书馆有能力开展高层次的信息咨询服务。高校图书馆优越的文献资源环境和良好的服务口碑不仅赢得了学校师生的认可，也吸引了许多科研院所及企事业单位的研究人员。以教育部科技查新站的服务为例，2016 年 102 所高校科技查新站完成科技查新项目 38 858 项，其中为校外提供的科技查新报告数量占比高达 59%，可见高校图书馆不仅为本校的教学科研和人才培养服务，而且为社会提供了有效的信息咨询服务，其服务用户群体已明显呈现出多元化趋势，从另一个侧面也可看出社会群体对高校图书馆多样化信息服务的需求。

但具体到单一高校图书馆，其信息咨询服务无论是人员数量、学科构成还是文献资源的综合满足程度均会受到经费、编制、学科特色等诸多因素的影响和限制。高校图书馆的未来发展需要拓宽视野，调整思路，重新定位，深化服务，突破单个图书馆服务的制约，开展多形式联合信息服务，促进高校图书馆整体服务水平的提高。

20 世纪末，国外出现了虚拟联合数字参考咨询服务，其中比较著名的联合数字参考咨询系统有英国公共图书馆网络 EARL(Electronic Access to Resources in Libraries)的 Ask A Librarian 系统，主要提供非实时的网络表单咨询。有代表性的实际应用系统还有美国国会图书馆、OCLC 以及全球多家图书情报机构联合推出的全球合作参考咨询系统——QuestionPoint 系统。该系统在全世界已有 1 000 多个合作组和图书馆成员馆，QuestionPoint 是一个全面的参考咨询管理系统，它集成了实时网上咨询系统(Chat)和非实时网上参考咨询系统(E－mail/Web forms)，借助网络，通过本地和全球参与合作的图书馆联合提供每周 7×24 小时的在线咨询服务。2001 年始，我国也有图书馆和信息机构开始研究应用联合数字参考咨询服务，比较有影响的有上海图书馆联合上海地区十几家高校图书馆推出的“网上联合知识导航站”参考咨询系统；由中国科学院文献情报系统及科研院所图书馆联合相关文献信息机构推出的国家科学数字图书馆网上咨询台；由广东省中山图书馆及其他公共图书馆合作建立的全国图书馆参考咨询服务联盟网以及中国高等教育文献保障系统（China Academic Library & Information System，CALIS）建立的中国高等教育分布式联合虚拟参考咨询系统（DCVRS）。这些系统仅限于提供文献需求和电子邮件、表单、实时咨询及常见问题解答等咨询服务，其他信息服务多提供的是网站链接或联系方式，很难满足北京地区高校多元化的信息服务的实际需求。

目前国内高校图书馆对联合信息咨询相关服务的研究与实践相对局限。高校区域性联合信息服务的研究虽然在馆际互借、原文传递和虚拟参考咨询等联合信息服务方面取得了较快的发展，但是总体说来服务系统独立、服务功能单一，难以满足高校用户科技查新、情报分析、学科服务等多样化、深层次的信息咨询服务需求。许多高校图书馆鉴于自身的条件和人力、物力资源有合作开展服务的需求和意向，但没有合适的服务机制与模式，更没有合适的服务平台。因此，开展高校区域性联合信息服务的研究，不仅为用户多样化的信息需求提供便捷的获取途径，也为高校图书馆适应高等教育的发展开展创新服务提供了有效的技术支撑。其研究具有新颖性和重要的现实意义。

北京地区具有高校数量多，综合实力强，学科优势突出，人员整体素质高等许多得天独厚的优越条件，研究北京高校区域性联合信息咨询服务模式，搭建系统平台，研究服务规范，开展服务实践，能够聚合北京地区高校的学科、资源、人员优势，实现更广泛的优质文献信息资源与人力资源的共享，有利于发挥北京高校的学科整体优势。通过强强联合、强弱协助，推动北京地区高校图书馆围绕学校教学科研上水平、上层次开展创新服务，能够提升北京地区高校整体信息服务品质和综合服务实力。北京高校图书馆开展区域性的联合信息服务不仅可以为北京地区的高等教育服务，而且可以为北京的经济建设和社会发展服务，为建设科技北京、人文北京、绿色北京服务。开展高校区域性联合信息服务的研究不仅有利于北京高校图书馆的资源共建共享共服务的发展，对全国高校图书馆的建设与服务也具有一定的示范效应，具有推广价值。

联合信息咨询服务是多个图书馆联合起来，基于分布式的各自馆藏和数字化资源，依托互联网，以各图书馆的专业馆员、专家为后盾，遵循一定的规范和协议，借助网络平台或其他方式为在任何时间、任何地点提出信息服务需求的用户提供全面、优质的信息服务，是一种基于多馆合作的服务模式。作者通过对北京地区高校图书馆开展信息咨询服务项目和服务情况的网络访问和实地问卷调研，在认真分析了实际需求和现存问题的基础上，确定北京高校区域性联合信息咨询的系统目标是聚合北京高校图书馆的文献资源、学科、人员、专项信息服务等优势，利用现代化网络技术，实现高校图书馆间信息咨询服务的网络化、规范化、标准化共知共享共服务，借此联合培养一批高素质的专业信息咨询人员，发挥北京地区高校图书馆学科强、服务功能多的优势，为开展跨系统、跨地区等的合作服务奠定了良好的技术基础。

依托北京地区高校图书馆，本书探讨适合开展高校区域性联合信息咨询的服务模式，研究满足区域性联合信息咨询服务的系统建构和满足高校信息需求的服务规范及管理模式，为推动高校图书馆区域联合信息咨询服务提供可借鉴的相关研究支持。

第 2 章　联合信息咨询概述

2.1　相关理论基础

我国“信息咨询”一词作为图书情报界的一个专业术语，是 20 世纪 90 年代以来在“情报咨询”基础上逐渐改用的一个术语词汇，是传统参考咨询服务的延伸与扩展，是“咨询”一词被赋予了时代特征，反映了图书馆咨询服务情报化和社会化的一种发展趋势。信息咨询服务是咨询馆员根据委托方提出的要求，依托图书馆丰富的文献资源，以其专门的知识、信息、技术和经验，运用科学的方法和手段，采用现代咨询管理方法和工具，进行文献或数据的检索、研究、分析、预测，客观地提供解决问题的相关报告、建议、意见等，是图书馆的重要服务功能之一。

信息咨询服务是在信息资源服务基础上发展起来的一种传播和服务方式，其前提是信息资源的开发，其基本特点是改变所采集或储藏的信息资源形态以产出新的信息产品，它的本质是信息资源开发活动向市场的延展。

2.1.1　联合信息咨询的组成要素

从系统工程的角度看，联合信息咨询服务体系是一个多目标、多变量的复杂过程系统，其可能涉及或包含多个地区、多家机构、多系统平台、多种媒体资源、多个学科体系、多种服务模式等因素。如何按照联合信息咨询系统的特性和目标，寻求机构之间服务的有效协作及其过程、功能和关系的最佳匹配，达到系统最优组合，实现系统目标是研究与建设的根本出发点。

联合信息咨询服务系统涉及的主要组成要素有咨询委托方、咨询提供方、咨询参考资源、咨询流程、咨询技术、咨询产品、咨询标准规范、咨询服务环境。

(1) 咨询委托方：也可称为“用户”“客户”等，是联合信息咨询服务的需求对象，可以是机构、组织或个人。

(2) 咨询提供方：也可称咨询被委托方、服务方。一般为联合信息咨询服务联盟或组织中的机构或个人。通常咨询提供方具有提供某种信息咨询的资质与实力，在某些专业领域具有信息资源、专业技能人员等优势。

(3) 咨询参考资源：信息咨询过程中所依据的文献信息资源。文献信息资源是咨询的基础和重要依据，这里文献信息资源应是广义的，包含多种媒体的各类信息资源。

(4) 咨询流程：完成一项咨询服务所必需的完整执行过程，咨询过程的完整次序或顺序安排。

(5) 咨询技术：是咨询服务过程所依托的软硬件技术手段和设施、分析评价方法与应用工具，包括咨询设备、网络平台、咨询技巧方法和信息资源利用、应用软件等。

（6）咨询产品：是咨询服务的结果或成果。可以是信息目录、专题题录、文献综述报告、专题研究报告、项目评价报告、科技查新报告、决策分析报告、收录引用报告、专利分析报告等。

（7）咨询标准规范：咨询过程中必须共同遵守的相关技术标准、行业规范或协议等。

（8）咨询服务环境：是咨询服务的外部条件，主要指联合信息咨询服务的社会环境，包括联盟合作协议环境、联合信息咨询的政策环境与信息环境等。

2.1.2 联合信息咨询的特征性质

联合信息咨询服务是多个机构联合协作，基于分布式的各自馆藏和数字化资源，依托互联网，以各图书馆的专业馆员、专家为后盾，遵循一定的规范和协议，借助网络平台或其他方式为在任何时间、任何地点提出信息服务需求的用户提供全面、优质的信息服务，是一种基于多馆合作的服务模式。其服务特征如下。

（1）多机构协作性：联合信息咨询服务可以是某一区域、某一行业或是跨区域、跨行业的不同类型或同类型机构联合，一定是多个机构之间的联合协作，因此，机构之间合作的复杂性和协作性是其一个显著的特征。

（2）多资源共享性：由于是多机构在自愿、平等、互惠的基础上，通过机构之间的各种合作、协作、相互协调关系，利用各种技术、方法和途径，实现的资源共建共享，那么共享的资源不再仅仅局限于文献信息资源，可以扩展到机构之间参与咨询的人力资源、技术资源、学科专家资源以及相关学术成果等的共享，泛指在信息咨询服务过程中需要利用的各类资源。

（3）多学科广泛性：由于联合信息咨询人员是由多个高校图书馆专业咨询人员组成，各学校的咨询人员具有本校优势学科专业背景，学科覆盖面大，咨询人员队伍结构合理，数量多，具有网络提供服务的优势，尤其是可以依托各高校的专业研究人员，开展有针对性的各学科专业咨询，具有专业咨询的广泛性。

（4）多服务综合性：联合信息咨询服务是依托各高校图书馆的信息咨询服务，通过网络实时或实地开展服务。目前各高校的服务类型和服务产品均具有多样性。诸如以专业文献咨询为主的文献检索、定题文献综述、原文传递等和以专业知识服务为特征的学科导航、收录引用报告、科技查新服务、学科分析报告、专利信息咨询等。咨询方式由单馆一对一咨询发展到多馆联合的多对多网络虚拟咨询，实现多馆服务参与的有效互补和服务项目的全面性与综合性。

（5）多用户社会性：联合信息咨询通常有服务的网站或平台，实现对社会机构和人员的开放服务，服务对象不再局限于传统概念的图书馆读者，任何机构、组织和个人都可以是被服务的对象。服务面向所有社会大众，用户具有社会广泛性。

（6）多技术集成性：联合信息咨询是一种信息与知识的交流，其服务过程涉及检索丰富的文献资源，利用网络与计算机，应用各种分析工具和专业的服务技能，执行不同咨询项目复杂流程，大数据的专业数据管理等，因此要实现联合信息咨询服务必须要实现各种技术和服务功能的集成，满足系统整体的统一规划、统一管理、统一协调、统一服务的需求。

2.1.3 联合信息咨询的服务层次

根据委托方即客户提出的要求，联合信息咨询一般分为三个服务层次。

(1) 信息咨询层——主要针对教师学生等在教学科研过程中所需要文献信息以及在此过程中所遇到问题进行咨询。咨询需求主要与原始文献信息的检索与利用相关，涉及文献的检索、收集、整理和分析。如围绕科研项目的文献检索、定题服务、学科数据库利用咨询、收录引用证明、科技查新报告、专利查新检索、投稿指南等，为教师的科研立项申请、科研过程、结题报奖、专利申请、发表文章等提供全面的信息咨询服务。

(2) 管理咨询层——主要针对高校管理部门在不同的管理专业领域所需要的信息咨询服务，主要信息咨询服务是文献信息的检索、数据分析处理，按不同管理需求整理相关的数据或分析报告。如围绕学术成果产出与影响、人力资源管理、学术奖励数据、人员工作绩效评价、人力资源培训等开展的信息咨询服务。能够为机构在科研项目申报、科研奖励、人才引进、职称评定、绩效考核、岗位晋级等提供绩效分析与监控指标。

(3) 决策咨询层——是目前高校图书馆提供的高层次信息咨询服务，主要为政府、机构及相关部门在战略规划、竞争策略、业务领域分析与规划设计等过程中提供相关的决策咨询服务。包括战略规划咨询、发展战略咨询、竞争战略咨询、业务领域分析、机构发展对比、学科发展规划、学科建设投入等数据分析报告。

2.1.4 联合信息咨询的服务方式

联合信息咨询服务的服务方式分为面对面的咨询、表单邮件等文字咨询、网络通信工具实时咨询、专用的联合信息咨询服务平台等几种方式。

(1) 面对面咨询服务模式：通常为用户到访图书馆，当面提出信息咨询需求，咨询人员现场解决用户的问题。

(2) 表单邮件等文字服务模式：主要采用电子邮件、Web 表单、BBS 系统、留言板、常见问题解答（FAQ）、公告板或讨论组等方式或将几种方式相结合。此种方式的咨询特点是简单易行，远程用户和咨询人员均不受时间、地点限制，隐私性好，咨询内容易保存，大大提高了信息咨询服务的质量和速度，但其安全性和保密性差，实时性不理想，用户和咨询馆员不能面对面接触，缺乏实时交互交流，沟通烦琐，难以有效分析和澄清问题，有时会导致咨询结果不准确或不及时。

(3) 网络通信工具实时咨询服务模式：实时信息咨询服务模式是一种交互式的服务。可以通过电话、网络聊天软件、视频会议软件、网络咨询服务平台等方式，即时回答用户的咨询。这些服务方式中能即时显示图像和文字，实现咨询馆员当面交流的效果，咨询馆员可以非常方便地向用户发送解答其问题的网页，用户也可以就自己的问题和咨询馆员讨论或反复提问直至满意为止，这种服务方式极大提高了咨询服务质量，能有效支持远程的复杂咨询与用户培训。这种模式实时性较好，时效性更强，交互性好，内容具有可记录性，其最大的优势就是能够使问题及时得到解决而不用长时间的等待，实现了用户和咨询馆员之间文字形式的对话及咨询结果的传递，满足了人们足不出户、漫游世界、随时随地通过网络进行信息搜索和咨询服务的需求。

(4) 专用的联合信息咨询服务平台：基于多个图书馆协同合作的服务模式。其依托互联网，借助各自分布式馆藏和数字化资源，以各图书馆的专业馆员、学科专家为后盾，遵循一定的规范和协议，利用网络平台为在任何时间、任何地点提出信息服务需求的用户提供全面、优质的信息服务。国内许多地区和机构搭建了联合信息咨询的服务平台，开展联合信息咨询服务，但其服务内容与服务模式有所差异。不同的信息咨询服务模式其服务流程不同，影响其信息服务质量的要素也各不相同。

2.1.5 联合信息咨询的组织形式

图书馆的联合信息咨询服务是一种不同图书馆或机构之间的合作咨询模式，可以是图书馆系统内部的合作，也可以是图书馆不同联盟之间的合作或其他机构与图书馆之间的合作。联合信息咨询服务的合作范围可以是局地几家的、区域内的，跨地区乃至全国性的、跨国至国际性的。无论合作的规模与范围如何，其目的都是期望通过广泛意义的资源共享最大限度地满足用户信息需求，其协同服务的合作模式无疑是信息咨询服务发展的必然趋势。

1. 区域内情报机构合作

区域内情报机构合作联盟是为了实现资源共享、利益互惠的目标而组织起来，以若干图书馆为主体，联合相关的信息资源系统，根据共同认可的协议和合同，按照统一的技术标准和工作程序，通过一定的信息传递结构，执行一项或多项合作功能的联合体。区域内情报机构合作联盟的组织形式可以从不同角度分为不同的类型，主要有跨系统的图书馆联盟和系统内的图书馆联盟。区域性跨系统的图书馆联盟是指一个地区内各级各类图书馆之间在信息咨询方面的合作，是一种条块结合的组织模式。由上海图书馆牵头并联合上海地区公共、科研、高校等图书馆及其相关机构，以上海图书情报界的一批中青年资深咨询馆员为网上知识导航员，率先在国内推出的一个旨在向各专业技术和研究人员提供高质量专业参考咨询、知识导航的服务网站，实现了上海各类图书馆网上参考咨询服务的优势互补。

区域内系统内部的图书馆合作指同一类型情报机构间或相似组织机构间开展的联合参考咨询服务合作，如公共图书馆之间的合作，高校图书馆之间的合作等。这类联合咨询在国内外开展联合信息服务的形式很多，如美国俄亥俄州的 KNOW IT NOW 系统为俄亥俄州图书馆和俄亥俄州地区的公共图书馆共同提供参考咨询服务，旨在为俄亥俄州市民提供免费的信息服务。当用户输入俄亥俄州的邮政编码，用户就开始与咨询馆员会话，咨询馆员可以将高质量、权威的在线资源“推送”到用户的显示器上。国内也有多种该形式的联合信息服务，如北京高校图书馆的 BALIS 联合信息咨询中心，联合北京地区 40 多所高校图书馆，发挥各学校的专业学科、文献资源与人员特色及各自信息服务专项优势，基于网络在线实时委托、受理、状态查询、提交与反馈全流程的网络服务与管理。一站式提供多所高校图书馆的科技查新、论文收录引证、文献/专题服务、情报分析等专项信息服务，实现区域高校图书馆的联合信息咨询服务。

2. 跨区域情报机构合作

按联盟的组织形式跨区域情报机构合作同样可以分为系统内的图书馆合作和跨系统的情报机构合作。跨区域系统内的图书馆合作比较著名是 CALIS，是经国务院批准的我国高等教育“211 工程”“九五”“十五”总体规划中三个公共服务体系之一。CALIS 的宗旨是在教育部的领导下，把国家的投资、现代图书馆的理念、先进的技术手段、高校丰富的文献资源和人力资源整合起来，建设以中国高等教育数字图书馆为核心的教育文献联合保障体系，实现信息资源共建、共知、共享，以发挥最大的社会效益和经济效益，为我国的高等教育服务。迄今参加 CALIS 项目建设和获取 CALIS 服务的成员馆已近千家。另一影响力较大的全国高校信息服务系统是教育部科技查新服务平台，该平台由全国东北地区、华北地区、西北地区、华东地区、华中地区、华南地区、东南地区、西南地区共 8 个地区 102 所高校的科技查新站组成，依据《关于规范高校科技查新工作的意见》（教技发中心函〔2015〕146 号）文件要求，为高等学校和社会的科技发展提供科技查新等信息咨询服务。

跨区域、跨系统的大型信息服务平台典型代表是由广东省中山图书馆及其他公共图书馆合作建立全国图书馆参考咨询联盟，是由我国各类型图书馆自愿参加的公益性组织和技术平台，其宗旨是以数字图书馆馆藏资源为基础，以互联网的丰富信息资源和各种信息搜寻技术为依托，根据统一规划、统一标准、合作建设、协调管理、免费服务的原则，为社会提供免费的网上参考咨询和文献远程传递服务。

国外公共图书馆和学术图书馆之间的跨系统、跨区域合作也有一些典型案例，这里的学术图书馆主要包括高校图书馆和研究机构的图书馆两种形式。学术图书馆主要是依据学校和研究所的科研和教育任务提供相应的信息服务；而公共图书馆面向的服务对象主要是公众，提供的主要是和社会活动有关的常识性信息，所以两者面向的服务对象不同。通过公共图书馆与学术图书馆之间的合作，一方面可以将信息资源进行整合，另一方面将人力资源进行整合，充分考虑两种不同类型图书馆的咨询馆员的知识结构，能够满足各种用户的信息需求。美国新泽西州图书馆网络是一个实时的数字参考咨询服务，提供全天候服务。这项服务是由来自各图书馆的多个咨询馆员提供，这些图书馆包括公共图书馆、学术图书馆、新泽西州立图书馆。在 2001 年 10 月 1 日，该项目在其国家第一个开展遍布全州的联合数字参考咨询服务。

3. 国际性情报机构间合作

国际性图书馆联盟中的各家成员馆不受地域、图书馆类型限制。有代表性的实际应用系统有美国国会图书馆、OCLC 以及全球多家图书情报机构联合推出的全球合作参考咨询系统—QuestionPoint 系统。QuestionPoint 系统在全世界已有 1 000 多个合作组和图书馆成员馆，是一个全面的参考咨询管理系统，集成了实时网上咨询系统（Chat）和非实时网上参考咨询系统（Email/Webforms），借助网络通过本地和全球参与合作的图书馆联合提供每周 7 天，每天 24 小时的在线咨询服务。我国的清华大学、北京大学、中山大学图书馆等也参与该系统并组成国内合作组（CALIS Group）。

4. 图书馆联盟的合作

MWL（My Web Librarian）是一项由两个美国利诺伊州地区图书馆系统——联合图书馆系统（Alliance Library System）和北郊图书馆系统（North Suburban Library System）组成的联合数字参考咨询项目。每个系统都有一个由成员馆共同开发的数字参考咨询项目，联合图书馆系统是由 9 个学术图书馆组成，北郊图书馆系统是由 14 个公共图书馆构成。截至 2003 年 10 月 11 日，有 21 个公共图书馆、14 个学术图书馆和 1 个高校图书馆参与了此系统服务。

5. 商业机构和图书馆的合作

随着数字参考咨询的发展，很多开发图书馆软件的商业机构也涉足联合数字参考咨询软件的开发，如 AQL Messenger（sm）（America Online ）、LSSI 公司的 Web Reference Center 公司等。这些开发联合数字参考咨询软件的公司一方面开发适合于图书馆发展的系统平台，另一方面为购买该软件的图书馆提供良好的服务，其中包括与图书馆联合共同提供参考咨询服务。例如 LSSI 公司旗下的 Web Reference Center 公司为其客户图书馆的用户提供每天 24 小时、每周 7 天的后援咨询服务，即在其客户图书馆虚拟咨询台关闭期间，或在他们一时解决不了用户的咨询问题时以及在咨询高峰时段向用户提供实时咨询帮助。

在我国，由北京世纪超星有限责任公司开发并提供后台技术支持的“读秀一学术搜索引擎及文献资料服务平台”是由海量全文数据及资料基本信息组成的超大型数据库，为用户提供深入到图书章节和内容的全文检索，部分文献的原文试读，以及高效查找、获取各种类型学术文献资料的一站式检索和周到的参考咨询服务，是一个真正意义上的学术搜索引擎及文献资料服务平台。其中，可以申请图书馆文献传递的数据量达到 310 万册。在其服务过程中，“读秀”的海量资源与用户图书馆资源整合为用户打造一个资源库的同时，链接了文献资源的馆际互知互借、网上书店购买、联系出版社等功能也为用户提供了多种获取海量资源的捷径，满足读者快速获取知识的需求。

2.2 国内外相关研究历史沿革

2.2.1 重要概念辨析

1. 咨询的本义及要素特征

现代汉语词典中将“咨询”作为一个词语解释为询问，征求意见。在古代汉语中，“咨”和“询”都有此意，通常单独使用。“咨”即意为商议、咨询。如《左传·昭公元年》：“子产咨于大叔。”诸葛亮《出师表》：“事无大小，悉以咨之，然后施行。”“询”意为询问，征求意见，请教。《左传·文公十三年》：“秦大夫不询于我寡君，擅及郑盟。”《后汉书·冯衍传上》：“纳雄杰之士，询忠智之谋。”贾思勰《齐民要术序》：“询之老成，验之行事。”“咨询”一词最早见于《诗经·小雅·皇皇者华》：“载驰载驱，周爰咨询”，其意为君遣使臣，要使臣悉心察访民间疾苦以告天下。

在欧美，相当于“咨询”的词来源于拉丁文“consulto”。英语中与咨询意思相近的词为 consult 及以 consult 为词根的词。外语教学与研究出版社《朗文当代高级英语辞典》（第五版）：consult，v[I，T] 1 to ask information or advice from someone because it is their job to know about it. 咨询，请教。例如，If symptoms persist，consult a doctor without delay.（如果症状持续，马上咨询医生）。2 to discuss something with someone so that you can make a decision together（与某人）商议，商量（以便共同作出决定）。例如，I can't believe you sold the car without consulting me.（我真不敢相信你不和我商量一下就把车卖了）。

从文字考证可以看出，“咨询”应用于古今中外的各个领域。根据咨询客体涉及学科属性不同，现代学者一般将咨询分为五大领域。

(1) 决策咨询：即政策咨询或综合咨询（decision-making consultation）

(2) 管理咨询：management consultation

(3) 工程咨询：engineering consultation

(4) 技术咨询：technical consultation

(5) 专业咨询:professional consultation

总结起来,咨询具有下列特征要素。(1)咨询主体:咨询具有特定的主题对象,包括提出咨询请求的委托方,以及提供咨询解答的咨询方,两者缺一不可。咨询双方通过信息的交流、反馈、加工、处理进行咨询互动。(2)咨询客体:咨询具有鲜明的目的性,委托方提出的某一具体领域的咨询请求,期望咨询方提供相关的解决问题的信息、建议、方案、报告等。(3)咨询过程:咨询属于广义范畴的过程服务,与通常的商品交易、劳务、代理、中介不同,是咨询方应委托方的请求,运用其专门的知识、经验、技术、技能对咨询客体进行调查、分析、研究、预测,帮助委托方解决问题的过程,是一种经验和知识的应用创新过程。

2. 参考咨询

参考咨询即参考咨询服务(Reference Services),这一概念反映的是图书馆界的传统服务。美国图书馆协会参考咨询与读者服务分会(Reference and User Services Association, RUSA)早在 1984 年为图书馆的参考咨询服务给出定义:"咨询服务是指咨询馆员或信息工作人员在读者查找信息时提供帮助,包括推荐他们使用何种信息源,为他们提供这方面的教育和培训。"《中国大百科全书》(1993)图书馆学情报学档案学卷关于"参考咨询"的定义是:"参考咨询是图书馆员对读者在利用文献和寻求知识、情报提供帮助的活动。它以协助检索、解答咨询和专题文献报道等方式向读者提供事实、数据和文献线索。有些国家的图书馆参考咨询服务甚至还包括解答读者生活问题的咨询。"

图书馆参考咨询服务的宗旨是为教学和科研提供最佳的服务项目和设施,其目的是及时为大学教师、学生、工作人员以及本社区其他人员的教学和科研提供所需要的相关服务、资料和信息。参考咨询不仅仅在于帮助读者查找到他们所需的资料,更重要的是要告诉读者需要用什么检索工具或者数据库,用什么方法进行检索,以及怎么选择和使用查到的信息或资料,即不仅仅帮助读者查找信息,还教会读者如何去查找和使用信息。

3. 信息咨询

信息咨询概念的提出是在信息论确立以后,适应信息产业和信息服务的需要,更好地体现了咨询在信息化、网络化时代的特征。信息和咨询是密不可分的。信息是咨询的基础,咨询的每一个环节都离不开信息,最终利用信息解决问题;同时,咨询活动对原有分散信息进行整合加工,使其增值并得到充分有效地利用。

从图书馆服务范围看,参考咨询是信息咨询的一种类型。需要注意的是,不能简单地将图书馆的信息咨询服务(Information Consultation services)与图书馆设置的信息台服务(Information Desk Services)相混淆。信息台服务通常是图书馆为了方便读者使用图书馆的资源和设备而设置的,以提供初级的、指引性的图书馆服务为主,多由经过培训的学生工作人员(Student Worker)负责信息台问题的解答。

《信息咨询概论》(柯平,科学出版社,2008)一书中将"咨询"分为三个层次。第一层次是信息咨询(information consultation),是一种运用信息和知识解决各种问题的应用广泛的咨询,是所有咨询的基础,属于微观咨询;第二层次是专门咨询(specializedconsultation),包括管理咨询、工程咨询等,是依赖高水平的职业咨询师,运用高深专业知识和能力承担某一重大项目,解决复杂问题的行业性较强的咨询,属于中观咨询;第三层次是战略咨询(strategic consultation),指针对国家和重大领域的跨学科、跨行业的咨询,属于宏观咨询。信息咨询是所有咨询的基础,任何咨询都是人们以信息为基础,对信息、情报、资料进行综合加工和创造，为社会提供各项服务的一种智力型信息服务方式。

高校图书馆开展的“信息咨询”多与柯平提出的第一层次的“信息咨询”范畴相一致，是图书馆咨询馆员运用所掌握的信息和知识解决教师、学生及其他读者在教学、科研甚至管理、决策等环节中提出的各种问题。美国图书馆协会出版的《图书馆员词表》(The Librarian's Thesaurus)中“信息服务”词条下认为信息服务包括满足用户需求的各种情况：为自助服务组织开放的参考藏书；提供面对面或电话的快捷信息；准备和传递主题目录；实施传统资料或在线数据库的深入细致的检索；为专门团体收集某一专题的信息；准备文摘或文献综述；建立专题信息与参考中心等。

4. 联合信息咨询

信息咨询服务是图书馆的核心业务，它的好坏直接影响图书馆事业的发展。但是，由于受传统管理体制和服务意识淡薄的影响，我国图书馆长期以来处于重馆藏轻服务的状态。直接导致图书馆信息咨询服务起步晚，服务基础薄弱、观念守旧、资源匮乏、服务人员素质高低不齐。与图书馆能够提供的信息咨询服务形成鲜明对比的是读者日益增长的信息需求，尤其是随着我国高等教育的可持续快速发展，教育结构调整加快，学科专业不断拓展，科学研究日益深入，创新型高层次人才培养模式不断推进，作为图书馆系统重要组成部分的高校图书馆，其信息咨询服务面临不断改进的需求。而单一高校图书馆的信息咨询服务无论是人员学科构成、岗位数量，还是文献资源的综合满足程度都受到了一定的制约。因此，通过图书馆合作，进行联合信息咨询服务是解决这一困境的有效途径。

图书馆合作(library cooperation)又称为图书馆联合或图书馆联盟(library Consortia/library Alliance)。图书馆联合信息咨询服务是在图书馆合作的基础上形成的共建、共享、共服务的新模式。图书馆联合信息咨询服务的历史可以追溯到20世纪初。早在1901年，美国国会图书馆便开始对其他图书馆实行馆际外借服务。经过百余年的探索与发展，馆际互借已经成为图书馆业务工作的一部分。随着计算机网络和文献数字化技术的发展，在馆际互借的基础上，原文传递服务成为图书馆联合信息服务的一个新内容。20世纪60年代开始，总部设在美国俄亥俄州都柏林的联机计算机图书馆中心(Online Computer Library Center，OCLC)就开始采用分布式原文传递模式开展服务，目前已联合了100多个国家和地区的5 700多个各类型图书馆提供原文传递服务。20世纪末出现的虚拟数字参考咨询服务是图书馆联合信息服务的新内容，其中最具代表性的是OCLC与美国国会图书馆推出的Question Point全球合作参考咨询项目。近年来，在国外图书馆联合信息服务的影响下，我国图书馆的馆际互借、原文传递和虚拟参考咨询等联合信息服务也取得了快速发展。如CALIS的虚拟参考咨询系统，中国高校人文社会科学文献中心(CASHL)的原文传递系统，北京地区高校图书馆文献资源保障体系(BALIS)的原文传递中心和馆际互借中心，上海十几家公共、科研、高校图书馆成立的“网上联合知识导航站”，以及广东省立中山图书馆牵头联合全国40多家公共图书馆组建的“联合参考咨询网”等。这些联合信息服务的开展均在一定程度上促进了图书馆界的资源共享。

然而，上述国内外图书馆联合信息服务都是围绕馆际互借、原文传递或联合虚拟参考咨询开展的，信息服务功能比较单一，难以满足用户多样化的信息需求。同时，高校图书馆的用户群体日益呈现多元化趋势，除高校师生外，科研院所及企事业单位也逐渐成为高校图书馆的重要服务对象。面对信息需求的多样化和用户的多元化，单个图书馆的信息咨询服务无论是人员学科结构、岗位数量还是文献资源的综合满足程度都受到一定制约。基于此，开展联合信息咨询服务成为图书馆合作的新内容。北京地区高校图书馆文献资源保障体系(Beijing Academic Library & Information System，BALIS)继原文传递中心、馆际互借中心、资源协调中心、培训中心之后成立了联合信息咨询中心，于 2009 年 12 月 22 日正式揭牌成立。成立 BALIS 联合信息咨询中心的意义在于深入推进北京地区高校多、综合实力强、学科特色突出等优势，集各高校图书馆的信息咨询服务为一体，发挥网络技术和各校专业咨询队伍的优势，以强带弱、以大带小，带动北京地区高校图书馆信息咨询服务的开展，有助于发挥北京高校的学科整体优势，共享高校的文献信息资源、人力资源和物资资源，提高北京高校图书馆的综合信息服务实力，为高校教学和科研的上层次、上水平做好文献信息保障；为北京地区的高等教育服务，为北京的经济建设和社会发展服务。

联合信息咨询服务是一种多馆合作的服务模式，是图书馆联盟发展到一定阶段后，图书馆共建、共享、共服务的一种表现形式。文献信息资源的共建、共享是图书馆联盟形成的最初动机，也是图书馆为应对文献数量急剧增长压力而采取的应对措施，图书馆联盟合作形式有联合编目、藏书资源共享、馆际互借、文献传递等。随着数字资源的发展和网络技术的进步，电子内容提供、远距离获取服务及网络课程服务等也成为图书馆联盟的合作服务内容。图书馆 2.0 时代，联合数字参考咨询(Collaborative Digital Reference Service)是图书馆联盟的最具代表性的合作方式，依托各馆数字资源为社会提供免费的网上参考咨询和文献远程传递服务，用户可以远程咨询包括文献信息检索方法在内的图书馆各项服务，网上查询各类文献馆藏情况。国际上比较著名的 CDRS 系统有英国公共图书馆网络 EARL(Electronic Access to Resources in Libraries)的 Ask A Librarian 系统，其建于 1997 年 11 月，是由 100 个地方当局和协作成员参加的英国公共图书馆全国网络化项目，主要提供非实时的网络表单咨询。美国国会图书馆及全球多家图书情报机构联合推出的 QuestionPoint 可以说是目前世界上覆盖范围最广、功能最完善的 CDRS 系统之一。2004 年 10 月 8 日，美国伊利诺伊斯州图书情报研究所发布的有关联合数字参考咨询服务系统的调查报告，列出了 80 个不同国家的联合咨询服务，遍及美国、加拿大、澳大利亚、丹麦、挪威等国家。

其实，早在 2001 年，我国国内已有图书馆和信息机构开始研究应用联合数字参考咨询服务，比较有影响的有上海图书馆联合上海地区十几家高校图书馆推出的“网上联合知识导航站”参考咨询系统，由中国科学院文献情报系统及科研院所图书馆联合相关文献信息机构推出的国家科学数字图书馆科学参考咨询台，由广东省立中山图书馆及其他公共图书馆合作建立的联合参考咨询网，以及 CALIS 建立的中国高等教育分布式联合虚拟参考咨询系统(CDVRS)，这些系统均可通过调度系统实现成员馆资源和专家的共享，合作提供数字化的参考咨询服务。

在联合信息咨询服务框架下，各馆可以依据图书馆联盟推行的各类技术标准和服务规范，在已有的联盟合作基础上，充分利用现代的先进技术，拓展联盟合作内容，在最广泛的范围内实现包括馆藏资源、馆员人力资源在内的图书馆资源的共建、共享，并将这些资源用于读者信息咨询服务，实现共服务的最终目标。

通过联合，图书馆信息咨询服务不再受时间地域限制的理想境界得以实现，可以满足任何用户(any user)在任何时间(any time)、任何地点(any place)、向任何图书馆(any library)提出的任何信息(any information)需求，即张岩等在《深圳模式》中提出的“5A”标准。服务联合体的信息咨询服务能力大大增强，完全摆脱了单馆独斗的信息服务模式下所面临的人力资源和信息资源瓶颈。

参加联合信息咨询服务的图书馆在行政隶属关系上仍是相互独立的实体图书馆，各成员馆之间是平等的契约关系。成员馆在共同认可并遵循的联合体服务规范的约束下开展服务，协调合作，互惠互利，优势互补。成员馆的组成也不是一成不变的，而是动态的组合。有相应的进出机制，在联合体的规章制度要求下，符合条件的图书馆可以加入，也可以依据程序选择退出联盟。

一般说来，有专门的机构负责管理协调联合信息咨询联合体的运行和发展。对于民间的图书馆联合信息服务组织，其联合体的管理机构多是由发起联合的图书馆或几个主要图书馆组成的管理委员会；由官方牵头组建的信息服务联合体则可由政府教育主管部门负责管理运营，也可以由主管部门委托一个图书馆管理或委托几个图书馆共同管理。

2.2.2 国内相关研究

在国内，图书馆联合服务的起步较晚。随着对国外图书馆联盟的了解和共享思想的深入，从 20 世纪末开始，图书馆联合的相关研究和实践陆续展开，随之而来涌现出大批文献，这些文献都是围绕以下几个方面进行的相关研究。

1. 对国外图书馆联盟的介绍与研究

石海玉和王芳芳等（图书馆杂志，1999）撰写的《虚拟网络环境下的图书馆组织——华盛顿研究图书馆联盟》，介绍了华盛顿图书馆联盟在制定规划、组织结构、管理模式、投资分配等方面均有一套完善合理可行的经营策略和方针，认为值得国内学习和借鉴。赵力飒（图书馆建设，2001）以美国伊利诺宜州的图书馆系统为例介绍了用图书馆联合的方法扩展图书馆的功能。孔令玉和高波（大学图书馆学报，2008）介绍了美国图书馆联盟的发展概况，从 4 个方面分析美国的图书馆信息资源共享模式，美国图书馆联盟的政府及民间管理体制，会员及理事会组织制度，多元化的联盟运营、建设经费的筹集方式，联盟成员间共享信息资源的内容及相关技术，在此基础上总结美国图书馆联盟的特点，并指出美国图书馆联盟建设及发展的不足。高波和孙琼（图书馆论坛，2008）对加拿大图书馆信息资源共享模式的管理、组织、经费等方面进行介绍，认为中心图书馆领导作用、合作精神是加拿大图书馆信息资源共享成功的重要条件，并指出我国图书馆信息资源共享模式应在数字图书馆和馆际互借等方面向其学习。杨丽和高波（大学图书馆学报，2008）等人从图书馆联盟的管理体制、组织制度、经费来源、采用技术、共享内容、共享形式、联盟特点 7 个方面来探讨西班牙、葡萄牙、瑞士与比利时 4 个西欧国家的图书馆信息资源共享模式。

2. 图书馆联合的基本问题研究

戴龙基和张红扬（大学图书馆学报，2000）从图书馆联盟的定义、历史人物、联盟文化、联盟模式和管理等方面全面阐述了图书馆联盟这一概念。指出图书馆联盟通过资源共享、互助合作的方式满足日益增长的读者需求，是图书馆在现代社会中的生存模式和组织模式，在现代信息技术的促进下，具有广阔的发展前景。强自力（情报杂志，2005）论述了图书馆联盟的三个发展阶段，指出图书馆联盟的发展经历了传统图书馆联盟、图书馆网络和现代图书馆联盟三个阶段，分析了电子资源、图书馆集成系统及互联网的发展对现代图书馆联盟的影响，概述了现代图书馆联盟的特点。叶宏（情报资料工作，2004）指出图书馆联盟是基于实现图书馆运作的全方位优化这一管理理念提出的新型组织运行模式，其特点在于能把握快速多变的机遇，在不可预测的竞争格局中，对用户多样化的信息需求做出从容、有效的应对。因而较之传统图书馆，其在管理理念、管理目标、管理系统、管理要素、管理组织、管理职能等方面都有着无可比拟的优势，同时又能有效地规避传统图书馆管理模式的缺陷。国内学者普遍认为图书馆联盟之所以能够不断发展，是因为建设图书馆联盟具有重要的意义，图书馆联盟是图书馆事业的发展方向，是文献资源利用最大化的必然趋势，是图书馆可持续发展的方式选择，是学习型社会图书馆的必然走向。

3. 图书馆联盟的建设研究

国内学者们主要从高校图书馆联盟、公共图书馆联盟、大学城图书馆联盟三个主要方面探讨，从制定联盟原则、加强标准化建设、选择最佳运作模式等几个方面进行对策研究。陆地和郭秦茂（江西图书馆学刊，2009）分析了我国图书馆联盟建设现状和特点，并对其未来发展提出了具体的建议。何燕（图书馆论坛，2006）分析了公共图书馆联盟发展现状及其制约因素，并结合实例讨论公共图书馆联盟的发展前景，提出相应的发展对策。张红芹与赵乃瑄（图书情报工作，2016）对国内典型区域跨系统图书馆联盟建设现状与发展对策进行了实证研究，对国内 8 个区域跨系统图书馆联盟的建设目标，实际运营状态和发展规划等做深入调研考察，分析总结联盟的发展状态及趋势，提出对策与建议。通过网站调研、文献调研、实地访谈等多种调研途径，获得联盟发展的翔实数据资料。研究发现国内区域跨系统联盟的运营基本实现了资源共建、共享的建设目标，但也存在共性问题，如受经费投入影响很大，各成员馆的优势未能实现互补，高校馆的参与度低等。提出加强政策引导、规范联盟服务流程，通过特色资源建设与服务积累各联盟服务优势，开展多元化合作项目增强联盟凝聚力，并推动“大网络＋小核心”的区域联盟间合作策略以促进联盟共同发展等。国内的其他学者也对图书馆联盟的具体建设进行了思考，并提出了许多可行性的建议，综合来看有关于机构结构、功能、法律及政策保障、理论研究、联盟运作模式、标准化建设、联盟文化的培育、联盟运营资金的连续性和稳定、联盟的约束力、知识产权的保护等方面的建设，其中资源建设是图书馆联盟建设的重要方面。

4. 区域图书馆联盟研究

近年来，国内区域图书馆联盟的建设取得了可喜进展，建设了北京地区高校图书馆文献资源保障体系（BALIS）、天津地区高校图书馆文献资源保障体系（TALIS）、江苏省高校图书馆文献信息保障体系等区域性图书馆联盟，同时各地区学者们对区域图书馆联盟的建设也提出了很多的设想和建议。范亚芳和王传卫（图书馆，2008）基于互联网对我国高校区域性图书馆联盟进行调查，分析联盟的建设现状，探讨联盟的运行服务模式，找出存在的问题，并对其今后的合作与共享提出可行性建议。唐婵飞（情报探索，2006）概述了我国地区图书馆联盟的发展现状，指出影响我国地区图书馆联盟发展的几个问题，提出了促进地区图书馆联盟发展的对策。鄂丽君与许子媛（图书馆，2012）采用网络调查的方法，调查了我国区域图书馆联盟建设的现状，分析了联盟的所属行政区、联盟的类型及成员馆数量、联盟的组织模式、联盟的合作模式、联盟的管理模式、联盟的资源建设、联盟的服务项目，提出了诸如提高对构建区域图书馆联盟的重视，加强市域图书馆联盟建设，加强区域性公共图书馆联盟建设，协调管理同一省或市的多个联盟，加强联盟成员馆的特色资源整合，深化联盟的服务等措施。

5. 数字图书馆联盟的研究

数字图书馆联盟也是我国学者研究的重点之一。数字图书馆联盟是为了适应数字化社会的发展要求、数字图书馆规模化建设而产生的，是对图书馆联盟的继承和发展。在数字环境下，成员馆间为了共建、共知、共享信息资源，开发联合合作编目系统、联机公共检索系统、馆际互借与文献传递系统、网络导航、特色文献数据库建设等组成的受共同认可的协议或合同制约的图书馆联合体。何琳（图书馆，2010）通过调查我国区域性高校数字图书馆联盟建设现状，从整体状况、经费来源、宣传推广、服务水平、培训和交流机制等方面分析目前我国区域性高校数字图书馆联盟建设存在的主要问题，从统筹规划、宣传推广，多渠道筹集经费，加强合作和服务，加强特色数据库的建设和共享，设计良好的沟通平台和培训机制，加强数字图书馆联盟的理论研究等 7 个方面提出了加强我国区域性高校数字图书馆联盟建设的对策。曾春春与詹庆东（图书馆建设，2016）就中美区域性高校数字图书馆联盟治理体系进行了比较。研究发现美国加利福尼亚州大学数字图书馆联盟和福建省高校数字图书馆两个区域性高校数字图书馆联盟在治理结构、治理功能、治理制度、治理方法及治理运行方式 5 个方面具有一定的差异性。美国区域性高校数字图书馆联盟具有科学、合理、有序的组织管理，完善的制度建设和管理体系，分工合理、职权明晰的协作关系。而我国区域性高校数字图书馆联盟则存在以下不足：缺乏一套完善的图书馆法律规范体系；制度建设不健全，监督力度不足；资金来源单一，技术实现标准多样。我国应借鉴美国的成功经验，完善区域性高校数字图书馆联盟的治理，以推动各区域性高校数字图书馆联盟的变革发展，实现全国图书馆事业的大发展。

6. 联合虚拟参考咨询研究

目前，全球范围内出现的合作虚拟咨询服务项目有 40 多个，从合作范围上看分为区域性、全国性和跨国范围的合作虚拟参考咨询。国内学者对国外联合虚拟参考咨询介绍最多的是 QuestionPoint。该项目由美国国会图书馆、OCLC，以及全球多家图书情报机构联合推出，是唯一一个在全球范围内的合作虚拟咨询服务项目。通过一个国际的图书馆及相关机构的数字网络，提供一种各馆可以利用各自的馆藏优势，分散地接受读者的网上咨询，同时又能接受来自全球其他图书馆咨询请求的专业的参考咨询服务，服务所形成的知识库能够为全球读者和各图书馆所共享。QuestionPoint 全球合作虚拟咨询服务系统以其先进的合作咨询思想和涵盖全球的发展计划，有效实现了信息资源、人力资源、服务资源的最优化共享和利用，成为合作虚拟咨询服务的典范。

我国国内影响范围较广的虚拟参考咨询系统当数 CALIS 联合问答。金毅和黄敏（大学图书馆学报，2005）等人介绍了 CALIS 分布式联合虚拟参考咨询系统（DCVRS）的开发，包括系统的架构、组成、功能以及相关标准等。DCVRS 项目的目的是为 CALIS 成员馆提供一个联合虚拟参考咨询服务平台，沟通咨询馆员与读者，真正实时地解答读者在使用数字图书馆中第一时间所发生的问题；同时也有助于推动与国内外虚拟参考咨询的合作以及相关标准技术的发展。张春红、肖珑和梁南燕（大学图书馆学报，2006）等介绍和评析了国际常见的虚拟参考咨询标准规范，包括《IFLA 数字参考咨询指南》、RUSA《虚拟参考服务实施与维护指南》《Question Point 成员指南》和《K－12 数字参考服务信息咨询专家指南》，以及 NISO 推出的技术标准之一《问题/答案流程处理协议》，VRD 制定的 QuIP（《问题交换协议》），KnowledgeBit、AskERIC 的网络资源选择标准等。通过对这些规范的分析并结合虚拟参考咨询服务开展的实践，探讨了虚拟参考咨询服务规范制定的必要性、制定原则和内容以及应用发展等。并以CVRS(CALIS分布式联合虚拟参考咨询服务系统)项目的规范制定为案例，介绍了《CALIS虚拟参考咨询服务规范》的内容。

7. 服务质量控制研究

由于各个联合信息服务系统的服务内容、功能定位及服务模式存在或多或少的差异，影响服务质量的因素也存在差别，有效的质量控制和管理成为各联合信息服务系统顺利运行的另一个重要方面。代表性的研究有：关志英(大学图书馆学报，2012)以中国高校人文社会科学文献中心(CASHL)为例研究了我国图书馆联盟馆际互借服务质量控制。馆际互借与文献传递服务已成为图书馆联盟实现资源共享的最普遍形式，但由于联盟内成员馆在管理水平、服务条件、服务能力和人员素质等方面往往存在巨大差异，如何保证各馆能始终按照联盟组织者的要求，为用户提供标准化、高质量的服务，已经成为图书馆联盟在开展联合服务时所面临的最大挑战之一。以CASHL为案例，通过深入考察CASHL在组织北京大学、清华大学等全国17所重点高校图书馆开展联合服务时所采取的质量控制与提升措施，分析了图书馆联盟在开展馆际互借和文献传递服务时的关键问题，并尝试提出解决之道，以期为其他共建、共享组织提供参考借鉴。蒋玲(乐山师范学院学报，2010)基于层次分析法对异质性区域图书馆联盟服务质量评价体系进行了研究，构建的评价体系包括资源服务、咨询服务、技术条件、质量效益4项一级指标，一级指标支配下层的资源需求、获取文献、资源评价等9项二级指标，由五级制即非常满意、满意、基本满意等组成5项评价结果。赵配影(农业图书情报学刊，2013)研究了天津市高校数字图书馆联盟信息服务质量评价指标体系，以天津市高校数字图书馆联盟为评价对象，以数字图书馆的数字资源、服务方式、服务技术、服务效果为评价内容，遵循特征性、目的性、定量与定性相结合的原则，运用德尔菲方法制定出数字信息服务质量评价的指标体系。袁静(情报资料工作，2010)研究了图书馆联盟服务质量提升的策略，提出了制定联盟内部统一的服务质量标准和基于情景感知的图书馆联盟服务共享与集成框架思路的解决策略。另外，唐琼(大学图书馆学报，2006)采用基于用户感知的服务质量模型对图书馆信息咨询服务质量进行了研究。综合看来，上述研究认为服务过程中参与服务的馆员、馆藏资源、设施/设备、图书馆环境等因素都会对信息咨询服务质量带来影响。另有相关研究认为服务流程中的技术支撑、系统功能、用户需求、用户接收信息的能力、工作人员素质等都可能成为影响信息服务质量的主要因素。因此，有必要对多功能联合信息服务流程中各种因素进行分析并有效控制来保证信息服务质量，使得联合服务效用最大化。

8. 联合信息服务知识产权研究

联合信息咨询服务过程中知识产权的保护是一个重要问题。对联合信息咨询服务与知识产权关系进行分析，研究服务过程中可能涉及的相关问题，提出联合信息咨询服务中进行知识产权管理的方法与措施是每个联合信息咨询服务机构必须面临和正确解决的问题。已有的代表性的研究包括崔雁(图书馆建设，2005)和杨柳(长春师范学院学报，2011)分别对区域图书馆联盟馆际互借中知识产权风险规避/防范问题进行了研究，探讨其产生的知识产权风险，国际组织的相关政策，以及我国图书馆馆际互借的现状，指出图书馆提供馆际互借与文献传递服务时应控制在合理使用的范围内，包括文献传递的数量控制，不能传递法律禁止传递的作品，收费的价格控制在合理范围等方面；同时注意提供馆际互借与文献传递的资料来源,并对用户尽到警告与提醒义务。黄欣(图书馆论坛,2010)研究了合作式数字参考咨询服务的知识产权保护现状;朱海雅(图书馆理论与实践,2006)、杜文娟(图书馆界,2009)、袁红军(情报科学,2009)对合作虚拟参考咨询服务的知识产权保护机制各自进行了探讨,从法制法规、技术支持、行业自律、知识产权保护机制与信息资源共享、隐私权保护机制等方面构建了参考咨询服务中知识产权保护机制。孔繁超(图书馆建设,2009)研究构建了图书馆联盟知识产权风险防范体系,从图书馆联盟组织特性、知识特性及我国知识产权保护环境出发进行知识产权风险辨识,运用风险矩阵进行知识产权风险评估,并在风险辨识和评估的基础上构建图书馆联盟风险防范的内生体系和外生体系。黄芳等(医学信息学杂志,2012)在分析联合信息咨询服务与知识产权关系的基础上,提出联合信息咨询服务中进行知识产权管理的方法与措施,具体包括统筹规划,采用相关的版权声明,对馆员开展版权讲座与培训等方面。侯爱花(图书馆工作与研究,2015)研究了基于生命周期的图书馆联盟知识产权冲突与对策,在联盟过程中知识产权共享以及知识专有性之间的冲突,对运作和持续发展图书馆联盟造成了阻碍,主要体现在图书馆联盟组建时期,联盟成员的组建构想与外部环境等方面的冲突;联盟运行时期,知识产权标准以及资源投入程度等方面的冲突;联盟结束时期,利益分配和知识产权归属等方面的冲突。探析此类冲突以及强化相关策略研究,能够为图书馆联盟的高效运作提供参考。上述研究针对特定的信息服务功能,阐述了图书馆在提供联合信息服务过程中的知识产权问题,提出了防范建议。这些研究为区域联合信息咨询服务系统运行过程中相关问题的研究和防范奠定了基础,促进地区高校图书馆联合信息咨询服务体系根据各自的实际情况,对知识产权问题进行研究,提出适合本系统的知识产权保护方法。

2.2.3 国外相关研究

随着互联网等信息技术迅速发展普及,世界上无论是发达国家还是发展中国家,都在大力发展图书馆联盟,希望通过图书馆联合的形式缓解馆藏成本增加压力,降低信息服务成本,减轻馆员劳动强度,提高读者需求满足程度。现有的图书馆联盟方面的研究成果主要集中在以下几个方面。

1. 图书馆联盟的本质研究

Morgan E L(Computers in Libraries,1998)认为图书馆联盟是图书馆合作的正式组织,不在相同的机构管理之下,但是通常对地理位置、图书馆数量、资源类型、兴趣主题等有一定限制,并在成员馆之间建立、发展、资源共享。建立图书馆联盟的目的是降低信息成本,加强资源共享,开发网络信息环境,彼此共享电子资源许可。David F. Konl(Library Trends,1997)认为图书馆联盟的本质是对成员馆核心能力进行更高程度的整合。ICOLO发起人之一的 Hirshon, Arnold(The Journal of Academic Librarianship. 1999)认为虽然图书馆之间的合作已经有了数十年的历史,但是图书馆联盟能够迅速发展完全得益于信息技术的发展,因此,联盟的发展最初是从大学图书馆扩大到公共图书馆、学校图书馆甚至公司图书馆。同时他把联盟的类型分为松散型、复合型跨州联盟、紧密型、集中资助联盟。美国国会图书馆公共服务部主任 Diane Nester Kresh(Library of CongressD-Lib Magazine,2000)对联合数字参考咨询进行研究,对 CDRS 的网络原理、概念模式及 CDRS 项目计划和启动进行了详尽介绍。SHARON L. BOSTICK(LIBER QUARTERLY,2001)、KIM Tae-seung(http://www.nii.ac.jp/publications/kaken/HTML1999/99KimTS-E.html)、WERNER REINHARDT 和 PETER TE BOEKHORST(LIBER QUARTERLY,2001)、MAJA JOKIC(LIBER QUARTERLY,2001)等分别对美国、韩国、德国和克罗地亚等国的图书馆联盟进行了介绍,加深了图书馆界人士对各国图书馆联盟建设的了解,提供了可供参考的实例。

2. 图书馆联合的起因研究

Wright, David A. (Resource Sharing & Information Networks,2005)认为参加图书馆联盟对每个图书馆是非常有价值和重要的,而且对图书馆未来的发展有很大的决定作用。Simpson, Donald B. (Journal of Library Administration, 1990) 认为图书馆之间进行合作的原因有3个:提高图书馆服务质量;合作是图书馆的服务本质的表现;资源共享是降低图书馆运行成本的途径。Alexander, Adrian W. (Journal of Library Administration, 1999) 也认为新型图书馆联盟发展的主要原因在于促进多种多样的资源共享,降低图书馆的运行成本,影响未来的经费支持、营销和销售。

3. 组建图书馆联盟应考虑的因素研究

Hirshon Arnold(Journal of library administration,2001)认为图书馆要建立联盟至少应该考虑3个层面的因素:首先从战略层面考虑,包括联盟的目标、赞助者、基金、成员馆组成及其地理范围;其次在战术层面考虑,包括联盟建设的计划、服务方式及采用的技术;最后在实践层面考虑,包括管理结构、组织员工分工、进行费用管理和联盟支付体系等。澳大利亚UNILINC的执行主席Rona Wade(Library Consortium Management: An International Journal,1994)通过研究5个国家的11个中小型图书馆联盟,指出影响图书馆联盟转型为公司制的主要因素是不仅考虑团体的利益,同时还要重视个体的利益,要使成员馆的付出有所回报;要明确各成员馆在共享服务系统中的职责,在法律的环境下开展合法的联盟活动。

4. 影响图书馆合作成功的因素研究

Allen 和 Hirshon(Information Technology and Libraries,1998)讨论专业图书馆联盟的类型,并介绍了OhioLINK、PALCI和CIC 3个案例。他们将图书馆联盟成功的因素归结为:成员馆之间必须要高度相互尊重,并承认合作的价值;成员馆要积极执行联盟各层次的活动,同时要在每个成员馆中发展和鼓励参与合作的范围,因为馆长一个人不能使联盟成功,而所有的图书馆工作人员对联盟的积极工作才是成功的关键;图书馆馆长和联盟领导者不能害怕承担风险;在联盟整体利益面前要适当放弃个体的利益。Wright David A (Resource Sharing & Information Networks,2005)认为政府相关政策的支持能促进图书馆联盟的工作更好地开展,同时图书馆联盟也要努力创造社会价值,坚定政府支持图书馆联盟的决策信心。Arenas (Interlending & Document Supply,2000)等人则总结认为联盟的成功,一是要依赖法律,这不仅能避免官僚作风,而且还能保证联盟用稳定而有效的方式面对未来的挑战;二是要具有多学科背景的人员队伍管理和发展合作活动,特别是当联盟转化为商业性机构时,只依靠图书馆馆长的管理是不够的;三是要建立相互信任机制;四是要有充足的资源;五是要具有开拓其他活动的灵活性。服务质量控制也是图书馆联盟成功合作的重要因素,Jody Condit Fagan(Library & Information Science Research,2014)对LibQUAL+进行了验证性因素分析。

联合信息咨询服务是国内外图书馆合作研究实践的重要方面,国内外已有许多机构搭建联合信息咨询的服务平台并开展服务。国内有中国科学院国家科学图书馆全国科学院联盟文献情报共享服务平台，天津市高等教育文献信息中心虚拟参考咨询系统，广东省科技图书馆虚拟参考咨询与原文传递平台，以及北京地区高校馆际互借系统、原文传递系统、联合信息咨询服务系统等。国外如英国公共图书馆网络表单咨询 EARL 系统及美国 Question-Point 全球合作参考咨询系统等。上述平台在满足图书馆馆际互借、原文传递和虚拟参考咨询等方面需求起到了重要作用，也取得了快速发展。尤其是 2011 年 BALIS 联合信息咨询服务平台上线运行，开始了区域高校图书馆多功能联合信息咨询服务，满足了用户科技查新、情报分析、学科服务等多样化、深层次的信息咨询服务需求。随后，其他区域高校联盟也开始着手多功能的联合信息咨询服务平台的建设，例如江苏省高校图书馆联盟建设的联合信息服务平台也涉及了科技查新、论文收录引证及学科评价等功能模块。区域联合信息咨询服务系统是由多个相对独立的成员馆基于同一个服务平台在线实时委托、受理、状态查询、提交与反馈的全流程网络服务与管理系统。成员馆之间应遵循共同的服务协议、相同的服务规范来约束和指导信息咨询馆员开展服务，这样才能确保联合信息咨询服务的高效和优质。

北京地区高校图书馆文献资源保障体系（BALIS）联合信息咨询中心是区域高校图书馆联合开展多功能信息咨询服务的典型代表。BALIS 联合信息咨询中心目前具有 40 多家成员馆，提供包括科技查新、论文收录引用、文献专题服务、情报分析、学科服务、期刊论文投稿指南、培训、信息咨询等八大服务功能。它改变了以往信息咨询服务分散在各个成员馆的局面，构建了功能强大的统一平台，形成了较为完整的信息咨询服务体系，经过数年的发展，初步成果已经显现，满足了北京及周边地区广大用户的信息需求，促进了高校图书馆社会化服务的开展，提升了各成员馆信息咨询服务整体实力，也为信息服务馆员的自身职业发展奠定了坚实的业务能力基础。本书基于 BALIS 联合信息咨询服务体系的发展实践，提炼联合信息咨询服务的共性，总结探讨联合信息咨询服务运营和管理中应该注意的问题，为进一步的发展排除障碍，破解问题，进而营造更好的环境，也为其他区域高校图书馆联合信息咨询服务的开展提供借鉴与参考。

第3章 高校图书馆协作组织及联合信息咨询服务

3.1 高校图书馆协作组织(联盟)情况简介

图书馆联盟(Library Consortium)是指为了实现资源共享、利益互惠的目的而组织起来的,以若干图书馆为主体,受共同认可的协议和合同制约的联合体。

图书馆学与情报学在线词典(ODLIS)对图书馆联盟的定义是:由独立的图书馆或图书馆系统通过正式的协议建立起来的一种组织。美国联邦通信委员会在1997年对图书馆联盟已有明确定义:图书馆联盟可以是任何一个地方、州、地区或州际的图书馆合作组织,能系统和有效地协调学校图书馆、公共图书馆、大学图书馆、专业图书馆和信息中心的资源,以提高这些图书馆的服务质量。任何一个符合以上条款规定的图书馆合作组织都可被视为图书馆联盟,其成员也许被限制在一个特定的地理范围、特定类型的图书馆(如公共图书馆、大学图书馆、专业图书馆)或一个特定的学科范围内。

图书馆联盟(library consortium)作为一种描述资源共享、利益互惠的组织形式的专有名词"consortium"一词源于拉丁语,意为"伙伴"。《美国传统字典》(AmericanHeritage Dictionary)对它的解释是团体或学术组织之间的协作互助,也有协会或学会之意。在图书馆学术语中,consortium和library consortium意为图书馆的一种正式联盟,是为了实现资源共享、利益互惠目的而组织起来的,受共同认可的协议或合同制约的多个图书馆联合体,是一种非营利性的组织。"图书馆联盟"一词准确地捕捉到了未来图书馆发展的主要特征,即通过资源共享、互助合作的方式满足日益激增的用户需求。另外,图书馆联盟强调的是互助合作,这既可以理解为馆际合作,也可以理解为传统图书馆与数字图书馆、虚拟图书馆,纸型资源与电子资源的互补共存、相得益彰。因此,"图书馆联盟"一词更符合目前图书馆发展的现状,更具有兼容并包、求同存异的特性。

国际图书馆联盟联合会(International Coalition of Library Consortia,ICOLC)将图书馆联盟的基本功能总结为七项:藏书建设协调、电子资源集团采购、电子资源存储与运行、馆际互借和文献传递、联合目录、人员培训和藏书保护等,图书馆联盟是提升图书馆信息服务整体能力的重要渠道。

3.1.1 全国高校图书馆联盟

1. 全国高等学校图书情报工作指导委员会

中国高校图书馆最早的联盟是成立于1981年的全国高等学校图书馆工作委员会。1987年经教育部批准更名为全国高等学校图书情报工作委员会(简称"图工委"),作为一个教育部部属的事业单位,给予了8个事业编制,挂靠在北京大学。目的是建立一个全国高校图书馆整体化建设的管理、协调机构，搭建起高校图书馆和教育部的联系桥梁，改变过去“一盘散沙”的情况，恢复、振兴被“文化大革命”干扰的高校图书馆事业，推动高校图书馆文献资源的共建、共享，协调、用好国家拨付的文科购书专款，指导全国高校图书馆的业务发展，加快高校图书馆的改革开放。

“图工委”成立后，积极开展全国高校图书馆文献资源总量和布局的调查，指导全国高校图书馆科学使用经费，加强文献资源的协调采购和共享，优化文献资源布局，推动文献检索课的普及，创办图书馆学期刊《大学图书馆通讯》(后改刊名为《大学图书馆学报》)，推动图书馆学研究，统计全国高校图书馆的基本数据，发挥了很大作用。各省、自治区、直辖市也纷纷仿效，在教育主管部门领导下成立了地方“图工委”。

1998 年，国务院实行政府机构改革，教育部取消了全国高校图书情报工作委员会这个事业单位。1999 年，教育部高教司考虑到高校图书馆行业的规模及其在高等教育事业中的重要性，以及全国高校图书情报工作委员会创造的业绩和影响力，决定成立教育部高等学校图书情报工作指导委员会，聘请一批高校图书馆馆长组成，以继承和延续全国高校图书情报工作委员会的职能。教育部高等学校图书情报工作指导委员会和教育部各个学科成立的教学指导委员会性质一样，是一个发挥协调、咨询、研究和指导作用的专家组织。全国“图工委”自成立起，除个别地方外，大部分省、自治区、直辖市的教育主管部门也仿照教育部设立“图工委”的模式，设立了本省的“图工委”。目前，除了香港、澳门两个特别行政区，各省、自治区、直辖市均已组建了“图工委”。

1999 年前，省级“图工委”和全国“图工委”一样，教育厅对“图工委”的领导支持力度大。1999 年开始，随着全国高校“图工委”演变为专家组织，省级高校“图工委”也陆续转变为专家组织，淡化行政色彩，突出行业指导作用。有的仿照教育部“图工委”的名称，将“工作委员会”改名为“工作指导委员会”。在组织结构上，省级“图工委”基本参照教育部高校“图工委”的做法，也是采取委员、秘书处、工作组这种架构开展工作，工作组的数量根据各省高校图书馆发展的实际情况进行增减，和教育部“图工委”的专门工作组基本对应，但不尽相同。

2. 中国高等教育文献保障系统

中国高等教育文献保障系统(China Academic Library & Information System，CALIS)，是经国务院批准的我国高等教育“211 工程”“九五”“十五”总体规划中的三个公共服务体系之一。CALIS 的宗旨是在教育部的领导下，把国家的投资、现代图书馆理念、先进的技术手段、高校丰富的文献资源和人力资源整合起来，建设以中国高等教育数字图书馆为核心的教育文献联合保障体系，实现信息资源共建、共知、共享，以发挥最大的社会效益和经济效益，为中国的高等教育服务。

CALIS 管理中心设在北京大学，下设了文理、工程、农学、医学四个全国文献信息服务中心，华东北、华东南、华中、华南、西北、西南、东北七个地区文献信息服务中心和一个东北地区国防文献信息服务中心。

从 1998 年开始建设以来，CALIS 管理中心引进和共建了一系列国内外文献数据库，包括大量的二次文献库和全文数据库；采用独立开发与引用消化相结合的道路，主持开发了书刊联合目录、e 得文献获取平台、e 读统一检索平台、中文学位论文等系统服务平台，形成了较为完整的 CALIS 高等教育数字图书馆(eduChina)。迄今参加 CALIS 项目建设和获取 CALIS 服务的成员馆已近千家。

“十五”期间，国家继续支持“中国高等教育文献保障系统”公共服务体系二期建设。并将“中英文图书数字化国际合作计划”(CADAL)列入该公共服务体系建设的重要组成部分，项目名称定为“中国高等教育文献保障体系—中国高等教育数字化图书馆(China Academic Digital Library & Information System，CADLIS)”，由 CALIS 和 CADAL 两个专题项目组成。项目和总体目标明确为：在完善“九五”期间中国高等教育文献保障系统建设的基础上，到 2005 年年底，初步建成具有国际先进水平的开放式中国高等教育数字图书馆。它将以系统化、数字化的学术信息资源为基础，以先进的数字图书馆技术为手段，建立包括文献获取环境、参考咨询环境、教学辅助环境、科研环境、培训环境和个性化服务环境在内的六大数字服务环境，为高等院校教学、科研和重点学科建设提供高效率、全方位的文献信息保障与服务，成为中国经济和社会发展的重要基础设施。

“图工委”和 CALIS 的关系是：“图工委”是理论组，CALIS 是实践组；“图工委”是专家组，CALIS 是项目组；“图工委”是参谋部，CALIS 是作战部。两者二维一体，相辅相成，成为保障我国高校图书馆事业发展的有力支撑。

3. 大学数字图书馆国际合作计划(CADAL)

大学数字图书馆国际合作计划 (China Academic Digital Associative Library，CADAL) 前身为高等学校中英文图书数字化国际合作计划(China-America Digital Academic Library，CADAL)。国家计委、教育部、财政部在 2002 年 9 月下发的《关于“十五”期间加强“211 工程”项目建设的若干意见》的文件中，将“中英文图书数字化国际合作计划(CADAL)”列入“十五”期间“211 工程”公共服务体系建设的重要组成部分。其建设的总体目标是：构建拥有多学科、多类型、多语种海量数字资源的，由国内外图书馆、学术组织、学科专业人员广泛参与建设与服务，具有高技术水平的学术数字图书馆，成为国家创新体系信息基础设施之一。CADAL 与 CALIS 一起，共同构成中国高等教育数字化图书馆的联盟框架。

联盟宗旨为“整体规划、统一标准、联合建设、共享资源”，并制定了《中国高等学校数字图书馆联盟章程》。联盟工作的出发点是配合 CALIS“十五”建设，配合和协调各地区、各馆的数字图书馆建设；联盟的工作任务主要来自 CALIS“十五”建设项目、数字图书馆的前沿研究、各成员馆建设中共同关心的课题、协作研究项目等；联盟的工作形式主要包括合作研究、研讨培训、成果中试、交流推广等。项目一期建设 100 万册(件)数字资源，国家投入 7 000 万元，美方合作单位投入约 200 万美元，“十五”期间已经完成。一期建设由浙江大学和中国科学院研究生院牵头，北京大学、清华大学、复旦大学、南京大学等 16 个高校参与建设。建成两个数字图书馆技术中心(浙江大学，中国科学院研究生院)和 14 个数字资源中心(北京大学，清华大学，浙江大学，复旦大学，南京大学，中国科学院研究生院，上海交通大学，西安交通大学，武汉大学，华中科技大学，吉林大学，中山大学，四川大学，北京师范大学)，形成一套成熟的支持 TB 量级数字对象制作、管理与服务的技术平台，探索多媒体、虚拟现实等技术在数字图书馆中的应用，推动我国数字图书馆技术达到国际领先水平，为数字图书馆建设与服务的可持续发展奠定了资源和技术基础。二期建设将在一期百万册的基础上，完成 150 万册(件)数字资源，并建立分布式数据中心和服务体系，实现数据安全和全球服务，由国家投入 1.5 亿元建设资金。

CADAL 项目建设的数字图书馆，提供一站式的个性化知识服务，将包含理、工、农、医、人文、社科等多种学科的科学技术与文化艺术，包括书画、建筑工程、篆刻、戏剧、工艺品等在内的多种类型媒体资源进行数字化整合，通过互联网向参与建设的高等院校、学术机构提供教学科研支撑，并与世界人民共享中国学术资源，宣传中国的文明与历史，具有重大的实用意义、研究价值和发展前景。

3.1.2 区域高校图书馆联盟

1. 北京地区高校图书馆文献资源保障体系

北京高校众多，截至 2017 年，北京地区共有 91 所普通高校，其中中央部属高校 37 所，市属高校 38 所，民办普通高校 16 所。在校生为 86.14 万人，其中研究生 27.3 万人，本专科生 58.84 万人，专任教师 6.61 万人。在 2017 年教育部、财政部、国家发展和改革委员会公布的世界一流大学和一流学科(简称"双一流")建设高校的 137 所高校名单中，北京有 8 所高校进入 A 类一流大学建设，分别为北京大学、清华大学、中国人民大学、北京航空航天大学、北京理工大学、中国农业大学、北京师范大学、中央民族大学。同时北京有 33 所高校入选一流学科建设。其中进入 A 类引领学科有 46 个，B 类提升学科有 78 个，C 类培育学科 116 个，可见北京地区高校在全国的高等教育中占有重要地位。

2007 年在北京市教育委员会的大力支持下，经北京地区高等学校图书馆工作委员会积极努力，北京市教育委员会正式批准恢复成立"北京地区高校图书馆文献资源保障体系"(Beijing Academic Library & Information System, BALIS)建设。BALIS 由北京地区高校 BALIS 管理委员会负责，其下设的 BALIS 管理中心具体负责 BALIS 项目的实施与管理。管理中心设在中国人民大学图书馆，其下设 5 个分中心。(1)原文传递中心，由中国人民大学图书馆承建。其建设目的是：依托成熟的系统平台，充分利用北京高校丰富的馆藏资源和便捷的网络环境，采用集中式门户平台和分布式结合的方式，为北京地区高校读者提供原文传递服务。(2)馆际互借中心，由北京邮电大学图书馆承建。该中心的建设目的是：采用集中式门户平台和分布式结合的方式，充分利用北京高校丰富的馆藏资源和便捷的网络环境，为北京地区高校读者提供馆际互借服务。(3)资源协调中心，由首都师范大学图书馆负责。该中心的建设任务是承担北京地区高校图书馆文献建设中的文献评价、协调采购、资源共建以及组织文献集团采购、联合订购和统一采购等。(4)培训中心，由北京师范大学图书馆负责。该中心的建设目的是为北京地区各高校图书馆之间提供学习、交流平台，以期提高图书馆馆员的整体业务水平。中心将关注国内外图书馆事业发展动态，有计划地组织业务、技术等方面的培训和学习交流，为促进北京地区高校图书馆事业的发展发挥积极作用。(5)联合信息咨询中心，由北京科技大学图书馆承建。该中心建设目的是：在 BALIS 管理中心统一领导下，聚合 BALIS 成员馆的学科、资源、人员优势，通过强强联合、强弱协助，推动北京地区高校图书馆信息咨询服务的开展，提高北京高校图书馆的综合信息咨询服务实力，实现更广泛的优质文献信息资源与人力资源的共享，推动北京地区高校图书馆在教学科研上水平、上层次开展创新服务，为北京的经济发展服务。

经过十余年的建设和发展，北京地区高校图书馆的文献资源共建、共知、共享工作已取得显著成效。其中包括：北京地区高校文献资源的统一检索平台已上线投入使用，原文传递系统平台、馆际互借系统平台、联合信息咨询服务系统平台、非书资料云服务平台等一批建设项目都已投入运营使用，各系统平台的服务数量、服务质量逐年提升。同时还开展了数字资源的联合采购、馆藏文献资源的评估评价工作，中国人民大学博士生主文献数据库也率先上线服务，图书馆员的线上线下各类培训也有声有色，整体业务素质得到显著提高。项目整体建设成果不仅使北京地区高校受益，也直接服务于北京地区的社会经济建设和发展，同时辐射到京津冀等高校。

2. 北京高校网络图书馆

北京高校网络图书馆由北京市属高校文献资源共享服务体系发展而来，于2001年12月20日开始运作，建设之初，成员包括以首都师范大学为代表的北京市属市管21所高校图书馆。当时北京市高等教育事业迅速发展，但北京市属高校图书馆却普遍存在人均文献购置量下降、自动化条件和设备制约网络信息资源建设和利用的现象。在这种背景下，构建北京地区高校文献资源共享服务体系，实现市属市管高校图书馆文献资源共享，改变以往各校文献资源自我保障、分散发展的模式，走资源共建、共知、共享的整体发展道路就显得极为必要。在北京市教委的大力支持下，正式开始北京高校网络图书馆的建设。其建设目标是依托中国教育和科研计算机网（CERNET），充分利用北京地区高校图书馆丰富的馆藏资源，在各图书馆专业特色馆藏建设的基础上建立北京地区高校文献资源共享服务体系。使网络的资源与服务功能达到较高水平，与“211工程”高等教育文献保障系统的建设相补充，形成对北京地区高校网上文献资源的重要补充和教学科研所需文献的联合保障，为北京地区高校的教学科研提供信息支持和咨询服务。北京高校网络图书馆建设内容包括：有选择地联合引进一批中、外文文献数据库，建立几种服务模式，如镜像站点等，直接面向高校读者提供检索服务；有计划的联合建设一批具有学科和学校特色的文献数据库，如学位论文数据库、指定教学参考书数据库、素质教育数据库等；根据各馆的需求开展馆际互借和文献传递；进行图书馆文献服务人员的继续教育培训。北京高校网络图书馆在联盟的管理方面，规定加入的高校图书馆均需签署“北京高校网络图书馆协议”，并规定参加北京高校网络图书馆的学校，要交纳一定数量的资源使用费。北京高校网络图书馆的建设与服务有效地拓展了文献信息资源的获取范围，提高了信息服务效率，对图书馆传统信息服务方式的变革产生重大和深远的影响，对国内地区性文献资源网络的建设起到积极的示范和推进作用，并推动北京地区高等教育教学与科研的发展。

北京高校网络图书馆的建设主要包含三个子项目：教学科研数字图书馆、馆员培训体系研究、网上参考咨询。教学科研数字图书馆子项目的相应网站是教学参考资源共享网，它全面整合参建高校的各类教学信息资源和数字化教学资源，是以学科（或院系）为导航，课程为中心，数字化教学参考书为重点的教学资源共享平台。主要数据库有机构库、课程库、学科专业库、教学参考资料库、教师库、教师论著库等；内容包括参建高校的学科专业、课程设置、教学大纲、教师信息、教学参考书信息等，也包括教师课件、讲义、教学参考资料及网络教学资源等各种类型的数字化教学资源。平台提供多层次的资源导航和强大的检索功能，帮助用户方便地查找和获取教学参考资源。

3. 上海教育网络图书馆

上海教育网络图书馆原名上海高校网络图书馆，于2000年12月25日成立，2001年11月更名为上海教育网络图书馆，其管理中心设在上海交通大学图书馆。上海教育网络图书馆是上海市教委提出与资助的研究开发项目，由上海交通大学、复旦大学等高校共同创办。该项目的主要功能是在上海地区各级各类学校间实现图书文献资源与信息服务的共建、共知、共享，提高上海地区文献保障率和信息服务水平。该项目是建设在上海教科网平台上的数字图书馆，依托网络化、数字化的统一服务平台，通过使用数据化手段整合利用教育信息资源，将传统的图书馆和互联网检索、传播工具有机地结合起来，为上海市各教育单位的教学、科研提供更完善、更有效的公共服务保障设施。它的上网开通，标志着上海教育信息化向资源共享、深度利用的高水平、实用性方向发展。上海教育网络图书馆的建设目标是在上海市教委的领导下，把国家的投资、新的图书馆理念、先进的技术手段、丰富的文献资源和人力资源结合起来，依托上海教科网和"校校通"的平台优势，开展文献信息服务网络建设和文献信息资源及数字化建设。上海教育网络图书馆的主要任务是数字文献资源的联合采购、联合编目、联合开发、联合服务，真正实现共建、共知、共享。以上海教育与科研计算机网(Shanghai Education and Research Network，SHERNET)为依托，初步建成上海教育文献保障体系的基本框架；在各校图书馆开展系统化的数字学术资源建设；为各校文献信息服务与资源共享的深层次发展奠定基础；与 SHERNET 共同构筑上海教育公共服务体系，使之成为上海重要的信息基础设施之一。经过几年发展，已初步建立上海市教育文献资源共建、共知、共享的基本框架。上海教育网络图书馆已建成了全市高校图书馆简介数据库、书目查询数据库、期刊查询系统、资源导航、特色数据库以及期刊全文数据库等。该网络图书馆在整合文献信息资源优势的基础上，将重点放在电子文献和全文数据库的网上服务。电子资源已成为上海教育网络图书馆虚拟馆藏资源的重要组成部分。各校图书馆加盟上海教育网络图书馆共 252 馆次，受益学校 152 所；在管理中心建立了 4 个数据库的镜像(本地服务)服务器；引进数据库的使用量逐渐上升；网络资源对用户需求的保障能力有较大提高。2006 年 1 月 4 日，在 SHERNET 建设十周年纪念庆祝大会上，上海教育网络图书馆管理中心获"上海教育与科研计算机网十年建设先进集体"奖。

4. 天津市高校数字图书馆联盟

2001 年天津市开始建立天津市高校数字图书馆联盟，联盟成员覆盖了天津市所有高校。该联盟通过网络互联互通，主要建设项目包括：数字化图书馆公共数据中心、学科文献信息中心、学科文献数据库、互联互通自动化集成管理系统、联合采编中心、工作人员和读者培训基地等。该联盟资源高度共享，服务功能完备，服务效益明显，是天津市高等教育文献保障系统、天津市教育信息化建设的重要组成部分。天津市高校数字图书馆联盟的建设借鉴国内外图书馆联盟建设的成功经验，根据本地区的图书馆事业发展的具体状况，在天津市政府的大力支持，市教委的直接领导以及市各高校图书馆积极参与和配合下进行的，在短短的三年时间里，初步建成了全国第一个地区性紧密型数字图书馆，为推动天津市高等教育事业的发展，逐步实现信息资源全球化和培养 21 世纪创新人才作出了积极的贡献。

天津市高校数字图书馆联盟建设的指导方针是以 CALIS 和 CERNET 为依托，紧密衔接天津市教育科研网和天津市信息港工程，本着"整体建设、资源共享"的原则，建立起供全市高校资源共享的若干个文献信息中心，逐步形成天津市高校多层次的文献保障网络。联盟主要服务于本市高等教育，并兼顾本市的经济建设和社会发展，同时与市公共馆、科研馆以及其他信息单位建立广泛的联系，从而推动了天津市信息化工程建设。该联盟建设的启动阶段，本着"精心组织、注重实效"的精神，坚持科学性、可行性、合理性原则，确保以最快的速度、最小的投入达到最好的效果。为紧扣资源共享这一中心思想，在建设联盟方案中要求做到以下几点：①抓好重点项目建设；②抓好对全局影响较大的基础工作建设；③抓好能使全市高校图书馆普遍受益的建设。资源共享的基础是共建，为实现天津市全方位的文献信息资源共享，一方面要加大对文献资源购置经费的投入；另一方面，在管理体制和资源配置方式上进行改革，变分散管理为集中管理，变封闭式管理为开放式管理。按照“密切合作，统一规划，整体建设”12 字方针，建设天津市文献信息保障体系。天津市有高校 32 所，其中 3 所为国家“211”工程院校，是市重点建设单位；天津市现有国家级重点学科 18 个，市重点学科 42 个，建立良好的文献信息资源共享系统，做好文献信息保障工作，具有十分重要的作用。

5. 广东网络图书馆

广东网络图书馆经广东省教育厅批准，于 2002 年 5 月开始筹建，由华南师范大学图书馆牵头承办，2002 年 10 月投资启动了基于互联网络的网上图书馆，并于 11 月正式列入华南师范大学“211 工程”二期建设的数字化图书馆建设项目，是广东省高等教育文献保障体系的实体建设项目之一。广东网络图书馆的文献信息中心设于华南师范大学图书馆，成员单位主要有 9 所高校图书馆：华南理工大学图书馆、华南师范大学图书馆、汕头大学图书馆、韩山师范学院图书馆、深圳职业技术学院图书馆、广东工业大学图书馆、广东广播电视大学图书馆、深圳大学图书馆、广州大学图书馆。共建和共享的数字资源有中国期刊网、书生之家数字图书馆、万方数据库资源、中国数字图书馆、重庆维普中文期刊数据库、国研网信息资源系统、超星数字图书馆等，并试用中宏数据库高教版等 9 种资源。该馆购买的数据库全省共享，各馆不单独订购。此外，省教育厅网站信息、华南师范大学“广东高校文献中心”累积的各成员馆联合目录 33 万条数据，可供馆际互借查阅。广东网络图书馆的建设是适应广东建设文化大省、教育强省，实现科技兴粤的需要，同时也是高校自身教学、科研及现代教育信息技术手段数字化校园的内在需求。作为广东省高等教育文献保障体系的实体建设工程之一，广东网络图书馆在为高校进行自主知识创新，实现高等教育的跨越式发展中起着重要的作用，是实现广东高等教育信息化的重要保障。

广东网络图书馆是在广东省教育厅高教处和广东省高校图书情报工作委员会的统一领导下，以 CERNET 为依托，利用现代化的技术手段，本着统筹规划、分步推进、联合建设、资源共享的宗旨，以数字资源的引进和特色资源的数字化建设为核心，为广东省高等教育和科学研究提供高水平、高效率的文献信息服务，满足了教学科研的需要。广东网络图书馆经过两年多的建设和应用，初步形成了一个实用的省级高校网络图书馆系统。成员馆遍及全省，2002 年年底试运行时，加入广东网络图书馆的成员馆只有 38 家，至 2005 年年初共有 71 所院校和单位加入广东网络图书馆，几乎包括了全省有网络条件的学校，包括普通本科院校，高职高专院校和成人教育院校以及广东省教育厅、广东省委办公厅、广东省考试中心、深圳大学城等。

(1) 建成一定规模的数字资源库网络图书馆采取引进、整合数字化资源的办法，引进了一批大中型通用的数字资源，建成了一定规模的数字资源库。目前，广东网络图书馆拥有期刊论文 2 000 多万篇，学术会议论文 28 万篇，博硕士论文 18 万篇，电子图书 10 万种，经济数据库、书目数据库等各种类型数据库近 18 个。这些资源安装在中心站点和各分镜像站点。数字资源库的建成，使每个成员馆都能共享统一的网络资源。

(2) 广东网络图书馆依托华南师范大学已有的网络环境，学校另投入 200 多万元购置了存储设备和服务器。华南师范大学中心站点建立了存储容灾系统，以满足网络图书馆的发展需要。各分镜像站点也建立了相应的软硬件设备环境。除中心站点外，在 6 所高校设立了分镜像站点，满足了成员馆的需要，并有效防止拥塞以及出现网络与设备故障。2004

年3月，广东网络图书馆独立网站开始建设，同时将广东高校电子图书馆改名为广东网络图书馆，采用Web服务器主机托管在华南地区中心，实行远程维护。

(3) 成功开发网络图书馆管理系统。2004年初，开始设计和开发广东网络图书馆管理系统，并于10月启用。广东网络图书馆系统主要由以下几部分组成。①用户认证系统：采用IP认证和注册认证相结合，建立了成员馆IP地址数据库。②异构数据库统一检索平台：读者一次登录可实现对广东网络图书馆已购各种数据库的跨库检索，并可索取原文。③书刊目录检索平台：通过书名等途径，可检索到某一文献各成员馆收藏情况及借阅状态。④网上联合参考咨询系统：参考咨询系统是广东网络图书馆的重要组成部分，它采用集中式的模式，实时咨询和非实时咨询结合的方式，为读者提供了指定专家提问、表单咨询、常见问题咨询、智能咨询等服务方式。⑤馆际互借和文献传递系统：通过联合目录检索，可了解成员馆间馆藏文献的收藏状态，开展馆际互借和文献传递服务，达到资源的充分共享。⑥电子政务平台：图书馆主管者、领导层可以通过对各成员馆及整个网络图书馆业务工作和信息服务情况的了解，微观指导和宏观掌握其现状及发展动态，以便更有针对性地进行科学决策和有效调控。⑦个性化服务系统：根据读者的要求有针对性地开展服务。读者可以向图书馆荐购图书、收藏自己喜好的书目、存放网址和文件等。⑧用户培训系统：提供各种课件对读者进行培训服务。

广东网络图书馆建设充分利用网络和丰富的数字资源，采取各种方法和形式为教学和科研提供优质的信息服务，大力开展网上读者服务，取得良好的社会效益。

6. 福州地区大学城图书馆联盟

福州地区大学城文献信息资源共享平台(FULINK)是在福建省教育厅支持下建立的。福建省教育厅于2009年出台了《关于进一步推进福州地区大学新校区教学资源共建共享的若干意见》(闽教高〔2009〕10号)，旨在加强福州大学城教学资源共建、共享的建设，更好地为海峡西岸经济区建设培养各类高素质的专门人才，推进资源共享、优势互补，不断提高福州大学城建设的效益。福州地区大学城文献信息资源共享平台建设是其中的主要项目之一。福州大学图书馆是该项目的主要牵头单位。FULINK建设的主要任务是整合福州大学城内的福州大学、福建师范大学、福建农林大学、福建医科大学、福建中医药大学、福建工程学院、福建江夏学院、闽江学院等8所高校的文献信息资源，建设文献信息资源的联合保障体系和共享机制，发挥联合优势，为大学城共享域内师生提供校际的文献传递、馆际互借等高水平便捷的信息资源"一站式"服务，更好地为各高校的教学和科研服务。

FULINK的组织架构如图3.1所示，其建设模式特点可归结为：政府资助下以顶层设计为理念设计联盟框架，支持异构平台，项目驱动引领共建共享，开展形式多样的营销活动，通过矩阵管理充分调动成员馆的积极性，从点到面向外辐射提高受益面，设立研究项目提高平台建设水平。在联盟合作机制方面，能平衡读者、图书馆、图书馆联盟和合作商的各方利益，特别是大馆和小馆都能各施所长，尽其所能，团结协作，为联盟的建设奉献一分力量；在服务机制方面，以达成共识、精心策划的各项服务项目建设为核心任务，逐步拓展，完善功能，推广宣传，不断扩大图书馆的服务能力；在管理机制方面，通过制度建设和矩阵式管理，使各个专业工作组充分发挥民主，畅所欲言，提供实施方案交由协调小组进行最后的决策；在绩效评估方面，设立专项奖励经费，对联盟中几乎所有的共享行为进行评估，并量化为奖励分，最后按贡献大小分配奖励经费，在联盟图书馆文献信息资源共建、共享的利益平衡机制方面进行了有效的探索实践。

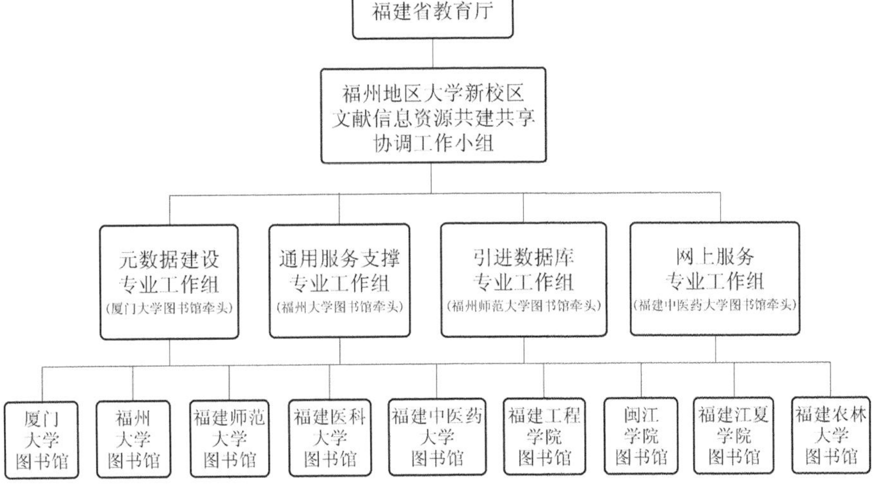

图3.1　福州地区大学城文献信息资源共享平台组织架构图

7. 香港特别行政区大学图书馆联盟

香港特别行政区大学图书馆长联席会(JULAC)是一个拥有8所高等教育学院的地方性图书馆联盟，宗旨是讨论并协调8所高校资源共享服务方面的事项。由香港特别行政区下属大学教育资助委员会(UGC)提供经费资助。该联盟成立于1967年，由香港城市大学、香港科技大学、岭南大学、香港中文大学、香港教育学院、香港理工大学、香港大学、香港浸会大学8所大学组成。每年由8所大学遴选联盟的轮值主席，通常由大学图书馆馆长担任，任期一年。一年中，JULAC按惯例至少召开4次会议，联盟内相关事务由常委(Standing Committees)和专门工作小组(Special Task Forces)的专业馆员执行。目前JULAC管理委员会下有8个工作小组，负责JULAC的各项工作。①资源存取服务委员会：负责利用新技术，发展成员馆间的馆际互借服务；②书目服务委员会：主要推进书目服务的合作，开展香港中文名称规范计划(Hong Kong Chinese Authority Name Project，HKCAN)；③中央贮存任务小组：负责推动建立共8所成员馆集中贮存资源的中央贮存库的可行性探索和评估；④合作发展委员会(CDC)：负责8所大学图书馆的数字资源联合采购工作；⑤多媒体委员会；⑥参考咨询服务委员会；⑦版权委员会：关注和收集香港版权法的发展概况，处理成员馆的版权法令问题，普及有关信息传递应支持教学和科研的相关法规；⑧统计委员会：收集和报告成员馆发展及联盟运作的一系列相关统计数据。JULAC有各种资源共享项目，如馆际互借项目、中文资料编目共享、中文名称规范合作计划、联合批准采购项目、专题研讨会计划等。其中馆际互借项目，JULAC与香港速递公司(DHL)合作，签订文献速递协议，以保证在每个工作日运送成员馆间的馆际互借图书或复印件。JULAC还提供通用借书证服务，实现通借通还，方便读者。此外，成员馆还合作借用INN－Reach系统，开展“香港高校图书馆联网”(Hong Kong Academic Library Link)服务，极大地提高了馆际互借服务效率。中文名称规范工作是鉴于香港地区中英文并重的双语社会环境，开展以规范记录模式的确立，规范记录在书目资料库中的实际应用，硬体设备及软件开发等为主要内容的工作，该项工作引起了世界华文图书馆的极大关注。

8. 台湾地区高校图书馆联盟

台湾地区的图书馆联盟始于20世纪60年代末期，基于文献资源共享的目的，以馆际互借为开端，经过长期的发展，不同类型、不同行业、不同形式的图书馆联盟几乎遍及台湾各地，既有全台湾范围的，也有地域性的；既有跨行业联合的，也有行业内部联合的。这些联盟组织既有实体性组织，也有虚拟性合作。无论从规模和数量，还是从服务和管理方面来看，台湾地区图书馆联盟的发展都取得了令人瞩目的成绩。全地区范围的联盟有“全国图书书目资讯网”(NBINet)、“全国文献传递服务系统”(NDDS)、“全国学术电子资讯资源共享联盟”(CONCERT)、台湾地区电子书合作社(TEBNET)；行业性的图书馆联盟有所谓“全国技专校院图书馆馆际合作联盟”“卫生署”电子图书馆联盟等；地域性的图书馆联盟如台湾联合大学系统(UST)、文山区大学图书馆联盟、高雄地区大学图书馆联盟、北区技专院校际合作联盟等。联盟的实践形式多种多样，如馆际互借联盟、文献编目联盟、馆藏发展联盟、电子资源联盟、参考咨询联盟等。策略联盟注重利益的共同性和合作的策略性、灵活性，更能提升联盟的共享效率。策略联盟成为台湾地区图书馆联盟的主流发展模式。台湾“教育部”、相关政府部门和图书馆界非常重视策略联盟在馆际合作方面的有效运用，其中拥有为数众多的区域性大学图书馆联盟。台湾部分大学图书馆联盟的详细情况见表3.1。

表3.1　台湾部分大学图书馆联盟详情

序号	联盟名称	成立时间	成员馆数量
1	台湾学术电子资讯资源共享联盟(CONCERT)	1997年	200
2	台湾学术电子书暨资料库联盟(TAEBDC)	2007年	80余
3	台湾电子书合作社(TEBNET)	2001年4月	37
4	台湾联合大学系统(UST)	2002年10月	4
5	中区技专校院校际联盟	2002年8月	19
6	文山区大学图书馆联盟	1999年3月	6
7	高雄地区大学图书馆联盟	1998年11月	12
8	南区技专校院校际整合联盟	2002年6月	32
9	中部大学校院图书馆联盟	1996年8月	14
10	私立综合大学图书馆联盟	2000年	8
11	北区技专校院校际合作联盟	2002年8月	36
12	彰云嘉地区大专院校联盟	2002年12月	16

上述台湾部分大学图书馆联盟成立时间普遍较早，主要开展的联盟业务包括馆际互借、联合编目、合作馆藏发展、合作网络参考咨询服务，进行电子资源需求调查、办理采购电子资源采购业务及后续使用推广事宜等。其中，馆际互借服务是多数图书馆联盟开展的基本合

作项目。由于联盟成员馆参与联合采购数字资源，因此，台湾电子合作书社（TEBNET）为成员馆提供电子资源的浏览和借阅服务，并允许用户复印和打印电子书部分内容。台湾联合大学系统（UST）通过开通校际专车，提供“代借代还”服务，将 4 校师生所借图书送到其所属图书馆，还书亦同样由校际专车运送。多数台湾大学图书馆联盟开展联合编目合作业务。台湾学术电子书暨资料库联盟（TAEBDC）主要由台湾“教育部”提供补助款，联盟成员馆负担每年自筹款（仅购置电子书），由台湾师范大学、台湾大学、成功大学、中兴大学、高雄应用科技大学及云林科技大学等 6 校图书馆组成运维小组，共同负责进行电子资源需求调查，办理电子资源采购业务及后续使用推广事宜。与此同时，还积极引入新的合作编目软件，如 NBINet 统一使用 GUICAT 进行联机编目，保证了书目数据的统一性和通用性。

3.1.3　行业高校图书馆联盟

行业是指从事国民经济中同性质的生产或其他经济社会的经营单位或者个体的组织结构体系，如化工行业、冶金行业、财经行业、汽车行业、农业、医学等。代表性的行业高校图书馆联盟有下列几个。

1. 中国冶金教育学会图书馆研究分会

中国冶金教育学会图书馆研究分会（原全国冶金院校图书馆研究会）是中国冶金教育学会下的二级分会。图书馆研究分会成立于 1981 年 6 月，当时由冶金部教育司高教处在北京冶金机电学院（今北方工业大学）召开冶金部属高校图书馆馆长会议，会议决定成立“冶金高校图书馆协作组”。由北京钢铁学院（今北京科技大学）、中南矿冶学院（今中南大学）和东北工学院（今东北大学）三所院校图书馆负责筹备，北京钢铁学院图书馆负责日常事务。1988 年改名为全国冶金高校图书馆协作组。1989 年 9 月，在包头钢铁学院召开的冶金高校图书馆馆长会议上，决定更名为“全国冶金高校图书馆协作委员会”，并设立常设机构——冶金高校图书馆协作委员会秘书处，地点设在北京科技大学图书馆。1994 年 7 月 5 日，在北京科技大学成立“冶金部属高等学校图书信息工作委员会”，时任冶金工业部部长刘淇同志于 1994 年 4 月 6 日为大会题词（见图 3.2）：“冶金高校图书馆要努力开发文献信息资源，为加速冶金工业发展服务。”对冶金高校图书馆的全体成员是一个极大的鼓舞。1998 年，国家部委机构调整后，全国冶金高校图书馆召开馆长研讨会，决定更名为“全国冶金高校图书馆研究会”，2015 年，中国冶金教育学会对所属下一级研究会进行调整，全国冶金高校图书馆研究会更名为“中国冶金教育学会图书馆研究会”。东北大学为理事长单位，北京科技大学为常务副理事长单位和秘书长单位。2017 年根据中国冶金教育学会文件（中冶教会〔2017〕41 号），中国冶金教育学会图书馆研究会更名为“中国冶金教育学会图书馆研究分会”。研究分会的组织机构健全，有自己的章程和相关管理机制。研究分会成员遍布各地，由全国冶金教育系统 38 个图书馆组成。在上级领导的关怀和指导下，研究会历经 38 年的建设发展，大家团结一致，围绕冶金院校图书馆各阶段的工作状况、热点问题进行调查研究、交流经验，进行工作研讨并提出意见和建议。结合工作中遇到或图书馆发展过程中的问题积极开展学术交流与研究，探讨冶金院校文献资源共建、共享机制，图书馆人事聘任制度改革，新馆建设等相关问题。组织业务培训，开展专家咨询、案例大赛、学术征文、先进评选等多种活动并每年定期举办工作会议，从未间断。组织出版学术杂志《冶金高校图书馆》，从 1982 年创刊《冶图通讯》至 1985 年更名为《冶金高校图书馆》，再至 1999 年停刊，共计出版 62 期，全部期刊在国家图书馆北区的中文期刊保存本库完整保存。出版《高校图书馆建设与知识管理》《冶金特色图书馆的建设与发展》等学术著作，从理论到实践，在沟通与对话中，加强高校图书馆的学术思想交流和跨区域图书馆合作，加强各类资源的共建、共享，促进各种新思想和服务成果的交流与传播，充分发挥了研究会信息交流的桥梁和纽带作用，既交流了工作也增进了图书馆之间的友谊，成效显著。

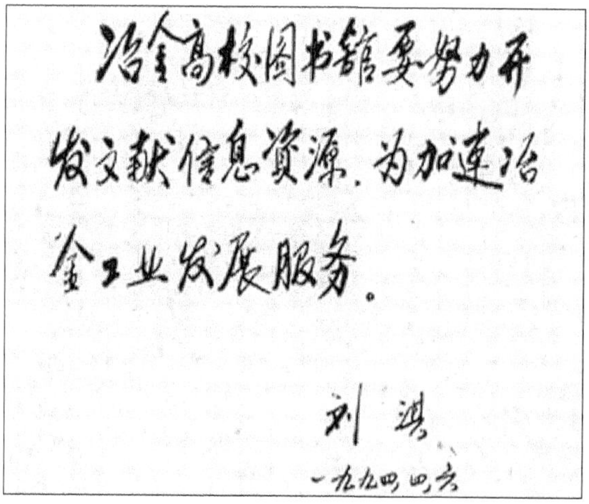

图 3.2　刘淇同志为冶金高校图书馆的题词

2. 全国化工院校信息站

全国化工院校信息站是受中国石油和化学工业协会主管，中国化工信息中心归口管理的高校情报组织。根据上级部门的指定，北京化工大学为站长单位，华东理工大学、郑州大学、太原理工大学、青岛化工学院为副站长单位。全国化工院校信息站的成员主要由分布在全国各地的高校图书馆组成，原有成员单位 20 多个，由于院校合并，目前成员将近 20 个。站长单位为北京化工大学，常务副站长单位为华东理工大学。

全国化工院校信息站是根据原化工部和化工部情报所的指示于 1984 年成立的，当时称“全国化工院校情报协作组”，1985 年根据化工部和化工部情报所的文件改名为“全国化工院校情报中心站”，受化工部教育司和化工部情报所双重领导。1999 年根据国家石油和化学工业局文件更名为“全国化工院校信息站”，主管部门是国家石油和化学工业局。2001 年“国石化办室发(2001)1 号”文件：“在国家石油和化学工业局撤销后，原化工部批准成立的各全国化工专业信息站，主管部门由国家石油和化学工业局转为中国石油和化学工业协会，日常工作仍由中国化工情报信息协会管理。”其宗旨是团结全国化工院校（系）情报部门的力量，围绕化工院校（系）教学、科研的发展方向，面向我国经济建设的主战场开展信息（情报）研究和服务，不断探索和总结化工院校信息（情报）工作的经验和特点，提高信息（情报）工作水平，为发展我国化工高等教育事业，为科技兴化做出应有的贡献。其主要工作是传达、贯彻上级领导对信息工作的指示，进行情报学术交流和情报工作经验的交流，制定文献课教学基础要求，编写教材，举办各种研讨班，提高化工院校文献课教师和情报信息工作者的水平，推广各校的化工成果，促进科技成果尽快转化为生产力，做好科研成果转化为现实生产力的情报服务工作。

3. 全国师范院校图书馆联盟

全国师范院校图书馆联盟是由北京师范大学、东北师范大学、华东师范大学、华中师范大学、陕西师范大学、西南大学、湖南师范大学、华南师范大学、南京师范大学及首都师范大学共10所全国重点师范大学图书馆联合发起的，以教育科学信息资源共建、共知、共享为基础，促进师范院校图书馆全面合作与发展为目的的图书馆联盟。联盟成立于2011年11月26日，宗旨是共建合作，依托教育，共享互惠，协同发展。其建设目标是突出特色，以师范院校丰富的教师教育和教育学科文献资源为基础，以科学的理念为引领，以先进的技术为保障，构建务实型的全国师范院校图书馆文献信息资源保障和服务体系，实现全国教育学科信息资源的共知、共建、共享，建设支撑全国师范院校人才培养和科学创新的信息服务平台，促进成员馆的全面合作，为国家教育学科和教育事业的发展做出更大的贡献。联盟的建设任务是构建联盟文献信息资源和咨询服务共享机制，联合建设教育文献信息资源；应用和推广行业相关业务规范和标准，指导师范院校图书馆服务实践；开展多样化、多层面的馆员培训和交流，拓展与业界其他相关联盟和组织机构的协同和合作；代行组织召开全国师范院校图书馆工作会议。现有成员馆80所，下设资源建设、信息服务、技术应用、馆员培训、学术研究与交流、文化建设等6个业务中心，如图3.3所示。各中心致力于推进师范院校教育学科和教师教育文献资源的共建、共知、共享；推动信息服务合作；构建联盟技术服务合作支撑体系；促进成员馆馆员培训和职业发展；加强联盟学术研究和交流机制建设；构建具有师范特色的图书馆文化体系。业务中心成员有责任和义务献计献策，出谋划策，自觉自愿共建、共享，推动各中心业务活动开展，为联盟的发展做出贡献。联盟成员馆均有资格参与各中心开展的活动，共享联盟资源。

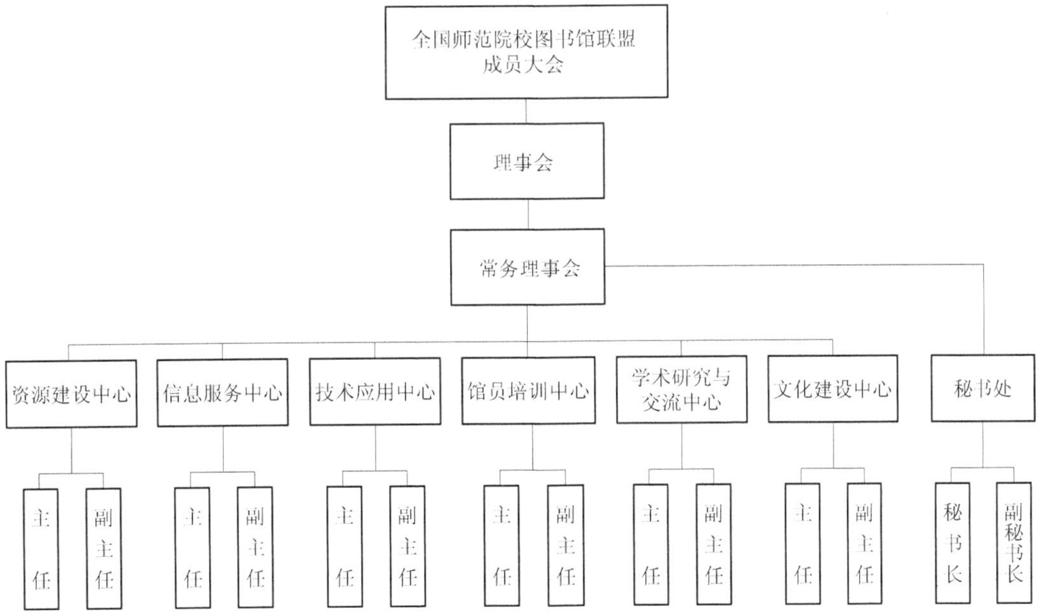

图3.3　全国师范院校图书馆联盟组织架构

全国师范院校图书馆联盟其总体规划有以下几个方面。(1)基于师范院校办学优势，推进教育学科和教师教育文献信息资源的共知、共建和共享,以此带动联盟各类资源全面建设。(2)推动信息服务合作和共享,提升成员馆服务水平和能力。围绕师范院校人才培养和科学研究工作,建立教育学科信息资源联动服务机制。(3)构建联盟技术服务合作支撑体系。以联盟网站建设为起点,逐步建成联盟技术支持平台,实现基于网络环境下的联盟业务运行机制。(4)促进成员馆馆员培训和职业发展。逐步形成联盟馆员培训运行模式和培训课程体系。开展系统的分主题、分地区、分类型、多途径的经常性馆员培训。(5)加强联盟学术研究和交流机制建设。围绕师范院校教育科学研究特色,结合国家社科基金项目、全国教育科学规划项目和教育部人文社科研究项目等,开展选题建议征集、项目申报交流等工作。(6)共同构建具有师范院校特色的图书馆文化体系。确立以环境文化为基础,制度文化为保障,精神文化为内涵,服务文化为核心的图书馆文化体系建设理念。

4. 中国财经教育资源共享联盟

为提升中国财经高校图书馆的学术服务能力和水平,积极保障和支持中国财经高校的学科建设、人才培养和社会服务,2017 年 9 月由上海财经大学图书馆、浙江财经大学图书馆、对外经济贸易大学图书馆、西南财经大学图书馆、东北财经大学图书馆、哈尔滨商业大学图书馆、中南财经政法大学图书馆、中央财经大学图书馆、北京工商大学图书馆、首都经济贸易大学图书馆和北京百智享科技有限公司联合发起成立了中国财经教育资源共享联盟,目前联盟成员馆已达 40 余家财经类图书馆和一家平台运维公司。

中国财经教育资源共享联盟接受中国高教学会高等财经教育分会领导,依据《中国财经教育资源共享联盟章程》开展活动,属于非营利和非法人的全国性教育资源合作组织;本着平等互利和合作共赢的原则,紧密围绕高等学校发展目标,推进中国财经高校图书馆的合作交流,实现财经教育资源自建共享、共建共享和开放共享。

中国财经教育资源共享平台(网址:http://www.knowledgeatshare.cn/)由北京百智享科技有限公司开发和提供运维服务。由财经高校图书馆建设的《中国财经教育特色数据库》和由联盟理事单位联合建设的《中国财经学科博士硕士学位论文全文数据库》,《财经教育特色数据库联合目录管理系统》《财经专业商业数据库联合目录管理系统》《外文期刊联合目录管理系统》《教育资源共享平台元数据及其规范研究》和《财经专业学者库》等项目正在建设中。

中国财经教育资源共享联盟现有 40 家理事单位,首届理事长兼秘书长单位为上海财经大学图书馆。中国财经教育资源共享联盟的发展目标、合作机制及其初步成果,在短短的一年之内,已经引起了国内高校图书馆界的密切关注。2018 年 9 月,中国财经教育资源共享联盟与四川省"双一流"大学图书馆建设联盟签署了战略合作协议书,标志着联盟的对外合作取得了突破。中国财经教育资源共享联盟将进一步扩大与其他高校图书馆的合作,努力推动财经教育资源的共享事业不断发展。

3.1.4 其他高校图书馆联盟

1. 卓越联盟图书馆

卓越大学联盟是"卓越人才培养合作高校联盟"的简称,成立于 2010 年,由 9 所以理工科为特色的工业和信息化部与教育部直属的 985 工程大学组成的高校联盟。其成员包括北京理工大学、重庆大学、大连理工大学、东南大学、哈尔滨工业大学、华南理工大学、天津大学、同济大学、西北工业大学。服务平台以"追求卓越、共享资源"为原则，以共同推动高等教育教学改革与卓越人才培养作为目标，主要合作内容包括：探索卓越人才培养规律和模式；推进招生改革；本科生和研究生交流与联合培养；国际合作与交流以及产学研合作等。

2011年，卓越大学联盟图书馆馆长共同签署了"卓越联盟图书馆共享合作框架协议"，搭建了卓越大学联盟图书馆知识共享平台（http://edu.ifeng.com/gaoxiao/detail_2012_10/23/18505831_0.shtml），该服务服务平台是卓越大学联盟图书馆资源的联合搜索和导航平台，系统揭示了包括哈尔滨工业大学、天津大学、同济大学、西北工业大学、东南大学、华南理工大学、北京理工大学、重庆大学、大连理工大学、湖南大学联盟10所985高校图书馆的图书、期刊、学位论文、会议论文和数据库的资源情况。通过平台，可获取到的资源数据包括：图书书目330万种、期刊85 621种、中文期刊7 155万篇、外文期刊10 872万篇、开放学术资源3 700万篇、数据库503种。卓越联盟图书馆知识共享服务平台实现了本馆馆藏数据的挂接、电子资源的整合以及联盟图书馆资源的导航与共享，真正打破了高校间的资源壁垒，强化了协同创新机制建设，是卓越联盟高校图书馆结合自身优势，整合资源共享机制，推进协同创新模式的一次全新尝试。

2. 北京高科大学图书馆联盟

"北京高科大学联盟"简称"北京高科"，于2011年10月19日在钓鱼台国宾馆宣告成立。联盟的11所高校包括北京化工大学、北京交通大学、北京科技大学、北京林业大学、北京邮电大学、哈尔滨工程大学、华北电力大学、西安电子科技大学、中国地质大学（北京）、中国矿业大学（北京）、中国石油大学（北京）。2015年6月27日经过北京高科大学联盟全体成员研究讨论，决定吸纳燕山大学正式入盟，至此"北京高科"成员有12所高校。这12所大学涵盖了电子信息、网络与通信、铁路公路交通、新材料、化学化工、新能源、电力、冶金、地质、矿业、石油、林业、环保、造船业、核工业、重型机械等国家战略工程领域。具有显著的行业办学特色和突出的学科群优势，在其行业领域内均处于"领头羊"地位。"北京高科"重在协同创新，围绕国家重大战略需求和重大科学问题，发挥不同类型行业特色大学在基础研究、前沿技术研究和示范性集成应用方面的特色和优势，为持续提高中国自主创新能力以及促进国民经济社会发展提供强有力的支撑和引领作用，是一个全面合作的高水平大学联盟。

根据2012年9月18日北京高科理事会会议纪要第五条，确定北京化工大学牵头负责图书和电子资源共享工作。并于2012年10月25日召开11所联盟成员图书馆第一次联席会议，宣告北京高科大学联盟图书馆（简称：高科联盟图书馆）成立。高科联盟图书馆由"北京高科"所属大学图书馆组成，其业务工作的组织、协调和开展具体由高科联盟图书馆委员会负责，委员会委员由各盟员馆的领导担任，委员会主任由北京化工大学图书馆主要领导担任，秘书处设在北京化工大学图书馆。

高科联盟图书馆的宗旨是发挥特色优势，推进资源共享，加强协同服务，促进人才培养，为北京高科大学联盟提供文献保障和信息服务，为相关行业提供知识服务。多年来高科联盟图书馆秉承开放式办馆思想，充分发挥成员馆的优势，通过资源共享、优势互补、协同创新和强强合作，致力于联盟馆际之间全面的业务合作和互惠互利；致力于联盟馆际之间互通有无、创新合作机制的建立，打造多馆协同创新服务平台；致力于以联盟为整体，在文献建设和信息服务等各方面塑造整体形象。在实践中不断摸索联盟图书馆协同服务新模式，在对外宣传、资源建设、信息服务、知识服务、特色资源、图书馆管理与运维等方面开展全方位的合作与交流，不断提高联盟内文献保障水平。

高科联盟图书馆通过基础数据的统计与共享，联合目录与资源导航、文献资源联合谈判与协调采购、学术交流与经验分享、学术著作（编纂）与文献检索课教材编写等工作积极推动联盟图书馆的发展与建设，搭建了文献资源生态系统，旨在建设高科联盟图书馆各类文献资源的目录导航，共享、共知文献传递服务，全面整合和揭示联盟高校图书馆实体印刷型书刊文献和数字资源的收藏、建设状况，提高联盟书目数据标准化著录水平，方便各馆进行文献交流和馆际互借。至 2018 年年初已召开了 12 次联盟委员会议，组团采购了 32 个数据库，建立了联盟文献资源生态系统统一检索平台，组织编写了《科技查新典型案例解析》《文献信息检索与案例分析》等 5 本学术著作，在联盟高校文献资源共建、共知、共享建设上不断探索创新发展。

3. 高校图书馆数字资源采购联盟

高校图书馆数字资源采购联盟（Digital Resource Acquisition Alliance of Chinese Academic Libraries，DRAA），由中国部分高等学校图书馆共同发起成立。联盟由理事会、成员馆、秘书处组成。理事会作为决策机构，负责制定联盟发展战略和指导联盟工作实施。联盟设秘书处作为执行机构，负责组织落实联盟的各项决议，处理联盟的日常事务。联盟秘书处设在理事长所在单位，由理事长所在单位代理公章。

DRAA 联盟宗旨为：团结合作开展引进数字资源的采购工作，规范引进资源集团采购行为，通过联盟努力为成员馆引进数字学术资源，谋求最优价格和最佳服务。高校图书馆、其他图书情报机构自愿参加联盟，自主决定是否参加联盟组织的数字资源集团采购。凡承认联盟章程，履行成员义务的高校图书馆和其他图书情报机构都可以申请成为联盟成员馆。

联盟的工作主要包括：数据库评估、组织专家进行数据库谈判、集团采购方案审核与发布、组织培训、集团采购代理商选择、数据库商和代理商售后服务监督等。（1）数据库评估：由联盟秘书处委托一个或多个理事单位，以及相关的谈判组开展数据库集团采购的前评估和后评估工作。（2）数据库谈判：以数据库集团为单位，邀请专家组成集团采购数据库谈判组，与数据库商、代理商共同进行三方谈判。谈判组组长及成员由理事长推荐，理事会批准。（3）集团采购方案审核与发布：集团采购方案由数据库谈判组报理事单位审核通过并由谈判组签字后，由谈判组组长单位和联盟秘书处向成员馆公布，同时在联盟主页上发布。（4）组织培训：联盟可以独立或合作组织数据库培训。（5）集团采购代理商选择：依据市场特点，通过招标方式，遴选经国家新闻出版署批准的，有进出口资质的、优秀的代理商配合联盟开展数字资源集团采购。（6）售后服务监督：数据库商和代理商的售后服务监督工作由谈判组组长所在单位协同秘书处共同担负。

3.2 图书馆协作开展信息咨询服务

3.2.1 全国图书馆信息咨询协作

1. 全国图书馆参考咨询联盟

全国图书馆参考咨询联盟是由我国各类型图书馆自愿参加的公益性组织和技术平台，

其宗旨是以数字图书馆馆藏资源为基础，以互联网的丰富信息资源和各种信息搜寻技术为依托，为社会提供免费的网上参考咨询和文献远程传递服务，联盟管理中心工作及运行经费由广东省中心图书馆委员会承担。凡同意联盟章程，经申请同意并具备数字资源、网络、软硬件条件和人力资源的图书馆，均可申请加入该联盟网站。联盟网站首页如图 3.4 所示。

图 3.4　全国图书馆参考咨询联盟网站首页

全国图书馆参考咨询联盟根据统一规划，统一标准，合作建设，协调管理，免费服务的原则，积极开展网上参考咨询服务，实现优势互补，资源共享，促进业务，提高效率和增强实力。其基本业务为组织成员馆通过网络、电话等渠道为读者提供网上查询、参考咨询和远程文献传递等服务。每个成员馆设立专职的网上参考咨询岗位，并在本馆网站上建立“全国图书馆参考咨询联盟”链接或者由管理中心设置的成员馆个性化网页链接。各成员馆的网上参考咨询转移和联系均通过全国图书馆参考咨询联盟的管理调度系统来实现。该管理系统存放全网的所有业务数据，并具有在全网范围内的调度和统计功能。

全国图书馆参考咨询联盟实行资源共享的最终目的是为读者提供免费的网上参考咨询和远程文献传递服务。资源共享是读者能共享图书馆文献资源，而不仅仅是图书馆之间的资源共享。因此，全国图书馆参考咨询联盟实行“读者共享”的理念和做法，即任一位读者在某个成员馆登录成功，就被自动认同为本联盟读者，可以得到所有成员馆的免费服务。

2. CALIS 的高校课题服务

CALIS 借助其网站 http://www.calis.edu.cn/gxktfw.html（如图 3.5 所示）依托教育部审批通过的“教育部部级科技查新工作站”，全面推出科技查新、收录引证与文献检索、专题咨询和定题跟踪服务等课题咨询服务。（1）科技查新：其服务范围涵盖内容有申请科研立项，申报科技成果奖励，科技成果的鉴定、评估、验收、转化，博/硕士论文开题与评审，申请专利，技术咨询（包括技术引进、技术转让、新产品开发、专题调研等）国家及地方有关规定要求查新的项目等科技查新咨询服务。网站链接的高校科技查新服务机构有综合类高校查新服务机构 14 所，理工类高校查新服务机构 49 所，农学类高校查新服务机构 10 所，医学类高校查新服务机构 5 所。(2)收录引证：该服务依托 CALIS 平台，在收到收录引证委托单后，根据用户的委托内容和委托范围转递到相关科技查新站。在 1～3 个工作日内，受理机构的工作人员将会就委托内容与用户进行详细沟通，确认委托，开展相关检索工作并开具收录引证检索证明。(3)文献检索：针对自然科学、社会科学及人文科学各个学科、各种目的的研究课题，以描述课题的主题词、关键词作为检索入口，从开题立项到研究中期，直到成果验收，开展全程的文献检索服务。检索结果形式为书目索引和文献资料汇编。(4)专题咨询：根据用户需求，在全面检索文献的基础上，对文献进行进一步整理和加工，加以分类、总结，撰写出高质量的文献综述或调研报告。(5)定题跟踪服务：根据用户需求，围绕其课题领域所关注的热点、难点问题进行国内外媒体跟踪，定期将符合用户需求的新信息传传递给用户。截至 2019 年 4 月其网站链接提供收录引证服务的高校有 55 所，提供文献检索、专题咨询和定题跟踪等课题咨询服务的高校有 39 所。

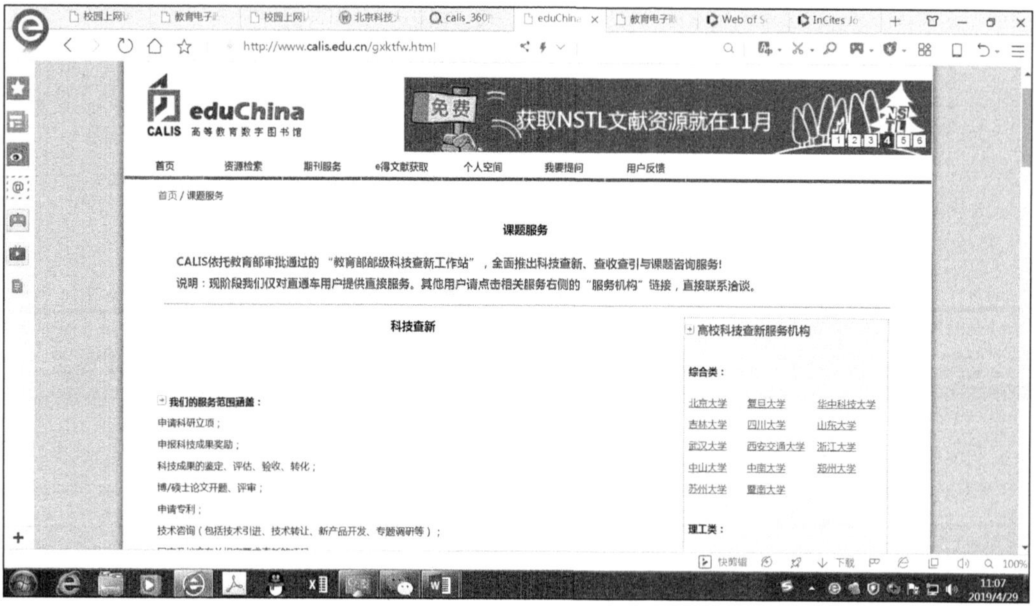

图 3.5 CALIS 的高校课题服务网站

3.2.2 不同地区高校信息咨询服务协作案例

京津冀高校图书馆信息资源服务与共享协同创新联盟是由北京科技大学、北京工商大学、天津科技大学、河北科技大学 4 所高校图书馆联合成立的一个跨地区高校信息咨询服务合作联盟。北京科技大学、北京工商大学、天津科技大学、河北科技大学分别位于京津冀三地，地缘相接、学缘相亲，地域一体、文化一脉，协同创新发展潜力巨大，战略合作空间广阔。在京津冀协同发展的背景下，4 所大学图书馆携手合作，根据《京津冀协同发展规划纲要》中打造“京津冀协同创新共同体”的建设目标，于 2016 年 5 月 23 日在北京科技大学图书馆签署合作协议，成立京津冀高校图书馆信息资源服务与共享协同创新联盟。合作目标是依托

CALIS、CASHL、BALIS、TALIS等共建、共享和协同服务平台，争取中央和地方政府立项支持，大力加强图书情报等领域的交流与合作，在资源共建、共享，协同服务创新，专业人才培养，事业发展规划等方面，以学科服务合作为载体，推动各馆发展，深化资源共享，促进协同服务，提高学科服务能力，探索新型馆际合作模式，建设服务京津冀协同发展的信息资源共享机制，进而建立京津冀信息资源服务与共享协同创新共同体。有力支撑北京、天津、河北三地四校图书馆高质量的服务，为京津冀地区的高校图书馆合作发挥更大作用。

联盟合作内容是在"京津冀高校图书馆信息资源服务与共享协同创新联盟"基础上，本着平等、自愿、互惠互利和共同发展的原则，从以下几个方面开展合作。(1)资源共建、共享：结合各校学科发展，服务京津冀协同发展国家战略等需求，依托馆藏特色和地区特点，共同探索面向未来，面向新发展的资源建设和协同服务新模式，更好地服务于高校教学科研以及地方发展。积极探索新型的馆际文献资源共享合作模式，开展高质量文献传递、馆际互借服务。(2)协同服务创新：基于合作各方专业人员和馆藏资源特点，在查收查引、课题查新、学科评估等方面开展馆际协同服务，分工合作，优势互补，挖掘服务潜力，提高服务水平。(3)专业人才培养：根据工作和人才培养需要，结合各方具体情况，合作各方每年可设置若干交换馆员岗位，由派出方推荐馆员到交换馆工作。根据各方承担的研究课题或建设项目需要，可邀请合作方的访问馆员参加。同时根据需要，不定期联合举办国内外学术交流或专家讲座；搭建学术交流信息共享平台，及时通报各方自行举办的重要学术交流活动或邀请合作方参加。(4)事业发展规划：建立三地四馆联络机制，定期进行交流，对中长期发展规划、资源建设、读者服务与馆员队伍建设等共同关心的事务进行交流研讨，取长补短，相互借鉴，共同发展。

3.2.3　区域内高校联合信息咨询服务案例

BALIS联合信息咨询中心是北京地区高校图书馆文献资源保障体系(BALIS)继原文传递中心、馆际互借中心、资源协调中心、培训中心之后设立的第5个中心。2009年9月16日提出成立申请；2009年10月28日得到BALIS管理中心批复准予成立；2009年12月22日正式揭牌成立。BALIS联合信息咨询中心的日常管理机构设在北京科技大学图书馆。

成立BALIS联合信息咨询中心的宗旨在于统筹规划、共建共享、联合服务。旨在北京高校图书馆工作委员会的统一领导下，深入推进北京地区高校图书馆文献资源的共建共享工作，集各高校图书馆的信息咨询服务为一体，发挥网络技术和各校专业咨询队伍的优势，以强带弱、以大带小，推动北京地区高校图书馆信息咨询服务的开展，提高北京高校图书馆的综合信息咨询服务实力。依托高校丰富的文献数据资源，依托各图书馆信息咨询和学科服务人员，面向高校的教学与科研、高等教育的改革和发展，面向北京经济建设和社会需求，提供高品质的文献信息服务。

BALIS联合信息咨询服务体系采用集中式门户平台和分布式服务结合的方式，拓宽各高校图书馆的信息咨询服务范围，为高校和社会用户提供多样化的联合信息咨询服务。目前，BALIS联合信息咨询中心可以在科技查新、论文收录引用、文献/专题服务、情报分析、学科服务、期刊论文投稿指南、培训服务、信息咨询等8个方面开展联合信息咨询服务。

BALIS联合信息咨询中心的建设目标包括以下4个方面。(1)全面整合资源，提升整体实力。北京地区高校众多，其中聚集了一批985、211全国重点大学，既有北大、清华等国内一流高校，还拥有一批在航空航天、交通、冶金、农林、化工、医药等学科占有强势地位的高校。建立 BALIS 联合信息咨询中心，可以在整合各校图书馆信息资源的基础上，实现更广泛的文献资源、人力资源、设备资源、网络资源、资金资源等的共享，最大限度地发挥资源整合优势，提升北京地区高校图书馆信息咨询服务的整体实力。(2)建设统一平台，便捷网络沟通。北京地区各高校图书馆的服务信息主要通过本校图书馆网页进行发布，不同图书馆的服务信息分散在数十个网页上。当用户需要进行信息咨询时，必须分别登录各图书馆的网页进行查询，这给用户带来极大不便。BALIS 联合信息咨询中心建设的统一服务平台，按服务类别汇总北京地区高校图书馆服务信息，在一个网页上呈现能提供同一种咨询服务的所有高校图书馆信息，方便用户了解“供方”，选择适当的图书馆进行信息咨询。(3)满足高校需求，推进社会服务。北京地区不仅高校云集，科研院所、企事业单位也众多，这些社会用户对科技信息、管理信息的需求旺盛。2002 年，教育部颁布实施的《普通高等学校图书馆规程(修订)》指出：“有条件的高等学校图书馆应尽可能向社会读者和社区读者开放。面向社会的文献信息和技术咨询服务，可根据材料和劳动的消耗或服务成果的实际效益收取适当费用。”2015 年《普通高等学校图书馆规程》也明确了“高校图书馆要积极参与各种资源共建共享，发挥信息资源优势和专业服务优势，为社会服务”的宗旨。BALIS 联合信息咨询中心依据规程，结合各馆近年来服务社会的实践，在为高校教学、科研服务的同时，更加注重高校图书馆信息服务的社会职能，充分发挥 BALIS 联合、共享的整体优势，服务高校和北京区域经济的发展。(4)规范信息服务，联合培养馆员。高校图书馆的很多信息服务项目都缺乏标准和规范，对服务流程及服务中经常遇到的问题没有具体、明确、统一的咨询规范。不同图书馆工作人员对读者提出的同一咨询问题或服务需求，由于服务主体不同，解决方式和结果有时会差异较大。BALIS 联合信息咨询中心将发挥网络技术和各校专业咨询队伍的优势，以强带弱、以大带小，联合培养出一批高素质的专业信息咨询人员，并通过建立各项信息服务的标准与规范促进信息服务质量提高。

3.3 图书馆联盟建设的特点及发展趋势

图书馆联盟是有共同需求或意愿的图书馆为了能够获取合作馆的资源、技术支持和服务能力，并可共同开展服务创新而自愿达成的一种共建联盟方式。目前图书馆联盟的建设可归纳为以下几个特点。

3.3.1 同质性是图书馆联盟发展的有利基础

从国内外图书馆联盟的发展历程看，以相同性质的同类型图书馆结成的联盟成功率最高，其运作质量也较好。可以说，同质性联盟是图书馆联盟发展过程中的一个必经阶段。在我国，同质性联盟更是图书馆联盟的主流，如 CALIS、BALIS 等联盟是基于高校图书馆的合作联盟，全国冶金院校图书馆研究会是基于冶金行业共性而发展的图书馆联盟等。目前，国内图书馆联盟的建设资金来源不一，有从各级政府主管部门获得的项目拨款，也有靠会费收缴方式支撑联盟运作，有些联盟没有专门经费来源，完全是图书馆之间的合作互利行为。

3.3.2　融合性是图书馆联盟发展的一个趋势

随着网络信息技术的发展和联盟活动的深化，图书馆各联盟转向与不同类型图书馆的联盟相互融合，或者吸收其他类型的成员馆，这个现象在区域性图书馆联盟中更为明显。例如：2011年BALIS原文传递中心启动了与CALIS原文传递的融合服务。2016年BALIS原文传递中心又开始研究与NSTL检索服务系统的打通融合。融合后读者登录BALIS原文传递系统即可享受BALIS成员馆的原文传递服务，同时，也可以直接从网页选择"BSLIS/CALIS原文传递融合系统"享受CALIS的原文传递服务，通过BALIS统一检索平台还可以便捷获取NSTL的文献资源。

3.3.3　共需性使图书馆联盟发展呈现多样性

虽然一些图书馆联盟正在走向渗透和融合，然而并没有显现出联盟无限扩大的趋势。例如大型联盟也许有助于在集团采购中获得一个较大的折扣，但也可能导致联盟工作效率的降低和管理的复杂化。因此，国外很多图书馆一方面在购买电子资源数据库、联合目录等基本服务方面参加大型的图书馆联盟，另一方面也在组建或加入一些小的联盟，以解决专门的共享需求。与此同时，国内的图书馆也开始根据自己的需求选择参加多个不同联盟，并通过参与这些联盟共享不同功能。例如，华南理工大学图书馆既是广州石牌地区六高校协作组的中心馆，又是广东省高校电子图书馆的成员。这种多极化的特点在目前电子资源集团采购中显得更为突出。图书馆根据自己的资源和服务特点有选择地参与多个联盟组织的集团采购以获得优惠，这使得国内图书馆联盟的数量在近年有了快速的增长。

3.3.4　数字合作是图书馆联盟未来发展的主要方向

实体资源共享已经与数字化资源共享融为一体。从各国图书馆联盟功能看，电子资源集团采购和用Web方式进行的馆际互借、文献传递正在成为现代图书馆联盟活动的主流。许多图书馆联盟通过互联网将他们的目录或其他信息资源链接在一起，并提供获取原文的服务。一些联盟还采取措施使原本不兼容的系统兼容，实现了联盟内各成员馆馆藏和借阅信息的无缝链接。有的图书馆联盟已开始尝试向数字图书馆转型。例如天津高校数字化图书馆、广东高校的电子图书馆、北京高校的网络图书馆以及上海教育网络图书馆等，都开始以建设数字图书馆为目标将成员馆的信息资源整合起来，朝着数字图书馆的方向发展和演变。

第4章　联合信息咨询服务项目规划

高校图书馆的定位和使命是由用户的信息需求所决定的。随着信息技术的迅速发展，信息需求主体日益多元化。用户信息需求呈现出多样化和个性化并存的特点。较传统纸质资源时代相比，用户自身的信息素养大大提高，不再满足于图书馆仅仅提供他们自己能在网上搜索到的信息，而是希望图书馆提供给他们所需的特定信息。同时，信息资源的商品属性和价值越来越得到社会各界的共识，进入信息服务领域的商业机构也越来越多，信息服务产业蓬勃发展。这种局面给高校图书馆的信息服务提出了更高的要求和极大的挑战。因为，在传统图书馆服务模式下，图书馆服务以资源的获取为中心，高校图书馆的重要职责是为师生提供所需要的图书、期刊文献等信息载体，对这些载体所蕴含的知识涉及很少。而现代信息技术的飞速发展，使得知识服务成为信息服务的主要方面。知识服务要求图书馆馆员利用其作为信息检索专家和学科专家的优势，从各种显性和隐性的信息资源中提取知识，为解决用户的问题提供有效方案。与传统服务相比，这些知识服务都是具有增值特点的服务形式，体现着服务机构和服务提供者所特有的信息服务能力。

4.1　信息咨询服务需求分析

新信息技术的出现和社会对信息服务要求的提高是引发信息服务创新的推动力。图书馆作为信息咨询服务机构，社会宏观环境的发展变化，尤其是信息技术的发展进步对图书馆信息服务具有重大影响。20世纪末，以电子期刊为代表的数字资源出现以前，图书馆信息服务的重要内容是提供纸质文献，服务的主要方式是手工工具检索加借阅和书刊复制，利用计算机开展文献信息检索与咨询服务的高校馆为数不多。进入21世纪，计算机技术和网络通信技术急速发展，图书馆服务也快速进入计算机应用时代，完成了从传统的手工检索借阅到计算机系统文献信息管理与服务的转变。随着技术的不断进步，文献资源的呈现技术获得了突飞猛进的发展，大型的文献数据库得到普及应用，电子期刊、电子图书及各类数字化分析工具等得到推广使用，大数据、云计算数字通信技术和移动互联网信息技术的迅猛发展使得图书馆信息服务走向了网络化、个性化和知识化，给图书馆信息服务带来了前所未有的机遇和挑战。

数字时代，图书馆信息服务对象数量和结构发生了变化。《普通高等学校图书馆规程》明确规定图书馆的主要任务是：(1)建设全校的文献信息资源体系，为教学、科研和学科建设提供文献信息保障；(2)建立健全全校的文献信息服务体系，方便全校师生获取各类信息；(3)不断拓展和深化服务，积极参与学校人才培养、信息化建设和校园文化建设；(4)积极参与各种资源共建共享，发挥信息资源优势和专业服务优势，为社会服务。图书馆应在保证校内服务和正常工作秩序的前提下，发挥资源和专业服务的优势，开展面向社会用户的服务。

因此，图书馆服务对象的总量有一定程度的增加。从服务对象的结构上看，本科生是图书借阅的主要读者群，但随着自助借阅服务的开展，图书馆基础借阅服务的绝大部分均由自助借还系统完成。因此，图书馆信息服务的主要对象是本校教师及硕博士研究生等教学科研一线人员，教学科研管理部门，以及需要高校提供信息服务的科研院所及企事业单位的科研技术人员及管理人员。上述人员可以从职业特点上划分为教学、科研及技术一线人员与相关管理人员，这样划分便于清晰地认识高校图书馆不同信息服务对象的信息咨询需求的特点。

1. 教学、科研及技术一线人员的信息需求特点

教学、科研及技术一线人员的文化层次高，他们之间的信息交流活跃频繁，信息需求的总量大。这些人员的信息需求往往围绕某一专题项目，单个信息服务项目的工作量不一定很大，但是信息的专业性、学术性和新颖性强。因此，对信息咨询服务人员的专业要求和信息服务素养的要求都比较高。例如，科技查新、定题服务、专利情报分析等形式的信息服务要求。

2. 相关管理人员的信息需求特点

管理人员的工作重点一般不是直接从事教学、科研及技术开发工作，他们的信息需求目的主要是为了满足宏观上制定有关的战略方针政策并监督执行的需要。因此，管理人员信息需求的显著特点在于大数据的挖掘与分析。例如，学科评估、学术论文专利等科研成果的统计分析等都是教学科研管理部门进行宏观管理的需求。

信息服务产业和文化产业的大发展促成了图书馆信息服务产品结构的转变。作为集合文化教育和公共服务双重身份的信息服务机构，图书馆的信息服务产品结构更突显出知识服务业和文化产业的特点和作用。为用户提供网络化、个性化、知识化的信息服务是图书馆适应网络时代需求的选择。

4.1.1　联合信息咨询服务状况调研

联合信息咨询服务需求调研包括信息咨询服务需求调研和以联合的形式开展信息咨询服务的需求调研两个方面。前者的任务是明确区域高校图书馆所面临的信息咨询服务总体情况，例如：服务主体情况、服务对象群体、服务类别、服务形式、服务需求数量、服务收费等。后者的任务是在服务需求总体情况清晰的基础上，明确开展联合信息咨询服务的必要性和可行性。

以北京地区高校图书馆文献资源保障体系（BALIS）成员馆和北京地区情报信息机构为调查对象，采用网站页面浏览和电话咨询方式，调查目前各高校图书馆及情报信息机构业已开展的信息咨询服务情况。具体调查内容包括服务类型、服务规范、各类服务的数量、服务模式、服务人员构成、用户类型、管理制度、服务费用以及存在的问题等方面。

通过调查发现，BALIS 成员馆和北京地区情报信息机构已经开展的信息咨询服务集中在参考咨询、信息素养教育、科技查新、论文收录引证、专题服务、学科服务等方面，并且总体服务数量比较大，服务对象不仅针对本校的师生员工，还有外校及科研院所、企事业单位。这些需求的产生源于近年来我国创新型国家建设的大背景下，科技项目申请、机构评估、个人评价等层面的需要。

从调研结果看，高校图书馆系统内部在信息咨询服务能力方面存在较大差异，从弱到强可以分为三个层级。第一层级图书馆的信息咨询服务能力最弱，这些图书馆以高职高专院校图书馆为主,图书馆总体馆藏规模比较小,馆员数量少,缺乏开展信息咨询服务的馆藏资源和人力资源,其中多数图书馆没有专门设立从事信息咨询服务的相关部门,由于学校发展定位原因,这些图书馆所在的院校师生信息需求相对简单。在院校内部既定的分工模式下,这些图书馆的主要业务仍停留在书刊文献的检索借阅满足方面。第二层级的图书馆一般具有信息咨询服务部门,可以对本校师生开展参考咨询、文献信息素养教育等传统信息服务,但其中很多图书馆由于文献数据库和工具型资源数量有限,馆员数量及专业结构制约及服务资质等方面的原因,没有能力开展诸如科技查新、论文收录引证、专利分析等信息咨询服务,需要其他图书馆的协同帮助合作开展相关服务。并且,这些图书馆所在院校的师生确实存在相关信息咨询需求,因此,对图书馆的信息咨询服务形成巨大的现实压力。第三层级的图书馆是信息咨询服务开展较早,各方面实力较强的高校图书馆,这些图书馆是地区信息咨询服务的主力,他们承担满足区域内绝大多数信息咨询需求的任务,面对巨大的信息咨询服务需求,这些馆的咨询馆员数量显得相对不足,人员的学科结构相对有限,这种局面一方面导致信息服务馆员工作压力过大,另一方面也使得部分用户的信息服务需求不能得到及时满足。

4.1.2 联合开展信息咨询服务的需求

高校图书馆积极拓展信息服务领域,提供数字信息服务,根据用户需求积极探索开展新服务,加强高校系统内部各馆之间以及与其他类型图书馆之间的协作是数字时代高校图书馆提高服务能力的必然要求。然而,任何一项合作的有效开展均要基于明确的合作需求和合作目的。合作需求越强,合作成功的概率就越大。对于高校图书馆之间的信息咨询服务合作来说也是如此。从图书馆信息咨询服务能力角度划分的三个层级的图书馆中,最具有合作需求的是第二层级和第三层级的图书馆。第一层级的图书馆信息服务实力弱,但由于本校师生的信息咨询需求也比较少,因此,对图书馆的信息服务产生的压力也较小,不足以促使图书馆有足够的热情投入到信息咨询服务合作中来。第一层级的图书馆即使参加了联合信息咨询服务联盟,这些图书馆也不可能在联合服务中发挥重要作用,对有能力的图书馆势必存在着强烈的依赖心理,希望在合作中单纯获益。

第二层级图书馆和第三层级图书馆之间虽然在总体上存在差距,但是二者对合作开展信息咨询服务的认识上具有基本共识,能够充分认识到包括文献资源和人力资源在内的资源共享可以实现互惠互利,存在降低二者各自面临的信息服务压力的现实可行性,因此二者之间具有较强的合作愿望。对高校图书馆已经开展的和可能开展的各项信息咨询服务的优势与劣势能够做到互补和提高,实现合作效益的整体提升。

4.2 联合信息咨询服务项目简介

通过对 BALIS 成员馆、情报信息机构信息咨询服务现状调研,结合 BALIS 成员馆服务馆员的数量与专业构成,分析得出 BALIS 联合信息咨询中心可以在 8 个方面开展信息咨询服务,即科技查新、论文收录引用检索、文献/专题服务、情报分析、学科服务、期刊论文投稿指南、培训服务、信息咨询。

4.2.1　科技查新

科技查新服务是依据委托人提供的项目科学技术要点中的查新点，科技查新机构通过联机检索和手工检索方式，对其检出的文献进行综合分析，进而查证查新点的新颖性并做出结论。科技查新是文献检索和情报调研相结合的情报研究工作，它以文献为基础，以文献检索和情报调研为手段，以检出结果为依据，通过综合分析，对查新项目的新颖性进行情报学审查，写出有依据、有分析、有对比、有结论的查新报告。也就是说科技查新是以通过检出文献的客观事实来对项目的新颖性做出结论。因此，科技查新有较严格的文献检索年限、范围，文献对比分析和规范程序规定，有查全、查准的严格要求，要求给出明确的结论，查新结论具有客观性和鉴证性，但不是全面的成果评审结论，有别于专家评审。科技查新的规范要求是单纯的文献检索所不具备的。

科技查新的作用包括如下几个方面。

1. 为科研立项提供客观依据

科研课题需要论证研究目标、技术路线、技术内容、技术指标、技术水平等方面具有新颖性。在正式立项前，首要的工作是全面、准确地掌握国内外的有关情报信息。通过科技查新可以了解国内外有关科学技术的发展水平、研究开发方向；是否已研究开发或正在研究开发；研究开发的深度及广度；已解决和尚未解决的问题等，对所选课题是否具有新颖性的判断提供客观依据。这样可防止重复研究开发而造成人力、物力、财力的浪费和损失。

2. 为科技成果的鉴定、评估、验收、转化、奖励等提供客观依据

科技查新可以为科技成果的鉴定、评估、验收、转化、奖励等提供客观的文献依据；查新还能保证科技成果鉴定、评估、验收、转化、奖励等的科学性和可靠性。在这些工作中，若无查新机构提供可靠的查新报告作为查证依据，只凭专家小组的专业知识和经验，难免会有不公正之处，可能会得不到确切的结论。这样既不利于调动科技人员的积极性，又妨碍成果的推广应用。高质量的科技查新，结合专家丰富的专业知识，便可有效防止上述现象的发生，从而保证鉴定、评估、验收、转化、奖励等的权威性和科学性。

3. 为科技人员进行研究开发提供可靠而丰富的信息

随着科学技术的不断发展，学科分类越来越细，信息来源于不同的载体已成为普遍现象，这给正确分析和利用信息带来了一定的难度。有关研究表明，科技人员查阅文献所耗用的时间，约占其工作量的 50%，若通过专业科技查新人员查新，则可以大量节省科研人员查阅文献的时间。查新机构一般具有丰富的信息资源和完善的计算机检索系统，能提供从一次文献到二次文献的全面服务，可检索科技、经济、商业等资料数据库，内容涉及各种学术会议论文和期刊论文、技术报告、学位论文、政府出版物、科技图书、专利、标准和规范、报纸、通告等，保证信息的回溯性和时效性，基本能满足科研工作的信息需求。

一般说来，下列科技活动项目需要进行科技查新：

(1) 申请国家技术发明奖，国家科技进步奖；

(2) 申请国家 863、973 等高技术研究发展计划项目；

(3) 申请国家自然科学基金项目，省、市自然科学基金项目和一般科技项目立项；

(4) 科技成果验收、评估、转化；

(5) 科技成果转让；

(6) 申报新产品;

(7) 申请国家发明专利;

(8) 国家重点实验室评估;

(9) 博士生课题开题报告;

(10) 国家、地方或企事业单位有关规定要求查新的其他情形。

经过国家有关部门认证开展科技查新服务的机构称为科技查新工作站,目前主要分为科技系统和教育系统等。其中,科技系统查新站由各个行业科技情报和信息所担任查新业务,如机械工业信息研究院科技查新咨询部、机械科学研究院查新工作站、公安部科学技术信息研究所查新中心等,其查新资质由科技部奖励办进行备案,报告具有国家级别权威,为行业内外所认可。教育系统查新站由教育部科技发展中心进行认证。经过 7 批次认证,教育部认证的综合、理工、农林、医学四大类别的科技查新工作站共计 102 家,挂靠单位均为各大学图书馆。

在联合信息咨询服务模式下,围绕科技查新,成员馆之间可以开展查新项目的合理分配、科技查新人员培训合作、查新审核业务指导、专家咨询支持、资源支持、合作开发科技查新服务平台等。例如,北京科技大学图书馆是教育部设立的第一批科技查新工作站,查新队伍实力强,先后与数家高校图书馆联合开展科技查新服务,在其协作和支持下,北京理工大学图书馆、北京交通大学图书馆、北京化工大学图书馆、北京工业大学图书馆等科技查新服务能力得到切实提高,并先后成功获得教育部认证批准成为教育部的正式查新工作站。目前,北京科技大学图书馆与河北科技大学图书馆、郑州轻工学院图书馆、中国矿业大学(北京)图书馆等仍保持着科技查新协助关系,对上述学校图书馆发挥其对教学科研工作的信息服务支撑作用给予支持。河北科技大学图书馆和郑州轻工学院图书馆虽不是 BALIS 联合信息咨询中心的正式成员,但被获许使用 BALIS 联合信息咨询服务系统的科技查新模块作为他们开展科技查新业务的平台支撑。

4.2.2 论文收录引用检索服务

论文收录引用检索服务是为读者检索发表的学术论文被科学引文索引(SCIE)、社会科学引文索引(SSCI)、工程索引(EI)、科技会议录索引(CPCI)、中国科学引文索引(CSCD)、中国社会科学引文索引(CSSCI)等数据库收录情况或被引用情况,并依据检索结果出具收录引用检索证明。

在上述各数据库系统中,SCIE 数据库因其收录的文献全面覆盖了全世界最重要和最有影响力的研究成果,而被世界学术界密切关注,成为评价各国、各机构国际学术地位和影响力的重要指标。因此,SCIE 收录引用检索服务是大学图书馆提供得最多的论文收录引用检索服务。服务对象既有个人也有研究团队、科研机构。检索报告的目的也是多种多样,例如申请博硕士毕业、博士后出站、各级各类人才引进、人才评定、职称评聘、业绩考核、科研奖励评定、科研项目申请等。

SCIE 论文收录引用检索主要包括以下内容:发表论文数量、论文研究方向、期刊影响因子、期刊分区、被引频次,还有基于 SCIE 论文的引证关系分析、高被引论文分析等。

目前,多数图书馆提供的论文收录引用检索服务都是通过咨询馆员利用计算机进行基础信息检索,然后手工或利用数据处理工具进行数据统计,完成检索证明报告。在 BALIS

联合信息咨询服务系统中，委托人可以通过联合信息咨询服务系统网上在线提交委托申请。为确保检索准确和快速，委托人办理收录引用检索委托手续时需正确填写论文收录或引用清单，内容包括：论文题目、出处、被检索人中文姓名以及被检索人所在机构的中英文名称等详细信息。

论文收录引用检索服务流程包括用户委托检索、成员馆受理委托、检索查证操作、服务收费、出具证明等环节。论文收录引证服务要求咨询馆员熟悉相关数据库的检索和分析功能，了解各项评价指标的使用，还需要咨询馆员具备一定的英文语言、计算机应用能力。其具体的检索工作针对不同的需求具有重复性高、繁杂、耗时等特点，同时，这项服务对服务结果和报告的精准性要求较高。在各类人才项目申报评选、机构评选和认定、职称评聘等高峰期，如果完全依靠咨询馆员逐条检索完成检索引证报告，劳动强度大，效率低。联合开展论文收录引证检索服务首先可以联合联盟图书馆咨询馆员的人力资源扩大单馆的咨询服务队伍，增强抵抗短时期大需求的冲击能力。另外，多个图书馆联合可以共同开发或引进必要的检索系统或平台工具，利用计算机系统的强大功能降低馆员劳动强度，提高检索效率，同时防止人为因素导致的检索差错的发生。BALIS 联合信息咨询中心先后分别对江苏宝和科技有限公司、西安知先科技有限公司、北京开元数图科技有限公司三家研发的论文收录引用检索系统进行调研考察，提出了联合服务模式下论文收录引用系统的功能需求和技术要求，并进行了公开招标。经专家评定，北京开元数图科技有限公司的 CALIS 收录引证系统中标。在实现论文收录引用检索系统的功能技术的基础上，CALIS 收录引证系统与联合信息咨询服务系统的平台进行有机融合，BALIS 联合信息服务系统的论文收录引用检索服务的自动化水平将得到大幅度提升。同时，基于 BALIS 联合信息咨询中心成员馆收录引证检索服务实践反馈，也可以不断完善收录引证检索系统的功能，促进整个服务项目的发展。

4.2.3　文献/专题服务

文献/专题服务是根据用户的科研需要，对用户事先选定的专题，定期或不定期进行文献信息检索，把经过筛选的最新检索结果，以题录、文摘、全文或项目综述等方式提供给用户，为用户提供从课题前期调研到开题立项，以及项目进展过程中和成果验收的全过程的文献信息服务，主要突出所关注的研究领域中最新和最热点的内容。由上述界定可以看出，专题服务包括常说的定题服务（Selective Dissemination of Information Service），因为二者都是针对科研人员的需要，对某一特定主题进行信息检索的服务，其区别仅在于专题服务周期可长可短，可以一次性完成，不必进行持续跟踪，也可以多次完成；定题服务周期长，需要进行持续跟踪，甚至可以长达数年。

专题服务可以使科研人员对研究方向有较全面的把握，与此同时，专题服务也便于图书馆员更好地嵌入到科研中去。做好文献专题服务需要注意以下几点。

第一，在服务前期，要与用户进行充分的交流沟通，准确掌握用户需求。包括专题的具体领域研究方向、地域范围、时间跨度、关注的文献类型，明确服务结果形式、成果提交方式和服务周期等。

第二，在服务的过程中，面对检索结果异常，即结果过多或过少时，要及时与用户进行协商确定是否缩小或扩大检索范围，根据用户的需求进行检索策略及检索范围的调整，提供更加符合用户个性化需求的服务。坚持专题服务是“定”与“不定”的统一，在科学研究进展的不同阶段，用户所需要的信息是不同的，需要随时进行交流互动。

第三，有些用户提出的专题服务申请的要求不高，仅仅局限于文献指引方面的问题，与所述的专题服务在深度和广度上存在很大差距。此时，需要优化用户专题文献的需求结构，利用丰富的信息资源展现专题的发展水平。通过专题文献服务加强对文献资源的利用，深层次挖掘文献信息内涵价值。专题文献组织的过程是将馆藏文献引向纵深发展的有效途径，通过组织专题文献，形成专题文献优势，有利于丰富文献资源保障体系。

第四，开展文献/专题服务要求馆藏资源满足必要的学科文献覆盖度，只有那些学科资源丰富的图书馆才具备开展文献/专题服务的基本条件。同时，该项服务对馆员的个人信息检索能力、信息分析加工能力、文字处理与撰写能力的要求也比较高，通常要求专题咨询馆员也要具有相关专业背景，这样才能得心应手地提供服务。

4.2.4 情报分析

情报分析服务属于信息咨询服务中的较高端的服务类型，基于文献大数据挖掘和分析得出特定领域或者机构的相关情报，为制定发展战略和决策规划提供参考支撑依据。根据用户所关心的国内外科技、经济社会发展热点、重点问题，采用手工检索和计算机网络检索手段，收集相关信息，做出分析报告，内容包括科技发展重大趋势与战略倾向研究、国内外重要研究机构、重要研究型高校、重要创新型企业创新发展态势与核心竞争力分析，国际各个科技创新领域基本发展态势（包括战略与计划、政策、投入状况、产出状况、重要成果）和竞争态势分析。

情报分析服务中的一项重要服务是专利信息服务，尤其对于企业和高校等重要的国家创新主体，以其为分析对象的情报分析中，围绕专利开展情报分析是不可或缺的一个重要环节。专利信息服务主要有专利信息检索、专利查新、专利信息素养教育、专利信息分析、专利布局、专利诉讼等方面。由于专利布局、专利诉讼要求从业人员具有的专业层次较高，目前大学图书馆开展的专利信息服务以上述服务内容中前 4 项为主。

专利信息检索包括如下几个方面。(1)专利的基本信息检索，诸如发明人、所有权人、法律状态、专利时效、同族专利等的检索。(2)专利专题检索，根据用户的要求，针对机构或个人，或某领域的专利进行世界范围的检索，提供检索到的相关文献，并按要求撰写分析报告，提出相应的建议和措施。(3)跟踪检索，根据用户的要求，在一定时间范围内，定期对指定的机构或个人，或技术领域的专利进行跟踪检索，为用户提供最新的相关专利信息。

专利查新是针对已经公开的专利技术，或是计划申请的专利技术方案进行查新检索，通过文献对比分析判断技术方案的新颖性和创造性，为专利无效或为专利申请提供依据。专利查新与普通的科技查新的流程相似，其区别在于科技查新仅对新颖性进行评价，而专利查新既要评价新颖性又要评价创造性。

为适应知识产权强国战略，提高广大师生的知识产权保护意识，一些高校图书馆专门开设了专利信息素养相关课程。课程内容包括专利基础知识，专利法相关内容、专利文档的撰写、专利检索、专利分析、专利布局、专利诉讼等内容。将专利信息素养教育从常规的读者信息素养教育课程中分离出来单独设置，以充足的课时来保证丰富的专利信息素养教育课程得以展开讲授，为读者奠定很好的专利素养基础。

专利信息分析是专利信息服务中比较常见的服务类型，其通常借用专利数据库或专用的专利分析软件平台，利用数据统计和文本聚类的方法，从海量的专利数据中检索出专利发明人、所属机构、所属国家、引证关系、专利强度、专利纠纷等情况进行分析。通过上述分析，可以帮助管理部门进行引才、引资参考；可以为研发部门提供核心专利，在撰写专利申请时绕开已有的专利权利要求，获得最大的权利范围，并有效避免侵权纠纷。

专利信息分析等情报分析需求的工作量较大，通常是多个人组成工作组分工协作完成。对于规模较大的战略性信息需求，如果时间要求紧迫，可以考虑由多个图书馆的专业人员组成一个项目组联合起来开展服务。在情报分析服务具体实施前，项目组必须讨论确定服务实施规范，然后根据各自馆藏资源特点进行任务分配，也可以根据馆员的学科背景特点进行分工。

4.2.5　学术/学科评价服务

大学图书馆的学科服务可以追溯到 20 世纪 80 年代。1981 年，美国卡内基·梅隆大学图书馆推出了跟踪服务（Track Service），开启了大学图书馆学科服务的先河。跟踪服务是一种特殊形式的参考咨询服务，图书馆根据用户特定的信息需求，利用图书馆的各种馆藏文献资源以及互联网资源，在较长时间内为用户定期或者不定期连续地提供其所需的文献的一种信息服务模式。与跟踪服务同时代的，具有标志性的学科服务还有俄亥俄大学图书馆的网络馆员免费导读服务（Network Librarian and Free Guide）。图书馆读者导读工作是以图书馆的文献资源和馆舍设施为基础，以引导和影响读者阅读，提高阅读效率，提高选择和阅读文献的能力，提高文献的利用水平等为目的，以图书馆特定的工作方法为手段。

经过 30 余年图书馆服务模式的演变与发展，学科服务在全球大学图书馆界得到快速发展，服务内容也不断扩展，服务的形式日益多样化。例如：学科资源建设与开发、资源导航服务、学科咨询服务、多层次的用户教育、投稿导引、学术期刊分析与评价、学科博客线上服务、科技查新、论文查收查引、学术论文查重检测、科研论文的审核认定、重点学科的情报研究等。只要是图书馆员借助计算机技术和网络技术，以图书馆馆藏资源和网络资源为依托，面向教学、科研及管理人员开展的高层次的信息服务、知识服务都是学科服务的范畴。学科馆员（Subject Librarian）也从最初的图书馆与学院之间的联络员，逐步发展为学科信息咨询专家、用户信息素养培养专家、知识信息服务专员。学科服务成为以大学学科建设为服务对象，由熟悉乃至精通一门学科或几门学科知识的学科信息专家，针对教学和科研提供的主动性和针对性的对口服务。学科服务站在用户的角度，从用户的利益出发，顺应用户的行为，调动图书馆的人力、物力融入用户的物理和虚拟社区，以知识服务为手段，为用户构建一个适应其个性化信息需求，适应其学术交流需要的信息保障环境。

学术/学科评价服务是近几年发展起来的一种学科服务类型。对于高校而言，学科建设始终是高校的基础，不论现代信息技术如何发展，学科建设与发展水平是高校的核心竞争力。学校的发展和需求决定了高校图书馆的服务内容和服务模式。学科学术成果的发表、利用等统计数据代表学术成果的数量与质量，从一个方面体现了学科学术表现与影响的宏观发展趋势和微观状态。学术/学科评价就是基于文献计量的方法，研究该学科在世界范围内的学术产出、学术影响等状况。借助 ESI、Web of science、EI、CSCD、CSSCI 等国内外著名数据库的发文/引用量、各类排行榜的排名情况，以及主要国家、知识产权组织的专利检索系统，对个人、机构或某学科领域的学术论文、专利等进行检索分析，获得论文收录/引用情况、拥有专利状况、论文学科分布、论文地区分布、作者单位机构类型分布等信息，并根据用户的需求形成最终的评价评估报告产品。通过多角度统计分析，了解个人、机构的学术状态，了解学科发展状况，最终为学校的学科建设和人才引进等提供决策参考。

常见的学术/学科评价如机构或个人的 SCI 收录论文分析报告，机构/个人/行业的专利分析报告，大学的优势学科排名状态与竞争力分析，学科前沿动态分析与未来发展趋势分析，学术成果统计与科研绩效评估分析等。

学术/学科评价服务在一定时期内将继续保持较强劲的发展态势，尤其是我国于 2017 年 9 月正式公布“双一流建设名单”，开始了新一轮的一流大学建设和一流学科建设。5 年一周期的“双一流”动态建设规则让已入选高校和争取进入“双一流”的高校都有动力也有压力，高校势必加强对自身学科及相关院校学科发展状态的了解，对人才引进和培养工作做出更细致的评估。这些均对图书馆的学术/学科评价服务提出了更多的要求，图书馆应该加大该项服务馆员的储备和培养，为我国“双一流”高校建设提供必要的信息咨询服务。

4.2.6 培训服务

目前，各大学图书馆都非常重视馆员队伍建设，很多省、自治区、直辖市的高校图工委也积极行动起来，定期开展形式多样、内容丰富的馆员培训。BALIS 联合信息咨询中心在工作实践中，通常会根据服务需要为成员馆馆员提供针对性的培训服务。开展各种培训服务可以将培训制度化，从顶层设计层面制定规划，以利于整个联合信息咨询服务体系的人才培养和储备。另外，与各馆单独进行培训相比，BALIS 联合信息咨询中心开展馆员培训的优势在于保证培训效果的前提下可以实现参加培训人员数量的最大化，从而降低培训成本，使得更多的人员在培训中增长技能。通过培训可以直接扩大联合信息咨询服务体系成员馆信息服务范围，提高服务水平，定期对服务馆员进行信息知识技能培训，提高馆员信息素质，保证信息服务的有效开展，提高服务质量。联合培训主要采用专项服务技能培训班、专题讲座、研讨会、交换学习等形式进行。信息咨询联盟之所以将培训作为一项重要的服务内容是由信息咨询服务的特点决定的。

联合信息咨询服务是针对高校、科研院所、企事业单位等创新主体及其所属个体，旨在解决他们在教学和科研过程中产生的信息需求，与传统的借阅服务和指向性的参考咨询服务相比，是深层次的专项服务，要求服务馆员具有专项服务技能，例如科技查新资质与能力、学科评价与分析知识和技能、专利信息分析知识和技能等，这些技能都需要专门的培训才能获得。

联合信息咨询服务是发展变化的，无论服务内容还是服务形式都随着用户的需求和信息技术的进步而不断发展变化。因此，除了对服务馆员进行相关服务内容的基础知识培训外，还要对服务中用到的文献资源、服务工具和技巧进行培训。例如，学科评价中用到的 ESI、Incites 等数据库资源培训，专利信息分析中的相应分析引擎、数据分析软件和分析方法等等的培训。

联合信息咨询服务体系为了便于开展工作，往往会使用特定服务网络平台和工具，也需要及时对成员馆的馆员加强培训，使之能够熟练使用，提高服务的水平和效率。例如，BALIS 联合信息咨询中心根据信息咨询服务的发展，开发了信息咨询服务平台系统供成员馆使用，并不断完善相关的功能，提供诸如论文收录引证检索系统等相关服务专用工具，引入微信公众号等新媒体服务手段。

图书馆信息服务的直接目的是帮助读者解决信息获取和利用过程中存在的困惑与问题，其最终目的是提高读者的信息素养，增进读者检索、整理、加工、分析利用信息的能力，即“授之以渔”。因此，对读者用户进行培训也是信息服务的重要环节和内容。用户培训具体分为两个方面的内容：(1)通过对用户进行服务项目及其实现过程的培训，使用户了解可获取的信息服务的类型和实现方法，提高用户的信息素养；(2)介绍常用的信息资源，增强用户对各类型信息资源的了解程度，增强用户信息获取能力，提高各种信息资源的利用率。例如可以面向院系进行专业数据库资源培训，著名的搜索引擎检索及网络免费资源的获取，文献管理软件使用等与信息资源利用相关的培训。培训方式主要包括专场讲座、新生入学教育、信息素养课程、嵌入式课程等方式，同时辅之以视频、PPT 课件、慕课(MOOCS)等网络共享资源。

4.2.7　期刊论文投稿指南

科研过程一般分为三个步骤，首先是确定研究方向，获得项目立项支持；接着是投入人力物力进行研究，获得研究成果；最后是将研究成果以合适的方式进行公布或投入实际应用。发表学术论文是公布研究成果最常见的一种方式，也是目前科研人员绩效考评的一个重要指标。大学图书馆一般既订购有纸质期刊又有期刊数据库资源，既有综合性期刊又有专业性期刊，如果没有一个科学的揭示途径，一般读者很难迅速找到与自己专业对应的期刊，获得该种期刊的相关信息，为自己的投稿做准备。对于很多高校师生来说，种类众多的期刊往往令他们眼花缭乱。尤其是学生读者，一个刚入学的硕士研究生往往不知道本专业核心期刊有哪些，也不清楚如何评判期刊的等级水平，及如何进行投稿。因此，对科研人员进行期刊投稿指导可以节省他们自行摸索的时间，有针对性地做准备。

期刊论文投稿指南可以提供 SCI、SSCI、A&HCI、EI、CSSCI、CSCD 等国内外著名数据库来源期刊及中文核心期刊信息，为高校和社会用户选择合适期刊进行投稿提供参考。对用户进行期刊论文投稿指导可以作为学科馆员服务内容的一部分开展。除了通常的按照字母顺序呈现期刊信息外，对已有的数据库资源进行深度挖掘，按学科揭示相应的期刊信息更便于读者使用。读者可以根据学科来检索或浏览期刊，从而避免盲目性，也可以从整体上把握该学科的期刊基本信息，做到胸中有数。

联合开展期刊论文投稿指导可以根据各成员馆所在高校的学科优势特点，进行分工协作，各馆对各自院校的重点学科涉及的期刊和数据库进行梳理整合，然后作为一个整体的资源导航成果进行揭示。这样既可以减轻重复性的资源整理劳动，又可以发挥各馆的积极性和主动性为各自院校的优势学科服务奠定基础。

4.2.8　信息参考咨询

信息参考咨询是图书馆的传统服务形式。随着信息技术的发展，图书馆信息参考咨询的服务手段不断更新，日益多样化。由最初的面对面咨询发展为电话咨询，表单咨询；网络技术的发展及其在图书馆的应用，使得 BLOG、电子邮箱咨询、BBS 社区问答成为可能。进入 21 世纪，各个图书馆根据各馆的自身情况开发或引入了适用的实时咨询工具。其中，实时 QQ 咨询在馆员和读者互动沟通方面发挥了巨大作用，用户与咨询中心之间可以实现点对点的文字交流，实时地解决问题。咨询工作人员和用户可以同步浏览和控制信息的相互发送，网页同步浏览功能可以大大提高用户服务的效率和质量。近年来，随着智能手机的普及和移动服务的推进，图书馆微信公众号服务在信息参考咨询方面越来越受到读者的青睐，成为目前最受欢迎的参考咨询方式。以北京科技大学图书馆为例，读者每天咨询中的绝大多数问题是通过微信公众号平台进行的，微信平台咨询问题数量比其他途径咨询问题的总数还要多。

信息参考咨询服务不论方式有几种，从根本上可以分为表单咨询和实时在线咨询两个大类。利用公共服务平台由成员馆共同为读者提供咨询解答著名的案例是 OCLC 推出的全球图书馆共同参与的 QuestionPoint 系统。联合参考咨询最大的优势在于人力资源丰富，其关键是确定好分工合作的制度安排，针对各馆的个性问题可由各馆单独处理，对于共性的信息咨询问题由系统配置自动回答，注意常见问题的搜集整理，一方面形成 FAQ 问题资源库供读者查询，另一方面通过机器自动回复减轻咨询压力，提高咨询回复效率。

做好联合参考咨询的另一个需要考虑的问题是所采用的联合参考咨询系统与各图书馆在用的咨询系统的融合性和实际操作性。如果新增系统相对于原有的系统存在巨大差别，功能虽然强大，但操作复杂，需要参考咨询馆员花费较大力气去消化掌握，势必增加馆员的工作难度，甚至会产生抵触情绪，最终影响新系统的使用和联合参考咨询的顺利开展。

4.3 联合信息咨询服务功能特点

图书馆联盟的目的在于通过一定的协作方式来满足其特定的功能需求。北京地区高校图书馆文献资源保障体系(BALIS)是一个多目标的综合性高校图书馆联盟，下设的馆际互借中心、原文传递中心、资源协调中心、培训中心、联合信息咨询中心分别通过不同的协作方式完成各自的合作功能。联合信息咨询中心作为 BALIS 的一个分中心，在服务功能方面具有自身的特点。

4.3.1 服务功能的互补性

BALIS 馆际互借中心和原文传递中心是资源主导下的服务联合体。馆际互借中心采用集中式门户平台和分布式服务相结合的方式，充分利用北京高校丰富的馆藏资源和便捷的网络环境，为北京地区高校读者提供馆际互借服务。馆际互借中心馆设在北京邮电大学图书馆，主要职能为协调各成员馆间的馆际互借服务，提供技术服务支持，负责各成员馆馆际互借量的统计和补贴的发放，并与物流公司进行费用结算。原文传递中心的建设目的是：依托成熟的系统平台，充分利用北京高校丰富馆藏资源和高校间便捷的网络环境，采用集中式门户平台和分布式服务相结合的方式，为北京地区高校读者提供原文传递服务。原文传递中心馆设立在中国人民大学图书馆内，其主要职能为：协调各馆的资源及原文传递服务，提供服务支持，负责各成员馆的使用经费的统计和补贴的发放，为成员馆读者提供原文传递服务。资源协调中心旨在探讨资源建设中的馆际合作和市场合作，实现图书馆用户文献利用和图书馆资金使用效益的最大化；促进图书和数据库市场的繁荣稳定；实现数据库商和图书馆的双赢。BALIS 资源协调中心馆设在首都师范大学图书馆，其主要职能为：沟通文献生产、发行、采集、保存和使用；组织、协调成员馆进行文献特别是数据库的调研、论证和集团采购等，为高校图书馆文献采购提供服务，实现文献资源共建与共享；针对在文献资源建设中大家所面临、所关心的问题，进行研究探讨。培训中心旨在为北京地区各高校图书馆之间提供学习、交流的平台，以期提高图书馆员的整体业务水平。培训中心馆设在北京师范大学图书馆，重点关注国内外图书馆事业发展动态，有计划地组织业务、技术等方面的培训和学习交流，为促进北京地区高校图书馆事业的发展发挥积极作用。

联合信息咨询中心是BALIS体系中以服务主导的图书馆联合体，以联合开展咨询信息服务为主要目标，旨在北京高校图书馆工作委员会和BALIS管理中心的统一领导下，聚合北京高校图书馆信息咨询服务优势，采用集中式门户平台和分布式服务相结合的方式，拓宽各高校图书馆的咨询服务范围，为高校和社会用户提供联合信息咨询服务。中心管理机构设在北京科技大学图书馆内，其主要职能为：协调各馆信息咨询服务，提供服务支持，负责各成员馆联合信息服务的统计、质量评估及绩效补贴。服务项目包括科技查新、论文收录引用、文献专题服务、情报分析、学科服务、期刊论文投稿指南、培训服务、信息咨询等多样性的信息服务。其中心的定位、职能与其他四个中心明显不同，但互为依托、互相支撑、互相促进，服务功能上互为补充，共同组成了北京高校图书馆共建、共知、共享的有机服务整体，为北京高校的教学科研乃至北京地区的经济建设和发展发挥了信息支撑作用。

4.3.2　信息诉求渠道的便捷性

北京地区高校图书馆文献资源保障体系BALIS联合信息咨询中心是一个相对紧密的图书馆联盟，服务项目多种多样，为成员馆的加入提供了可能。BALIS联合信息咨询中心不收取成员馆的加盟费用，运行资金来源于北京市教委和BALIS管理中心的支持，在BALIS管理中心的统一领导下开展服务工作。

为方便用户提出信息诉求，BALIS联合信息咨询中心建立了统一的联合信息咨询服务系统平台，在成员馆和用户之间搭建沟通的桥梁，用于成员馆对外开展服务和对内进行服务管理。用户可以在服务系统中了解中心的业务范围、服务项目，也可以了解成员馆的相关服务信息，综合自身的喜好选择成员馆提出服务诉求，例如可以选择著名高校图书馆，或者选择物理空间距离较近的图书馆，或者选择某一服务占据优势的图书馆提供信息咨询服务等。

在设计联合信息咨询服务系统时，就考虑了服务用户的广泛性和用户需求的多样性以及系统平台的开放性。因此，系统面向整个互联网用户开放，不局限于教育网用户，方便用户在任何时间、任何地点登录系统平台提出信息需求委托。成员馆是联合信息咨询服务的主体，从另一个角度看，成员馆利用联合信息咨询服务系统开展服务，也是服务系统的使用者，因此，在服务系统的设计上，联合信息咨询平台的开发过程中也要考虑成员馆的需求，即系统使用的便利性以及与成员馆原有服务工具、数据储存系统的对接等问题。

4.3.3　服务方式的自动化

图书馆服务方式的自动化就是运用计算机等智能设备来处理图书馆的业务及提供相应服务，比如图书采访编目、期刊管理、图书流通借阅管理、馆藏书目检索等。BALIS联合信息咨询中心作为信息咨询服务共同体，也需要以计算机技术为核心，借助网络通信技术，对原有的图书馆信息咨询业务实行网络化的运作和业务流程的自动控制，提升服务的自动化水平。从联合信息咨询的各种服务类型上看,服务的自动化体现在服务流程和数据处理的自动化。

一般的信息咨询服务流程主要包括:用户委托—成员馆受理—信息检索与加工—提供信息服务成果报告—服务费用缴纳等环节。通过上述主要环节的自动化来实现整个业务服务的自动控制。在用户委托阶段,改变传统的用户登录模式,利用互联网登录服务门户的方式提交服务申请,简单易行。甚至可以引进社交平台,通过微信公众号等自媒体形式,为用户与服务机构的互联互通提供最大便利。在传统的图书馆信息服务过程中,受理服务申请通常是采用手工登记或简单的计算机表格登记录入方式记录用户信息、申请信息和服务馆员姓名,这种方式的受理过程容易产生记录混乱,诸如重复、漏记、错记等情况,效率低下且不利于服务管理。在联合信息咨询服务模式下,利用专门的联合信息咨询服务网络系统,服务受理过程简单便捷,各成员馆的管理人员可以按照本馆的规则将服务申请分派给具体服务馆员,从申请信息到服务人员信息全部自动在服务系统中完整记录。联合信息咨询系统多数服务均需要通过信息检索和信息加工完成,检索和加工过程是咨询服务流程中的重要环节,这个环节的时长也决定整个服务用时的长短。因此,检索和加工过程的自动化程度从根本上决定信息咨询服务效率。服务费用缴纳和管理入账环节对于用户和图书馆内部管理都是至关重要的,从方便用户的角度来说,应该提供多种支付方式供用户选择,尤其是目前被广为接受的支付宝、微信等电子支付手段,以适应非现金流通的现实需要。从内部管理角度,电子化的记账方式也为会计财务人员提供巨大便利,降低了劳动投入,提高工作效率。

4.3.4 服务管理的精细化

精细化管理的本质是一种企业管理理念,是社会分工的精细化以及服务质量的精细化对现代管理的必然要求。精细化管理源于 20 世纪 50 年代的日本,是建立在常规管理的基础上,落实管理责任,将管理责任具体化、明确化,它要求每一个管理者都要到位、尽职。将常规管理引向深入,以最大限度地减少管理所占用的资源,以降低管理成本为主要目标。

图书馆信息咨询服务是图书馆服务中的一部分内容,同样涉及人力投入、设备投入、资源匹配、效果效益评估等。尤其近十年来,图书馆信息咨询服务呈现蓬勃发展的趋势,很多图书馆文献信息资源的投入持续增长,信息咨询服务馆员的数量也成倍增长,人员的学历层次逐渐提高,在很多高校图书馆信息咨询服务已成为图书馆对外服务的主力军,信息咨询服务的结果或产品也成为图书馆服务的品牌象征。在联合信息咨询服务的过程中,其一定程度上代表着新时期图书馆的整体服务水平,服务管理的精细化是提升联合信息咨询服务高效执行能力、服务水平与质量的一个重要途径。因此,在整个服务管理和控制过程中,要将整个服务流程和目标进行分解、细化并落实到每一个过程,落实到每一个环节管理。找准每个咨询服务的关键问题、薄弱环节,分项组织过程设计管控,完善业务流程,实现精细化管理与咨询服务流程、功能、效果的有效整合。通过精细化管理,除了可以对馆员配置及服务收入等馆内基本情况进行统计分析外,还可以对服务总体情况进行挖掘,例如用户性质、地域分布、忠实度、服务类型、服务目的、用户培养等,不仅可为单个图书馆信息服务发展策略的制定和调整提供基本数据,汇总起来的大数据也是教育主管部门的决策参考依据。在实施服务管理精细化管理的过程中,最为重要的是要有规范性与创新性相结合的意识。如何将管理的规范性与创新性更好地结合起来也是未来在完善联合信息咨询系统平台建设时要重点考虑的一个关键问题。因此，联合信息咨询服务进行精细化管理具有重要意义，也是联合信息咨询事业成功的需要。

4.3.5　新媒体技术的泛在化

新媒体是随着信息技术的发展和传媒市场的细分而产生的，与报纸、户外、广播、电视传统媒体相对应的，集图、文、声、像于一体的新型传播媒体。如何将新媒体技术运用到图书馆信息服务中，是联合信息咨询服务需要研究和解决的新课题。图书馆信息服务联盟与单个图书馆的信息服务相比，具有服务种类多、服务对象数量巨大、服务影响广的特点，积极推进新媒体技术在联合信息咨询服务中的应用，无疑可以推进图书馆界信息服务的现代化。

网络信息技术迅速发展，智能手机等移动终端被广泛使用，通过移动端开展信息服务是图书馆为适应读者阅读习惯而采取的积极举措，多馆合作的联合信息咨询服务同样要采取多样的服务形式为读者使用图书馆提供便利。BALIS 联合信息咨询中心在已有的基于 PC 端页面服务模式的联合信息咨询服务系统的基础上，开发与 PC 端联合信息服务系统相适应的微信公众平台，实现联合信息服务模式向移动终端延伸，以更个性化的多媒体展现方式向用户提供服务，满足广大用户越来越高的多终端体验需求，改善读者利用联合信息咨询服务的体验，并利用微信平台进一步提升读者对联合信息服务的关注度。

微信前台用户关注联合信息咨询微信公众号后，可进行委托申请、在线咨询、个人中心查看与维护。通过微信公众号直接进行科技查新等信息服务委托申请，由管理员在后台进行相应处理。微信用户可直接通过在线咨询与服务人员进行图文消息的在线实时咨询。用户在个人中心可以进行订单的进度查询与取消，下载报告，个人信息维护与绑定操作。系统还可以预设微支付功能，包括微信和支付宝等常用微支付形式，为后期系统升级预留接口。

微信管理后台包括微信端基础功能与营销互动功能。微信运维人员可对微信关注用户进行分组管理、推送营销信息、图文消息回复、自定义设置自动回复字段、自定义菜单配置管理等操作。增加平台二维码以及成员馆二维码管理功能，包括增加、删除、修改等，以及各个二维码权限设置功能。可以统计微信端的信息营销数据以及参考咨询数据，以及与平台对应的订单提交的数据等。微信运维人员可在微信管理后台了解消息推送到达情况，了解新关注用户、取消关注人数、净增关注人数和累积关注人数情况以及各数据的发展变化趋势。在营销互动管理中，当有新订单提交、进度改变时，可以及时通知成员馆及用户。支持多客服接入，微信中信息咨询内容直接对接至后台信息咨询模块。

第 5 章　联合信息咨询的服务模式

5.1　服务要素的组织模式

聚合区域高校图书馆信息服务资源，为用户提供多样化信息服务是联合信息咨询服务的初衷，有效地组织好成员馆的文献信息资源和人力资源等服务要素在联合信息咨询服务发展过程中具有重要意义。

图书馆联合信息咨询服务要素的组织模式是由图书馆联盟的组织建设形式决定的。高校图书馆联盟组织模式总体上可以归纳为以下三种建设模式。(1)由系统或行业主管部门组织的全国性图书馆联盟，例如教育部组建的中国高等教育文献保障系统(CALIS)，这种系统内的文献信息资源的共建共享有利于系统内部的文献信息资源的有效协调，减少无序和重复建设现象的发生。(2)由地方政府及教育主管部门推动建设的地方性联盟，例如北京地区高校图书馆文献资源保障体系(BALIS)，这类图书馆联盟都离不开地方政府的政策引导和资金支持，切实解决了本区域内高校图书馆业务及服务面临的瓶颈和难点。(3)部分地缘相近的图书馆之间由于面对共同性质的用户群体也容易组成联盟，并取得实质性的合作成果。

联合信息咨询服务要素组织模式主要有网状模式和星型模式。网状模式即参加机构之间相互直接进行"馆对馆"的对等合作，借助咨询中心系统协调，成员馆之间的关系呈网状结构。星型模式即参加机构之间的合作是集中通过中介系统(或称中心咨询系统)调度进行的，成员馆之间的关系呈星型结构。也有学者将目前的联合数字参考咨询系统的建设模式归纳为平行联合模式和垂直分层联合模式。平行联合模式是用户通过统一的咨询平台提交问题，问题的接收与答复由同一个馆处理。这种模式在技术上非常简便，弊端是用户不能指定特定的图书馆提供服务。垂直分层联合模式是用户利用本地成员馆的咨询平台提出问题，可由协调中心转发到合适解答的成员馆答复，答复通过协调中心返回提问馆专家用户。该方式能自主控制问题被回答的进展和质量，但系统复杂、中间环节多，管理上要求高。

从各种实际应用的系统来看，我国的联合信息咨询服务系统大多为自行开发，系统软件平台所提供的服务主要是文献提供和信息咨询，内容比较单一。应用的服务技术手段上通常采用 Email 方式；FAQ(Frequently Asked Question)方式；BBS 方式；Web Form 方式；Real-time 方式等。具体到北京地区高校图书馆联合信息咨询服务，其模式在总体上呈星型模式，具体馆际之间也存在部分网状关系。

BALIS 联合信息咨询中心经过 8 年的发展，成员馆及使用中心服务平台的非正式成员馆共计 47 家，见表 5.1。成员馆中既有教育部直属院校图书馆，也有中央其他部委所属院校图书馆，还有北京市属本科院校图书馆、高职高专院校图书馆，构成了层次丰富、强弱互济的成员馆格局。成员馆中参与信息咨询服务的馆员总数达到 200 余名。2016 年年底，北京高科大学联盟中北京地区的 9 所大学图书馆均成为 BALIS 联合信息咨询中心的成员馆。

表 5.1　BALIS 联合信息咨询中心成员馆列表

序号	成员馆	序号	成员馆
1	北京科技大学图书馆	25	北方工业大学图书馆
2	北京大学医学图书馆	26	北京电子科技学院图书馆
3	北京电子科技职业学院图书馆	27	北京工商大学图书馆
4	北京工业大学图书馆	28	北京工业职业技术学院图书馆
5	北京航空航天大学图书馆	29	北京化工大学图书馆
6	北京交通职业技术学院	30	北京理工大学图书馆
7	北京联合大学生物化学工程学院图书馆	31	北京农学院图书馆
8	北京师范大学图书馆	32	北京石油化工学院图书馆
9	北京体育大学图书馆	33	北京信息科技大学图书馆
10	北京邮电大学世纪学院图书馆	34	北京中医药大学图书馆
11	国际关系学院图书馆	35	华北电力大学图书馆
12	解放军医学图书馆	36	首都师范大学图书馆
13	首都医科大学图书馆	37	外交学院图书馆
14	中国农业大学图书馆	38	中国人民公安大学图书馆
15	中华女子学院图书馆	39	北京语言大学图书馆
16	北京交通大学图书馆	40	北京教育学院图书馆
17	北京青年政治学院图书馆	41	北京政法职业学院图书馆
18	北京建筑大学图书馆	42	北京联合大学本部图书馆
19	北京劳动保障职业学院图书馆	43	中央财经大学图书馆
20	北京农业职业学院图书馆	44	北京邮电大学图书馆
21	中国地质大学(北京)图书馆	45	中国人民大学图书馆
22	中国矿业大学(北京)	46	北京林业大学图书馆
23	中国石油大学图书馆(北京)	47	*郑州轻工业学院
24	*河北科技大学图书馆		

注:带*标记的图书馆为使用中心服务平台的非正式成员馆

5.2　服务内容的功能模式

联合信息咨询服务是一个多功能的服务体系，信息咨询服务内容的功能模式既包括现有服务内容和服务形式的深化与拓展，也包括新服务探索与推广。信息咨询服务的总体目标在于促使参与共建、共享、共服务的成员馆的信息咨询馆员队伍得到锻炼和壮大，信息咨询服务业务范围得到拓展，区域图书馆的信息咨询服务整体实力得以增强。

5.2.1 传统信息服务项目的合作

针对传统信息服务项目开展合作是地区高校图书馆联合信息咨询服务的一项重要内容。例如，科技查新、论文收录引证等属于高校图书馆的传统的信息服务项目，尤其科技查新服务一直是图书馆的深层次信息咨询服务，对馆员和图书馆均有资质要求。从事查新业务的馆员要参加专门的查新员培训并且考核合格；从事查新审核的馆员不仅要具有查新员资格，还要参加通过查新审核员资格培训并通过考核。只有具备相当数量的查新员和审核员，同时馆藏资源和数据库资源符合要求的图书馆才能提出设站申请，并且通过上级行政主管部门组织的专家评定才能正式设立查新工作站。

在 BALIS 联合信息咨询中心的帮助支持下，北京化工大学图书馆和北京交通大学图书馆先后成功被批准为教育部科技查新工作站。BALIS 联合信息咨询中心的建设成果逐渐得到京外高校的认可，并主动联系中心成员馆开展相关咨询服务合作。例如，河南郑州轻工学院图书馆主动联系北京科技大学图书馆寻求开展科技查新服务合作，借助 BALIS 联合信息咨询中心系统平台使得双方科技查新服务得以顺利开展，满足了河南郑州轻工学院师生的迫切需求；再如：在京津冀协同发展的背景下，北京科技大学图书馆、北京工商大学图书馆、天津科技大学图书馆、河北科技大学图书馆携手合作，于 2016 年 5 月 23 日成立京津冀高校图书馆信息资源服务与共享协同创新联盟。联盟合作内容的一个重要方面就是基于合作各方专业人员和馆藏资源特点，在查收查引、课题查新、学科评估等方面开展馆际协同服务，分工合作，优势互补，挖掘服务潜力，提高服务水平。目前联合信息咨询中心已为河北科技大学图书馆开通了联合信息咨询服务系统平台的使用功能，期望通过共享平台与河北科技大学开展科技查新工作的合作。

BALIS 联合信息咨询中心还在 2010 年、2012 年、2013 年分别举办了三次科技查新研讨交流会，加强查新站及查新员之间的沟通与交流，增进了解并提升业务水平，营造良好的查新环境，提高查新工作质量，促进了科技查新工作的蓬勃发展。

5.2.2 热点服务项目的推广

1. “双一流建设”亟须学科服务

学术/学科评价服务是近几年发展起来的一种需求旺盛的学科服务类型。在“双一流”的建设背景下，学术/学科评价服务在高校图书馆联合信息咨询服务中得到了很好的推广。

建设世界一流大学和一流学科，是党中央、国务院作出的重大战略决策，亦是中国高等教育领域继“211 工程”“985 工程”之后的又一国家战略，有利于提升中国高等教育综合实力和国际竞争力，为实现“两个一百年”奋斗目标和中华民族伟大复兴的中国梦提供有力支撑。

“双一流建设”的总体目标：推动一批高水平大学和学科进入世界一流行列或前列，加快高等教育治理体系和治理能力现代化，提高高等学校人才培养、科学研究、社会服务和文化传承创新水平，使之成为知识发现和科技创新的重要力量，先进思想和优秀文化的重要源泉，培养各类高素质优秀人才的重要基地，在支撑国家创新驱动发展战略、服务经济社会发展、弘扬中华优秀传统文化、培育和践行社会主义核心价值观、促进高等教育内涵发展等方面发挥重大作用。到 2020 年，若干所大学和一批学科进入世界一流行列，若干学科进入世界一流学科前列。到2030年,更多的大学和学科进入世界一流行列,若干所大学进入世界一流大学前列,一批学科进入世界一流学科前列,高等教育整体实力显著提升。到21世纪中叶,一流大学和一流学科的数量和实力进入世界前列,基本建成高等教育强国。

2015年8月18日,中央全面深化改革领导小组会议审议通过《统筹推进世界一流大学和一流学科建设总体方案》,对新时期高等教育重点建设做出新部署,将"211工程""985工程"及"优势学科创新平台"等重点建设项目,统一纳入世界一流大学和一流学科建设,并于同年11月由国务院印发,决定统筹推进建设世界一流大学和一流学科;2017年1月,经国务院同意,教育部、财政部、国家发展和改革委员会印发《统筹推进世界一流大学和一流学科建设实施办法(暂行)》。2017年9月21日,三部委联合发布《关于公布世界一流大学和一流学科建设高校及建设学科名单的通知》,正式确认公布世界一流大学和一流学科建设高校及建设学科名单,首批双一流建设高校共计137所,其中世界一流大学建设高校42所(A类36所,B类6所),世界一流学科建设高校95所;双一流建设学科共计465个(其中自定学科44个)。

2. 学术/学科评价的具体服务内容

利用文献计量学方法,通过科学客观的学科评价不仅能使高校找准自己各学科点的优势和不足,推动本校学科建设,提高研究生培养和学位授予质量,为学生选报学科专业提供可靠信息,也为教育主管部门提供决策参考;通过学术评价可以对科研机构/科研人员的学术研究成果进行适当评估,为机构的学术排名和人才招聘提供参考。

(1) 学术评价

不同类型的科研工作评价模型是不同的,常见的有文献评价、学者个人成果、科研机构成果、科研项目、期刊评价等学术评价。其中,以数据为支撑对科研机构进行客观的科研绩效评估的学术评价最受业界关注。通过对机构人力资源、财务、研究趋势、发展标杆、国际合作等数据的定量分析,提出相对客观的评估分析报告,为机构的科研管理和学科发展提供决策支持。当前,比较著名的学术评价机构有《美国新闻与世界报道》(U. S. News)、《泰晤士高等教育》(Times)、国际高等教育咨询机构(Quacquarelli Symonds,QS)、上海交通大学世界一流大学研究中心(CWCU)等。

(2) 学科评价

学科评价是以学科论文的数量和质量为基础的,知名数据库及其分析工具在科研成果评价方面日渐成熟与稳健为学科评价提供了便捷手段。常用的基本科学指标(Essential Science Indicate,ESI)数据库和 Incites 数据库均是汤森路透集团推出的世界范围内衡量科学研究绩效的分析评价工具。不同的是,ESI 数据库根据 SCI 和 SSCI 最近10年收录的论文,将研究学科分为22个学科,重点从被引频次的角度对学科进行统计分析和排序,主要分析指标包括论文数量、被引频次、篇均被引频次、高影响力论文数(包括高被引论文和热点论文)。Incites 数据库则是在汇集和分析 Web of Science 核心集七大索引数据库(SCI、SSCI、A&HCI、CPCI-S、CPCI-SSH、BKCI-S 和 BKCI-SSH)的数据基础上建立起来的综合性科研评价工具。基于汤森路透公司的 ESI 和 Incites 数据库,可以分析某大学某一学科的特征,探讨学科发展中的优势与不足,最后预测后续最有可能进入 ESI 前1%的学科及应采取的学科发展策略,为学科发展提供准确的方向和路径。对学科发展进行定量分析和对比,各高校学科发展状况及其相对优势尽收眼底。

(3) 人才评价

对于科学家或者研究人员来说,个人评价决定了他们研究生涯发展的方方面面,例如科研基金的申请,研究人员的聘用,各种奖项的评定等。在这些方面的工作和活动中都将运用到对科学家和研究人员的评价技术。随着计算机技术的不断发展,科学计量学中的大量的数据运算和统计变为一种可能。人才评价中涉及的基础数据除了所承担的科研项目外,对其发表的学术论文和专利情况进行评估是不可避免的环节。学术论文的评价中涉及论文数量、被引频次、篇均被引频次、高影响力论文数(包括高被引论文和热点论文),以及乔治·赫希(Jorge Hirsch)在 2005 年提出的 h 因子(h-index)。h 因子的计算方法是:将科学家某个时段(也可是全部)的论文,按被引次数从高往低排,然后每篇论文得到一个序号,将每篇论文的序号和被引次数进行比较,找到序号 h,使得这一篇论文的序号 h 小于或等于它的被引次数,而下一篇论文(序号为 h+1)的序号大于它的被引次数。

3. BALIS 联合信息咨询中心在推进学术/学科评价服务方面的作用

北京地区高校图书馆文献资源保障体系 BALIS 联合信息咨询中心一直关注并为高校的学科建设提供服务,学术/学科评价是 BALIS 联合信息咨询中心的一项重要服务功能,并从基础理论、方法与工具、案例实践等方面,先后面向北京及周边地区高校图书馆及情报机构举办了 4 次学术/学科评价方面的研讨会,旨在提高高校图书馆学科服务的整体水平。4 次研讨培训的主题分别为"高校学术信息分析与评价研讨(2009 年)","文献计量学与学术/学科评价研讨(2011 年)","基于事实型数据的科研管理与学科规划研讨(2013 年)","立足学术数据—服务学科建设 (2015 年)",各次研讨会的主题报告见表 5.2。每两年举办一次的研讨会受到 BALIS 成员馆的热烈欢迎,每次参会人员都非常多,受到大家期待,看得出在我国世界一流大学和一流学科建设的大背景下,BALIS 各成员馆对学科评价工作的重视。通过多次的学科学术评价方法交流与研讨,增强了成员馆馆员在学术/学科评价方面的知识和技能,对于培养学术/学科服务专业团队,建设学术/学科评估标准与规范奠定了基础。一批成员馆开展了学科学术评价工作,较好地支持了各高校的学科建设与科研工作。

表 5.2 BALIS 联合信息咨询中心学术/学科评价研讨会主题报告列表

报告主题	主讲人/机构
跨学科研究学术表现的定量分析	孙高鹏/荷兰爱思唯尔(Elsevier)出版集团
全面分析高校科研产出和影响力客观评价科技人才研究绩效	马楠/汤森路透
中国知网整合出版模式下的科研绩效评价	薛德军/同方知网(北京)技术有限公司
高校专利分析与价值评估	林志勇/重庆连颖科技有限公司
科学计量学在科技评价中的应用与实证	袁军鹏/中国科学技术信息研究所
探索建立基于信息计量学的高校教学科研人员学术表现评价体系	王娟、张玲/天津大学
北京理工大学学术影响力分析	吕瑞花/北京理工大学
基于文献计量的学科科研评价	董月玲/北京科技大学
中国农业大学学科评价实践研究	陈仕吉/中国农业大学
如何以事实型数据助力日本研究型大学的发展	Masafumi Nakamura/汤森路透
国外机构科研管理和学科规划分析的最佳实践	马楠/汤森路透

续表

报告主题	主讲人/机构
北京师范大学图书馆科研态势分析服务交流	韩丽/北京师范大学
北京科技大学图书馆学科评价/评估实践与思考	郑征/北京科技大学
深化数据研究与服务，为学科建设搭建信息平台	王琳/汤森路透
基于文献计量学的学科评价与实践	周群/中国农业大学
学科服务，路在何方	林佳/清华大学

5.2.3　新服务探索

2008 年 6 月 5 日，国务院正式印发《国家知识产权战略纲要》。知识产权战略、科教兴国战略与人才强国战略共同组成我国的三大国家战略，标志着我国知识产权工作进入新的历史时期。积极发展知识产权创造、运用、保护和管理等环节的服务，加强规范管理。培育知识产权服务市场，构建服务主体多元化的知识产权服务体系。扩大知识产权基础信息资源共享范围，使各类知识产权服务主体可低成本地获得基础信息资源。创新知识产权服务模式，发展咨询、数据、检索、分析加工等基础服务，培育评估、交易、转化、托管、投融资等增值服务。提升知识产权服务机构涉外事务处理能力，打造具有国际影响力的知识产权服务企业和品牌。加强标准信息分析和相关技术咨询等标准化服务能力。

高校作为技术创新的主体之一，截至 2013 年年底（1985—2013 年），高校共申请专利 728 433 件，其中发明专利 444 305 件（占总数的 61.0%）；专利申请量年平均增长率为 20.7%，其中发明专利申请量年平均增长率为 23.5%。高校图书馆具备从事信息服务的人力、工具、时间等基础条件，有能力开展专利的检索与分析相关的专利信息服务。

高校图书馆开展任何一项信息服务，首先要将这一服务理念在业界中推广，使服务馆员对该项服务有基本的理解和认同，在理解认同的基础上再通过专业的培训和学习，掌握服务技能从而将服务落实开展下去。BALIS 联合信息咨询中心带领成员馆开展专利信息服务也一样，通过各种层级的培训，将专利信息服务在高校图书馆中逐步推广。

1. 新服务理念的确立

专利信息是广大师生和社会用户需求较多的信息。早在 2011 年，BALIS 联合信息咨询中心就跟踪捕捉信息服务发展趋势，开始向专利信息服务方向拓展。2011 年 11 月 9 日，BALIS 联合信息咨询中心与 LexisNexis（律商联讯）联合举办了 BALIS 高校图书馆专利检索实务研讨会。来自北京地区 15 家高校图书馆、中科院国家图书馆及各校在校师生共计 57 人参加了研讨会，开始在高校图书馆中推广参与专利信息咨询服务的理念。

为进一步确立专利信息服务的理念，提升成员馆专利信息服务能力，拓展服务领域，2013 年 4 月 22 日，BALIS 联合信息咨询中心在北京科技大学图书馆举办了专利信息与高校知识产权服务讲座。由广州奥凯信息咨询有限公司副总经理王峻岭女士主讲，以大量生动的服务案例展示了奥凯公司如何为包括高校用户在内的广大用户开展专利信息服务，着重分析了高校图书馆在专利检索、专利评价、行业技术专利分析、机构专利竞争力分析、专利定题服务及国家科技重大专项专利服务等方面可提供的服务形式，为高校图书馆拓宽专利信息服务范围提供了非常有益的参考。来自清华大学、中国人民大学、北京大学医学部、北京科技大学、北京师范大学、中国农业大学、华北电力大学、北京理工大学、北京化工大学、首都医科大学、北京中医药大学等23所北京地区高校图书馆的55名老师参加了此次活动，进一步确立了高校图书馆开展专利信息咨询服务的新方向。

2015年5月13日，在北京高校图工委和北京市知识产权局的联合支持下，BALIS联合信息咨询中心举办了主要针对北京地区高校图书馆馆长、副馆长及知识产权相关信息服务业务骨干的知识产权战略高级培训班。本次战略培训中，教育部科技发展中心副主任周静做了题为《营造良好科研环境 激励高校科技创新》的报告；北京市知识产权局副局长周砚做了题为《加强高校专利的转化与运用》的报告。在培训中授课的专家还有中国科学院科技政策与管理科学研究所知识产权与科技法研究室主任宋河发、国家知识产权局机械发明审查部交通运输处调研员兼副处长张军、上海航天技术研究院知识产权中心主任张晓岚、中国科学院文献情报中心副研究员赵亚娟、北京奥凯知识产权服务有限公司副总经理郝政宇和广州奥凯信息咨询有限公司总经理王峻岭。专家们从宏观、微观、理论、实践多个角度诠释了新形势下知识产权相关信息服务的需求、着手点及可供借鉴的服务经验。共有72人参加了本次战略培训，分别来自北京科技大学、清华大学、北京大学、北京交通大学、北京师范大学、北京化工大学、中国矿业大学、中国农业大学、华北电力大学(北京)、中国人民大学、中央财经大学、首都医科大学、解放军医学等29所图书馆。通过专家们精彩纷呈的讲授，与会人员进一步深化了对知识产权信息尤其是专利信息利用的认识，了解了专利信息服务的基本模式，明确了高校图书馆探索开展知识产权相关服务的努力方向。

2. 专利信息服务的内容

高校图书馆可开展的专利服务从服务层次上可以分为基础专利服务和深度专利服务。基础专利服务有专利查新检索、专利无效检索、法律状态检索、同族专利检索。深度专利服务有专利态势分析、竞争对手分析、发明人分析、专利预警服务。

专利信息服务的流程可以分为如下几个阶段。

前期准备阶段：包括服务项目立项并组建项目组；分析制定项目工作计划；调研技术需求并形成技术分解。数据采集和加工阶段：选择目标数据库；制定检索策略；检索和去噪；数据采集和加工；数据筛选和标引。专利分析阶段：包括确定报告框架和分析内容；形成专利分析图表；解读专利分析图表。完成报告阶段：包括完成初稿；修改和完善；报告定稿和完善。

具体说来，专利信息分析可以从如下几方面着手进行。

(1) 基于组织机构的专利分析

基于组织机构的专利分析可以了解组织机构整体的专利申请拥有量、授权情况及诉讼情况。通过规整专利的专利权人，可以对组织机构的下属机构专利进行分析，获得不同下属机构的专利申请量、授权量；组织机构内部不同发明人的相关专利；分析组织机构及其下属机构的专利布局的地域，并获得其法律状态；通过文本聚类分析可以获得组织机构或其下属机构的技术要点；利用专利引证分析，可以得到关注组织机构的专利价值评价、创新优势学科、活跃学科发明人、识别竞争对手等。通过专利强度分析，可以筛选出组织机构强度较高的专利，分析形成机构专利竞争力分析报告。

(2) 基于发明人或科研团队的专利分析

在专利数据库中对目标发明人进行检索，获得目标发明人的相关专利，统计其专利申请量、授权量和有效专利数量；专利是否发生过诉讼及涉案专利的数量，并分析诉讼相关的被告；也可以通过专利强度分析，筛选出强度较高的专利。从其专利技术领域、专利的法律状态、专利技术点等多角度分析，分析其专利申请的年度发展趋势；找出研究热点及其在该领域的国内外竞争力情况，进而对发明人的技术研发与转让实施给出建议。

基于组织机构、发明人或科研团队的专利分析报告大纲一般包括如下内容：①报告摘要；②检索方法；③专利检索结果与分析：专利检索结果；专利宏观分析，如专利申请量年度趋势分析、专利授权年度趋势分析、专利技术热点分析、技术点聚类分析、国内外专利竞争差距分析等；高强度专利，如专利强度指标的界定、高强度专利分析（年份分布、技术分布、法律状态等）、高强度专利清单；④报告总结。

（3）专利查新、专利无效和侵权分析

专利查新：针对用户所提供技术方案进行查新，并给出可专利性（新颖性、创造性）的判断结论。

专利无效检索和分析：针对所关注专利，查找可能使其无效的证据并出具参考性判定结论。

专利侵权检索和分析：当企业被控侵权或指控他人侵权时，通过专利侵权检索和分析，以确定侵权是否成立及侵权范围，根据分析结果建议客户采取相应措施。在企业产品上市或出口前，专利侵权检索和分析可帮助企业查找本产品在目标市场存在侵权风险的专利，并分析这些专利的法律状态、权利保护范围、新颖性、创造性、侵权法律依据等，并与企业产品技术进行详细比对，从而为企业提供特定技术或产品侵犯他人专利权可能性的参考性判定。

（4）专利态势分析

专利态势分析是国家科技重大专项知识产权管理工作中不可或缺的组成部分，通过专利态势分析可以得到掌握知识产权动态，保护科技创新成果，明晰知识产权权利和义务，促进知识产权应用和扩散，全面提高知识产权创造、运用、保护和管理的能力。根据目的的不同，可将专利态势分析分为立项前专利态势分析和行业专利态势分析两种类型。

① 立项前专利态势分析

用于科技项目申报前的专利风险评估及建议；通常针对单一技术点或发明内容，突出自身优势，警示侵权风险，助力成功立项。态势分析的目的：了解国内外相关技术专利发展趋势；掌握相关技术的国内外专利保护情况及其对项目的影响；比较与同行的研究方向异同，辅助项目申报；专利风险警示，为未来产业化保驾护航。

立项前专利态势分析的主要内容如下。

项目专利概述。包括：项目技术背景；项目专利申报计划；本单位现有专利清单。

专利检索与分析方法。包括：检索范围，即使用的检索工具及数据范围；技术点，即中英文关键词、IPC国际分类号；检索策略与检索结果。

全球专利布局分析。包括：专利年度申请量趋势分析；专利来源国与申请国分析；专利IPC分布分析。

项目专利竞争力分析。包括：全球专利竞争者差距分析；中国专利竞争者差距分析。

专利技术对比分析。包括：本单位专利技术点聚焦；竞争者专利技术点聚焦；专利技术点综合对比分析。

项目专利风险提示。包括：国内外专利诉讼情况；国内外专利异议情况；本项目专利风险综合评价。

② 行业专利态势分析

用于指导产业发展方向，发掘“专利地雷”，揭示专利空白点，提出专利战略布局建议；分析目标：通常针对由若干技术点组成的产业，追溯技术源头，展现竞争差距，挖掘核心专利。

产业专利态势分析的主要内容如下。

产业技术发展状态研究及意义。包括：国内外该产业现状；产业发展政策；专利分析的必要性和意义。

专利检索与分析方法。与立项前专利态势分析的专利检索与分析方法内容相同。

产业专利统计分析。包括：全球年度申请量趋势分析；全球主要专利申请人；全球主要发明人；全球主要 IPC 分类号；中国年度申请量趋势分析；中国主要专利申请人；中国主要发明人；中国主要 IPC 分类号；产业专利现状小结。

产业专利宏观分析。包括：全球专利申请热点地区分析；近年来全球专利技术热点；全球主要专利来源国分析；美国、日本等技术强国的申请量趋势分析及专利技术热点；来源中国的专利分析，包括中国机构专利全球地区分布、中国机构专利申请量趋势、中国机构专利技术热点分析、中国与主要专利来源国技术热点对比分析。

专利申请人竞争态势分析。包括：全球专利竞争态势分析（北美地区专利竞争态势、欧洲地区专利竞争态势、亚太地区专利竞争态势），中国专利竞争态势分析（中国机构专利竞争态势、国外机构中国申请专利竞争态势）。

全球专利风险分析，包括：相关专利诉讼案例清单及诉讼专利中国同族及有效状态；相关专利异议案例清单及异议专利中国同族及有效状态；专利受让情况清单及受让专利中国同族及有效状态。

核心专利挖掘。包括：专利强度指标定义，全球专利强度分布及中国专利强度分布图；全球高价值专利分析，如全球高价值专利申请量趋势分析、全球高价值专利申请人分布、全球高价值专利 IPC 分布、全球高价值专利技术点聚类、全球高价值专利技术功效分析图、核心申请人高价值专利技术功效分析图、全球高价值专利清单、中国高价值专利清单。

给出产业专利整体发展方向建议。

（5）专利预警分析

专利预警是指对可能发生的专利侵权风险提前发布警告，制定应对预案，以维护相关主体利益和最大限度减少损失的行为。专利预警的目的是防患于未然。适用情况有：科研项目启动前，在技术研发过程中，需要时刻关注竞争对手的专利申报与授权情况，根据预警实时调整研发方向；接获订单制造产品前，为避免接获产品订单为专利侵权物品应进行专利预警分析；销售或输出产品前，对出口地区进行专利调查及预警；定期对竞争对手专利进行监控，避免误入“专利雷区”，及早规避，提出无效请求，探索竞争对手研发方向。

专利预警分析分为技术预警（新增引用预警、专利授权预警、高强度专利预警）、竞争对手预警（权利转移预警、专利授权预警、高强度专利预警）、地域预警（高强度专利预警、同族预警）。

专利预警分析通常包括如下步骤：进行预警准备、采集相关信息、分析侵权风险、策划应对方案、撰写预警报告。首先要明确预警背景，即明确预警对象，分析预警地域。按照侵权风险检索方法，检索预警目标区域、目标时间的相关专利。根据预警的地域性和判定标准的多样性搜集法律法规，继而锁定疑似专利，判断侵权风险。侵权风险一般分为三个等级，高风险是指构成相同侵权的专利(申请)；中风险是可能适用等同原则而构成侵权的专利(申请)；低风险是进行技术改进增加新的特征以后可能构成侵权的专利(申请)。

3. 专利信息服务实践

经过专门培训，BALIS联合信息咨询中心的6个委员馆均组建了各自的专利信息服务小组，各小组开展了所在学校的机构专利竞争力分析，机构科研分布状态分析，高价值专利评估及突出发明人的专利分析，形成了机构整体、重点学科领域、活跃发明人等多层面的专利分析报告。如北京科技大学专利季报、北京科技大学专利竞争力分析报告、首都医科大学专利分析、轨道交通领域专利检索分析报告、电动汽车动力电池专利态势分析、农业种植业领域专利分析、主要粮油作物种植与育种相关专利分析、乳品相关专利分析、畜产品相关专利分析、北京科技大学GZC教授专利分析、贾利民教授专利检索分析报告、宁提纲教授专利分析检索报告等，这些专利分析报告为了解学校/学科的科研分布状态，专利的生成、运用、保护和管理提供了必要的数据支撑和决策参考依据。

2016年暑期，BALIS联合信息咨询中心委员馆中的北京科技大学图书馆和中国农业大学图书馆共同参加了上级单位的专利分析课题，承担了"农业与粮食安全"，"先进装备制造与智能制造""先进材料"等领域48个研究方向的专利分析任务，提交了高质量的分析报告，得到上级单位的好评。

基于前期专利信息服务实践，2016年BALIS联合信息咨询中心申请了《区域高校图书馆专利信息协同服务模式研究》项目，获得北京高校图工委科研基金立项支持，项目编号BGT2016050，目前项目研究进展顺利，进入结题准备阶段。

为贯彻落实《国务院关于新形势下加快知识产权强国建设的若干意见》(国发〔2015〕71号)，加强知识产权信息公共服务建设，促进专利信息的广泛传播和有效利用，国家知识产权局于2016年11月开展了全国专利文献服务网点的选拔工作。专利文献服务网点的申报主体为专利信息服务机构、企事业单位、高等院校、科研机构、图书情报机构等。通过各单位自主申报，各省(区、市)知识产权局评审后推荐，经国家知识产权局复核批准，最终确定北京市知识产权信息中心等120家单位为全国专利文献服务网点，其中大学图书馆24家。作为BALIS联合信息咨询中心的主任馆，北京科技大学图书馆成功获得批准。2019年3月7日，国家知识产权局办公室、教育部办公厅联合发布《关于公布首批高校国家知识产权信息服务中心名单的通知》，公布了首次获批的全国23所高校名单。作为BALIS联合信息咨询中心主任馆的北京科技大学和委员馆的北京交通大学经过自主申报、提交材料、初步筛选、专家初评、现场答辩、名单公示等层层环节，在全国66所申请单位中脱颖而出，双双首批入选。北京地区仅入选4所，另外两所分别为北京大学和清华大学。此次北京科技大学和北京交通大学的入选是对BALIS联合信息咨询中心多年来在专利信息分析方面开展工作的充分肯定，也标志着BALIS联合信息咨询中心依托知识产权信息服务，支撑协同创新和优势学科建设，促进科技成果转化的进程迈向新的台阶。

5.3　服务环境与模式演变

广义上讲，图书馆信息咨询服务环境既包括外界社会大环境也包括图书馆信息服务的软硬件小环境。服务大环境决定了信息服务的需求，而服务小环境则是从供给侧阐述了图书馆信息咨询服务处境，决定了图书馆信息服务的供给能力。从服务系统平台建设、资源购置和人才培养 3 个维度加强联合信息咨询服务体系的软硬件小环境建设是保障联合信息咨询服务持续发展的必要条件。

5.3.1 提供联合信息咨询服务系统平台

为深入推进北京地区高校图书馆文献资源的共建共享工作，充分发挥北京地区高校多、综合实力强、学科特色突出等优势，BALIS 联合信息咨询中心确定了“聚合服务”的建设理念。在“聚合服务”理念的框架内，中心根据北京地区高校图书馆开展信息咨询服务的现状，调查和总结校内外用户的文献信息服务需求，明确了中心的服务功能包括 8 个方面，即科技查新、论文收录引用、文献专题服务、情报分析、学科服务、期刊论文投稿指南、培训服务、信息咨询。鉴于各成员馆已开展服务的类型不同、人员结构差异、服务水平参差不齐，各馆全面开展 8 项服务是不现实的。中心各成员馆可以根据自身实际情况，自愿客观选择可行的服务类型。对于没有资质和资源，又急需开展的服务，依据资源共享的原则，强弱相辅的理念，由联合信息咨询中心协调帮助开展，拓展服务范围，提高服务水平。

为实现 BALIS 联合信息咨询中心全面和规范的信息服务工作，搭建多功能的联合信息咨询服务系统是中心开展信息服务的重要条件。BALIS 联合信息咨询服务系统是中心的门户平台，也是成员馆对外服务平台和对内管理系统。BALIS 联合信息咨询服务系统（http://balis5. ustb. edu. cn）采取 B/S 架构，完全基于互联网面向公众开放。平台服务器安装在北京科技大学图书馆，中心成员馆和普通用户均不需安装专门软件。在服务系统用户界面上，用户根据服务项目的不同，选择服务机构，提交服务申请。成员馆遵守联合信息咨询服务规范开展服务，成员馆管理员即服务机构管理员，登录查看提交给本馆的服务请求，进行任务分配，由具体服务馆员在线上或线下完成服务任务，服务结果可以在平台上电子存档；机构财务人员在平台进行服务费用的收缴登记工作。管理中心负责成员馆的权限管理与服务协调，监管服务状态，维护服务系统正常运行以及数据的统计分析。服务系统可对各馆服务情况进行统计分析，用于评估成员馆的服务状况，并为服务补贴发放提供依据。

5.3.2 提供必要的软件平台和人员培训

面对希望开展的新服务项目，图书馆通常缺乏必要的资源工具。例如，专利信息服务往往是从大量数据中提取信息进行分析，没有专门的检索分析工具，仅依靠各国及专利组织的官网数据几乎是不可能完成的任务。

从 2015 年度开始，BALIS 联合信息咨询中心在专利信息服务方面迈出了实质性步伐。

为满足各馆专利信息服务资源需要，节约各馆的服务资源购置成本，提高资源使用效率，BALIS 联合信息咨询中心通过集团采购的方式订购了专利检索分析数据库供各委员馆共同使用，为专利信息服务的开展提供了数据资源及分析工具保障。具体包括 Innography 2015—2017 使用权，LexisNexis PatentStrategies 2017—2018 使用权，2018. 11—2019. 10 大为 Innojoy 专利搜索引擎系统使用权。随后，组织了多层次的专利信息检索分析服务培训，帮助信息服务实力较强的委员馆组建了各自的专利信息服务小组，为开展专利信息服务做好了人力资源准备。

2015 年 4 月 21 日，在北京市教委和北京市知识产权局的联合支持下，BALIS 联合信息咨询中心和北京奥凯知识产权服务有限公司联合举办为期 4 天的高校知识产权服务及信息利用培训班顺利开班。其间，国家知识产权局的有关专家对专利法基础知识进行了深入浅出的解析。随后的培训中，由奥凯公司副总经理郝政宇，咨询师李双双、刘娜、杨川，河北大学任瑞娟老师等通过对专利检索与分析思路方法的讲解，结合国际高端专利检索分析工具 Innography 的应用及项目实践经验，展开了专利基础知识及专利项目检索分析技能的培训。最后，奥凯公司总经理王峻岭对高校图书馆专利信息情报服务模式的建立与推进以及高校图书馆如何开展及推动专利信息服务等内容进行了深入探讨。本次培训，以 BALIS 联合信息咨询中心 6 个委员馆的信息咨询人员为核心，采用授课和上机实践相结合的小班培训模式，近 30 人参加。学员通过此次内容丰富、针对性强的培训，深化了对专利基础及专利信息利用的认识，掌握了 Innography 用于项目分析的思路，在积极讨论交流的过程中深刻理解了图书馆专利信息服务的本质内涵。

2016 年 3 月 30 日，BALIS 联合信息咨询中心专利信息服务专题研讨会在中国农业大学西校区图书馆召开。中心委员/中国农业大学图书馆副馆长左文革，中心委员/北京交通大学图书馆副馆长郑兰，以及来自 BALIS 联合信息咨询中心 6 个委员馆的 27 名老师参加了此次研讨会。北京师范大学图书馆的韩丽、首都医科大学图书馆的田瑞、北京科技大学图书馆的何欢聚、北京化工大学图书馆的高彦静、北京交通大学图书馆的方翔宇和中国农业大学图书馆的周丽英，就各馆的专利信息服务工作和专利信息分析工具做了汇报。左文革委员和郑兰委员就专利信息服务的可持续性发展分别从政策角度和图书馆的自身能力方面进行阐述，并发表了独到的见解。参会的各位代表也对专利信息服务工作、专利分析工具及专利分析工作中存在的问题进行了深入的交流和探讨。

2016 年 9 月 26 日—29 日，BALIS 联合信息咨询中心专利分析二期培训班在北京科技大学图书馆顺利举办。该培训班旨在破解专利信息服务能力瓶颈，进一步提升图书馆专利信息服务的实力和水平，培养专利信息服务实务人才。培训班邀请了北京奥凯咨询团队进行授课，来自 BALIS 联合信息咨询中心 6 个委员馆的 30 多名信息服务馆员参加了培训。此次培训采用授课与案例相结合的方式，让各位学员在实际案例中体会专利分析方法及 Innography 高端专利分析工具的运用。课程包括专利分析高级检索技巧、专利多维分析及文本挖掘、专利分析中的数据处理及 Excel 高级技巧、专利文献的高效阅读和筛选技巧、专利技术路线分析及布局等主要模块，还设置了项目分析报告提交与案例交流环节。通过理论与实践结合的培训，使学员们对专利信息的利用有了更深入的认识，进一步提升了高校专利信息服务和水平。

近年来，国家对高校科技成果转化越加重视，高校也在逐渐响应政策，加强科技成果转移转化能力建设。2017 年 5 月 11 日，BALIS 联合信息咨询中心与北京高科大学联盟于北京科技大学图书馆联合举办了 PatentStrategies 培训，共 12 个图书馆的 34 名老师参加了培训。培训以讲解＋上机操作练习＋现场问答的方式进行，全面介绍了 PatentStrategies 工具的使用方法和分析方法。通过现场提问和会后收集的反馈表明，此次培训效果良好。

建设世界一流大学和一流学科，是我国高等教育领域继“211 工程”“985 工程”之后的又一国家战略。在“双一流”建设背景下，高校的科研与科研管理工作必将发生巨大变化。图书馆应依托丰富的数据资源和专业的信息检索人员优势，为科研工作者和科研管理提供深层次、有针对性的信息服务，助力和参与高校的"双一流"建设。基于此，BALIS 联合信息咨询中心于 2017 年 11 月 30 日在北京科技大学举办了"双一流"建设背景下的专利信息服务研讨会。研讨会为与会者展示了开展专利信息服务的鲜活案例。来自北京、天津、黑龙江、陕西 4 省区 30 余个图书馆的 100 余人参加。

5.3.3 加强业务培训交流和沟通

截至 2017 年年底，BALIS 联合信息咨询中心共举办各类业务交流及培训活动 19 次，共计近 400 馆次(机构)，1 000 余人次参加。培训和交流提高了馆员信息检索技能和信息分析能力，增强了馆员在科技查新、学科评价、专利信息服务等方面的知识和技能，为培养科技查新、学科服务、专利信息服务专业团队，建设学术/学科评估标准与规范等方面奠定了基础。历年培训交流会议列表见表 5.3。

表 5.3 BALIS 联合信息咨询中心培训交流会议列表

时间	培训/交流会议名称	馆次(机构)	人次
2009-12-22	高校学术信息分析与评价研讨会	56	115
2010-03-12	科技查新业务交流会	17	54
2011-09-22	BALIS 联合信息咨询服务系统培训	31	60
2011-11-09	BALIS 高校图书馆专利检索实务研讨	16	57
2011-11-28	文献计量学与学术/学科评价研讨会	34	85
2012-10-10	科技查新研讨交流会	37	96
2013-04-22	专利信息与高校知识产权服务讲座	23	55
2013-04-22	Dialog 国际联机系统使用培训	23	55
2013-06-17 至 06-20	医药科技查新培训	19	40
2013-09-05	基于事实型数据的科研管理与学科规划	21	110
2015-04-21 至 04-24	高校知识产权服务及信息利用培训班	7	36
2015-05-13	知识产权战略高级培训	29	72
2015-12-23	立足学术数据，服务学科建设-2015 BALIS 学科评价工作研讨会	39	131
2016-03-30	专利信息服务专题研讨会	6	27
2016-06-15	BALIS 专利信息服务 2016 发展讨论会	4	6
2016-09-26 至 09-29	BALIS 联合信息咨询中心专利分析二期培训	7	42
2016-12-27	收录引证检索系统专题研讨会	8	17
2017-05-11	LexisNexis PatentStrategies BALIS 联合信息咨询中心 & 高科联盟培训	12	34
2017-11-30	"双一流"建设背景下的专利信息服务研讨	32	115

5.4　联合信息咨询服务制度建设

5.4.1　规章制度

为了保证联合信息咨询的有效开展和不断向前推进，保证服务系统的正常运行，顺畅中心与成员馆之间，以及成员馆相互之间的沟通和协作，BALIS 联合信息咨询中心及各成员馆均设有专人负责日常管理事务。中心制定并适时修订一系列规章制度，具体包括《BALIS 联合信息咨询中心章程》《BALIS 联合信息咨询服务协议书》《BALIS 联合信息咨询绩效补贴办法》《BALIS 联合信息咨询服务规范》《BALIS 联合信息咨询服务评估办法》等管理文件。这些文件对中心的宗旨、组织管理、中心与成员馆各自的权利与义务、收费标准、绩效补贴等方面的内容进行了说明。

5.4.2　组织机构

BALIS 联合信息咨询中心是一个相对紧凑的图书馆联盟，具有正式的组织机构，明确的制度安排和固定的工作人员。成员馆要参加联盟开展联合信息咨询服务需要签署服务协议，按照相关的规范开展服务。

回顾 BALIS 联合信息咨询中心的建设历程，2009 年 9 月，BALIS 联合信息咨询中心申请成立，随后进行了委员馆推荐、中心主任及委员人选的推荐工作。2009 年 10 月 28 日，BALIS 管理中心正式批复 BALIS 联合信息咨询中心成立，一并批准了中心管理委员会人选。管理委员会是 BALIS 联合信息咨询中心的管理执行机构，由主任、副主任及委员构成。管理委员会的主要职能在于制定和执行中心发展规划，协调各馆信息咨询服务，为成员馆提供服务支持，负责成员馆联合信息服务统计、质量评估及服务补贴发放。

BALIS 联合信息咨询中心第一届管理委员会名单如下：

主　任：季淑娟（北京科技大学图书馆）
副主任：李晓娟（北京师范大学图书馆）
　　　　黄　芳（首都医科大学图书馆）
委　员：杨守文（北京化工大学图书馆）
　　　　左文革（中国农业大学图书馆）
　　　　张兆忠（北京工业职业技术学院图书馆）
　　　　李　礩（北京石油化工学院图书馆）
　　　　林铁莉（北京工业大学图书馆）
　　　　王星华（北京交通大学图书馆）
　　　　钟　宇（首都师范大学图书馆）
　　　　周凤敏（北京理工大学图书馆）

在 BALIS 联合信息咨询中心的发展建设中，因工作需要，中心对部分委员进行了调整，担任过 BALIS 联合信息咨询中心委员的还有：崔燕（北京交通大学图书馆）、陈雁（北京理工大学图书馆）、张敏（北京理工大学图书馆）、李永芳（北京工业大学图书馆）。

2013 年 5 月 16 日，根据北京高校图书馆工作委员会的要求，管理委员会再次进行了人员调整，BALIS 管理中心批准的现任中心管理委员会人员名单如下：

主　任：季淑娟（北京科技大学图书馆）
副主任：李晓娟（北京师范大学图书馆）
　　　　黄　芳（首都医科大学图书馆）
委　员：张建文（北京化工大学图书馆）
　　　　左文革（中国农业大学图书馆）
　　　　郑　兰（北京交通大学图书馆）

BALIS 联合信息咨询中心的日常运行工作依托北京科技大学图书馆信息咨询部；北京科技大学图书馆办公室负责财务账目管理。

5.4.3 服务评估与推广

为鼓励先进，推动联合信息咨询服务的持续健康开展，每年度 BALIS 联合信息咨询中心都依据《BALIS 联合信息咨询服务评估办法》，在成员馆中评选先进集体和先进个人，对表现突出的成员馆和馆员进行公布和表彰。评估的目的有两个方面：(1)通过对 BALIS 联合信息咨询中心各成员馆开展联合咨询服务工作的评估，达到对联合咨询服务质量进行阶段性、综合性评价的目的，表彰先进，从而激励和推动联合咨询服务的进一步发展，提升服务效益；(2)通过评估发现问题，旨在进一步改进各成员馆的联合咨询服务工作，使服务更加规范化，推动联合咨询服务的整体发展，提高服务质量，最大限度地满足校内外用户的信息需求。

评估内容包括：(1)服务条件评估：包括提供服务的类型、咨询服务馆员和专职机构管理员的配备等。(2)服务能力与质量评估：包括委托/受理各种服务业务量、满足率及服务是否规范。(3)服务宣传评估：评估各成员馆在本校开展联合咨询宣传推广和培训情况。《BALIS 联合信息咨询服务评估办法》的基本指标见表 5.4。

表 5.4　BALIS 联合信息咨询服务评估指标

一级指标	分值	二级指标	分值	指标定义	数据来源	评分方法
服务条件评估	25	服务类别	20	各馆已开展的服务类别	中心统计	开展 5～6 种服务得 20 分；3～4 种服务得 15 分；1～2 种服务得 10 分
		人员配备	5	咨询服务馆员和专职机构管理员人数	成员馆上报	咨询服务馆员 10 名以上得 3 分；6～9 名得 2 分；少于 5 名得 1 分
						配备专职机构管理员得 2 分；配备兼职人员得 1 分
服务能力与质量评估	60	业务量	50	委托/受理各种服务业务量	中心统计	有受理服务的馆：所有服务按科技查新统一折算，其中收录引用与咨询折算系数为 0.2，其他为 1.0；受理量总和前 3 名 45 分；4～6 名 40 分；其余 35 分；无受理 20 分
						委托服务总和前 3 名得 5 分；4～6 名得 3 分；其余得 2 分，无委托得 1 分
		满足率	5	受理量与委托量的比值	中心统计	满足率前 3 名得 5 分；其他得 3 分；无受理不得分
		服务规范	5	服务规范的执行程度（是否使用“暂停服务”等）	中心统计	满分 5 分，暂停服务一次扣 1 分

续表

一级指标	分值	二级指标	分值	指标定义	数据来源	评分方法
服务宣传评估	15	导航与宣传	5	是否有对 BALIS 联合信息咨询服务的清晰指引、介绍和导航	成员馆上报	本馆网页有对 BALIS 联合信息咨询服务的指引、导航得 5 分；没有得 0 分
			5	是否面向用户开展 BALIS 联合信息咨询服务的宣传展出活动	成员馆上报	开展了面向用户的宣传展出活动得 5 分；没有得 0 分
			5	对 BALIS 联合信息服务的其他特色宣传推广活动	成员馆上报	注明何种宣传方式，有宣传得 5 分，没有得 0 分

依据《BALIS 联合信息咨询绩效补贴办法》对评选出的先进集体发放服务补贴，并为先进个人颁发证书鼓励。截至 2017 年年底，BALIS 联合信息咨询中心已经评选出服务先进馆 126 馆次；服务先进个人 147 人次。

宣传推广是联合信息咨询服务评估的一项指标。BALIS 联合信息咨询中心组织成员馆开展了两次宣传月推广活动，经各馆积极宣传，联合信息咨询服务理念和服务范围得以推广，也涌现出不少宣传推广优秀馆。

BALIS 联合信息咨询中心设计制作了宣传单和展板介绍中心的建设宗旨、主要职能和服务项目，并于 2011 年 10 月—11 月在成员馆中进行了宣传巡展，使成员馆所在院校的师生对中心有了基本了解。评选出宣传推广优秀馆一等奖 5 名、二等级 8 名、三等奖 20 名。

2012 年 6 月—7 月，中心组织成员馆开展了“BALIS 联合信息咨询就在您身边”的宣传月活动。宣传月期间，各馆大显神通，充分利用已有途径，大胆开辟新的途径进行多种形式的宣传。比如，北京科技大学图书馆在毕业生办理离校的同时，发放中心宣传资料，利用校友资源传播中心服务；北京航空航天大学图书馆通过腾讯微博、新浪微博开展宣传活动；北方工业大学将宣传活动与日常咨询工作紧密结合，运用中心协调和成员馆协作，成功为该校老师完成了市级某奖项申报需要的收录证明等。在宣传月产生摄影优秀奖 8 名；宣传推广优秀馆 9 家。

第6章　联合信息咨询服务规范研究

联合信息咨询服务是多个图书馆的咨询馆员联合协作，基于分布式馆藏和数字化资源，依托互联网平台为主要传输手段，遵循一定的规范和协议，不受时间、地点的制约，向提出信息需求的用户提供全面的信息咨询服务。其服务可以是实时的电话、网络在线问答或电子邮件等方式的咨询，也可以是基于文献信息资源检索的文献需求服务，更深层次的是基于国内外文献信息分析所提供的科技查新、专利分析、学科学术评估等高附加值专业咨询服务报告。因此联合信息咨询服务的标准化、规范化直接影响着服务的质量和声誉。

区域联合信息咨询服务是基于多个图书馆协同合作的服务模式。其依托互联网，借助各自分布式馆藏和数字化资源，以各图书馆的专业馆员、学科专家为后盾，遵循一定的规范和协议，利用网络平台为在任何时间、任何地点提出信息服务需求的用户提供全面、优质的信息服务。随着网络用户不断增多，用户咨询需求多种多样，利用网络平台协同开展信息咨询服务，满足用户个性化需求是区域联合信息咨询服务的主要任务。这种信息咨询服务发展趋势对咨询服务规范也提出了更高要求。

不同项目的咨询服务应执行相应的业务规范，贯穿系统始终的是各项咨询服务过程数据的全流程处理。因此，界定咨询服务内容与对象的业务规范是构建服务系统的核心要素，规范而完备的业务流程是构建系统的基本要素，数据信息的规范获取与处理是该系统的关键要素，良好的组织管理是全流程得以正常运行的环境要素。而咨询人员是业务流程的驱动者，承担着不同的工作角色，具有清晰的业务职责，在组织管理层制定出的业务规则和约束内，规范完成相应的业务工作。对业务进行中存在的问题或瓶颈，提出相应反馈意见和建议，以促进流程的持续改进和完善，故规范的咨询行为也是整个系统的驱动要素。简述即：

规范业务＋规范流程＋规范数据＋规范管理＋规范素质＋规范行为＝＞系统的服务目标

全流程的服务规范控制就是通过现代信息技术将系统的各个要素规范纳入系统的过程管理，使之与信息咨询服务有效地衔接整合在一起，形成一个高效、便捷、可视的集成服务系统，以期在降低时间与成本支出的同时获得更高的服务质量与效益。

6.1　国内外的研究发展简述

6.1.1　国外的研究发展现状

国外图书馆基于网络的数字化信息咨询服务规范研究起步较早，比较有代表性的咨询服务规范包括《IFLA 数字参考咨询指南》(IFLA Digital Reference Guidelines)、RUSA 的《虚拟参考服务实施与维护指南》(Guidelines for Implementing and Maintaining Virtual

Reference Services),《Question Point 成员指南》(Question Point Member Guidelines) 和《K-12 数字参考服务信息咨询专家指南》(Guidelines for Information Specialists of K-12 Digital Reference Services)。

(1) 1996 年,美国图书馆协会(ALA)参考和用户服务协会(RUSA)制定了《参考咨询和信息服务人员行为指南》(Guidelines for Behavioral Performance of Reference and Information Service Providers)。随着信息咨询和服务环境的变化,2004 年 6 月在美国佛罗里达的奥兰多(Orlando)ALA 年会上通过了对《参考咨询和信息服务人员行为指南》修正。该指南包括体现了"用户至上"的服务理念,把信息咨询服务看成是一个人际交流过程,对咨询人员的亲和力、兴趣、倾听/询问、检索、跟踪服务 5 个组成部分,即咨询工作的整个过程做出规定。亲和力和兴趣是参考咨询的准备阶段,是图书馆员应具备的能力和品质;倾听和询问是参考咨询的开始阶段,是要弄清楚咨询问题,是能够更快、更准确地提供答复的基础;检索阶段是对问题进行实质性查找的过程,是想尽一切办法(包括自己不能答复时,把用户推荐给其他人或其他部门等)给用户提供满意的答复的过程;跟踪阶段则是将初步的检索结果给予用户后,再跟踪用户,以使用户得到更满意的服务。同时该指南强调了咨询馆员的主动服务和对用户检索能力培养。该指南在图书馆界得到了很好的应用,并为 IFLA、北美艺术图书馆学会等后续制定的参考咨询和信息服务人员行为规范提供了借鉴和参考。

(2) 2003 年 11 月由国际图书馆协会和机构联合会(International Federation of Library Associations and Institutions,IFLA)参考咨询专业委员会发布的《IFLA 数字参考咨询指南》。该咨询指南分数字参考咨询服务管理、数字参考咨询工作两个部分。第一部分主要从参考咨询规则、计划、人员、培训、界面设计、法律问题、宣传、评估和合作等 9 个方面规范服务管理;第二部分则阐述了通用指南、内容指南、实时参考咨询指南和实时问答指南等,对虚拟参考咨询馆员的咨询原则、回答流程和行为、格式等方面进行了规范。《IFLA 数字参考咨询指南》从整体上反映了数字参考咨询服务的全貌,但不足之处是这些规范多数从建议或注意事项等角度提出,比较关注咨询用语和格式等细节,不具备规模或完整性。

(3) 2004 年 6 月,美国图书馆协会咨询与用户服务协会(Reference and User Services Association,RUSA)正式公布《虚拟参考服务实施与维护指南》(Guidelines for Implementing and Maintaining Virtual Reference Services),该指南制定旨在为规范虚拟参考咨询服务提供指导和参考,而不是对图书馆进行强制性要求,各图书馆在实际的参考咨询服务中还需要根据本馆情况灵活变通。委员会希望通过广泛推广使用该指南为虚拟参考咨询提供一个框架,该框架应该是被广泛采纳并且能适应不同机构提供虚拟参考咨询服务的不同情况。对咨询服务准备、服务对象和内容、服务的组织、隐私政策等方面进行了规定。《虚拟参考服务实施与维护指南》从用户的角度提出了如何为用户提供优质服务的规范,也比较关注虚拟参考咨询服务过程中所涉及的经费来源、资源保障、管理者的支持和其他人员的参与、服务的整合、评估和改进等因素,并对此做出了较为明确的规定,但尚未提出可供参照的行为规范等。

(4) 2002 年 6 月,由 Question Point 合作式数字参考咨询系统发布的《Question Point 成员指南》,分通用指南、质量与准确性、回答时间、合适的答复、监管效率、期望行为等 6 个方面。《Question Point 成员指南》是专门针对合作式虚拟参考咨询服务制定的标准,其中第二部分规定了参考咨询馆员的资质、咨询程序和问题分配机制等;第三至第五部分规定了问题回答的时间、格式和质量，并规定了质量监控的办法；第六部分规定了虚拟参考咨询涉及的法律问题、隐私政策、知识产权保护，包括咨询规则等原则。该指南是比较通用的，具有较强参照价值的虚拟参考咨询规范，其质量控制规范对我国的虚拟参考咨询服务质量的提升具有积极的借鉴和参考作用，其所制定的规定比较简略，并未对实际咨询服务工作做出详细的规定，其完整性和系统性有待进一步加强。

国外关于虚拟参考咨询服务规范的研究受到了图书馆界的广泛重视，一些权威机构和协会团体致力于这方面的研究，取得了丰硕的成果。到目前为止，已相继出台了多个具有影响力和代表性的服务规范，具有较强的实用性和可操作性，对实际咨询工作具有普遍的指导意义。通过对国外目前的主要参考咨询服务规范的分析可以看出，由于文化背景、价值取向、发展目标以及服务内涵等不同，在框架设计和内容表述上，这些服务政策和规范既存在共性，也有差异。针对联合信息咨询服务模式和具有中国特色的信息服务需求形式的服务规范还有待进一步研究。对国外参考咨询服务规范的解析研究，可以为我们相关工作带来有益借鉴和启示。

6.1.2 国内咨询服务规范研究现状

国内许多地区和机构搭建了联合或协作信息咨询服务平台，开展联合信息咨询服务，但其服务内容与服务模式有所差异。不同的信息咨询需求、服务模式其服务流程不同，影响其信息服务质量的因素也各不相同，咨询服务规范也不一样。国内具有影响力的服务规范早期有《CALIS虚拟参考咨询服务规范》和《数字参考咨询服务规范》。我国于 2015 年 8 月 1 日正式颁布首个参考咨询服务规范，由国家图书馆出版社出版，《图书馆参考咨询服务规范》（标准号：WH/T71—2015）是国内首个以“图书馆参考咨询”作为规范主题的行业标准。

(1)《CALIS虚拟参考咨询服务规范》是由中国高等教育文献保障系统（虚拟参考咨询系统项目组）(China Academic Library & Information System，CALIS)（CVRS项目组）和北京大学图书馆联合制定，于 2005 年 5 月开始试验应用。在制定本规范过程中遵循了通用性、系统性和可操作性原则。考虑了分布式合作虚拟参考咨询模式的需求。其包括 4 项规范：素质规范、行为规范、咨询流程规范和答案质量规范。本规范曾在上海交通大学、北京大学、清华大学、西安交通大学、复旦大学、吉林大学、武汉大学、四川大学、南京大学、中山大学、厦门大学和新疆大学图书馆共 12 所高校图书馆中推广应用，并得到不断的改进和完善，力争成为内容全面、体系完整的标准规范，为高校虚拟参考咨询服务的发展提供了有益的参考。但该规范在高校之间开展合作咨询业务方面目前还没有明确的相关规范，在咨询的质量控制方面等规范也有待出台。

(2)《数字参考咨询服务规范》是国家科学数字图书馆对国外虚拟参考咨询服务标准和规范调研的基础上，形成国家科学数字图书馆分布式参考咨询服务和管理标准规范。其主要在中国科学院及其所属图书馆应用，也在不断地改进和完善。其规定了咨询服务范围、服务对象、服务方式、服务内容、服务流程、服务承诺等。本规范建立了一套制度化且操作性强的服务规范，并在所属的科研系统中推广应用，对我国合作虚拟参考咨询服务的规范化具有重大的实践价值。

(3)《图书馆参考咨询服务规范》标准是由文化和旅游部文化科技司立项，由广东省立中山图书馆负责，南京图书馆、福建省图书馆、广西壮族自治区图书馆、天津图书馆参与编制的。本规范的主体内容包括六大部分:范围、规范性引用文件、术语和定义、总则、参考咨询服务管理、参考咨询服务工作,对图书馆参考咨询服务涉及的各个方面给出了框架规范。本规范标准注重数字服务与传统服务的兼容,在本规范中统一揭示,不分主次,以符合国内各类型图书馆参考咨询服务模式的规范要求。

6.1.3 我国咨询服务规范的特点

与国外相比,我国在信息咨询服务规范化研究方面起步相对较晚,无论是在研究层面,还是在实际应用方面均有一定差距。国内图书馆开展信息咨询服务,尤其是网络信息咨询服务,目前主要是依赖咨询馆员自身的素质和良好网络平台、丰富的网络信息资源,同时借助馆内外专家解决各种疑难问题。对于咨询过程中的一些服务标准、元数据标准、服务质量控制标准及服务过程的管理等诸多方面仍有很大的进步空间。

区域联合信息咨询服务是由多个相对独立的成员馆基于同一个服务平台在线实时委托、受理、状态查询、提交与反馈的全流程网络服务与管理。成员馆之间应遵循共同的服务协议、相同的服务规范来约束和指导信息咨询馆员开展服务,才能确保联合信息咨询服务的高效和优质。因此,流程的规范管理和控制是区域联合信息咨询服务质量保障的重要因素之一。目前,全国图书馆在借助公共平台开展联合咨询服务方面,各省市以及各地区高校图书馆既有需求也有很多较成功案例,均有值得参考学习和借鉴的特点和经验。但因不同机构或组织针对特定的咨询服务环境和工作特点各自根据需要开发网络服务平台,服务平台、服务内容、服务机制、服务标准与服务规范也不同,尚没有适合直接利用的服务标准与规范。在学习、借鉴其他已有标准和规范的基础上,研究适合区域高校图书馆开展联合信息咨询服务的标准规范也是十分迫切和需要的。

对国内数字参考咨询服务规范进行改进时,应当既注重反映数字参考咨询服务的全貌,使服务的各个环节紧密结合、互相配合,又不能缺少相关的规定的操作性描述;要在制定规范时吸收不同规范的精华,兼顾宏观规划与细节描述的平衡。结合"成本收益"原则,适应经济环境,国外的代表性规范中对于资金来源、费用保证等经济因素有较为明确的规范说明,为数字参考咨询服务的开展提供了经费保障。在国内的规范体系中,基本没有涉及经济因素的说明,使服务规范的可行性受到制约。在建设完整的规范体系时,应将经济因素考虑其中,以更好地实现数字参考咨询服务。

6.2 联合信息咨询业务规范

联合信息咨询服务业务规范是对系统服务所提供的服务项目、服务模式、服务对象、服务方式、服务结果形式等进行严格界定。由于高校图书馆开展的信息咨询业务中有些项目属于创新服务,对于业界目前没有的专业规范要求,为规范图书馆的服务,有必要根据系统平台所提供的服务制定专门的业务规范。

6.2.1 服务对象

区域联合信息咨询服务首先要根据本区域的服务对象需求明确信息咨询服务的对象和范围。例如,CALIS 虚拟参考咨询服务的服务对象依据本地、地区、全国三个级别的服务来确定。其中本地服务对象以本地用户为主,可根据成员馆自愿兼顾其他。地区服务对象是地区高校所有的用户。全国服务对象则是全国高校的用户。而北京地区高校 BALIS 联合信息咨询的服务对象以北京地区高校图书馆的现有服务用户为主,主要是北京地区高校的教学、科研人员和各类学生,为更好地服务国家建设和发展,同时根据成员馆意愿经管理中心同意,可以兼顾其他地区有意向并愿意接受 BALIS 联合信息咨询中心各项管理条例的其他服务对象服务。

鉴于用户的多元性和复杂性,用户身份验证和代理服务器登录等技术也均上线应用。对于 BALIS 联合信息咨询系统注册用户的优点如下。

(1) 登录后系统可以依据用户注册信息自动识别用户类型,如果是成员馆高校用户,则会自动跳入成员馆服务页面,同时,系统默认向该成员馆提交咨询业务委托单。当然,用户也可以选择提供相同服务的其他成员馆提交委托。

(2) 享有个人中心,用户可以通过个人中心查看委托单是否成功提交、委托内容、委托单最新进展,可下载各类服务结果报告,也可对个人信息进行编辑维护。

6.2.2 服务内容

联合信息咨询的服务对象不同,服务的主要内容也有很大差异。信息咨询服务所接受的咨询问题、咨询项目及文献信息资源利用等应与系统服务项目或各参与服务机构的服务内容相关。CALIS 虚拟参考咨询服务包括:(1)提供图书馆服务的相关政策、一般知识、服务程序等问题的咨询。包括图书馆入馆指南,例如开馆时间、规章制度、馆藏资源分布等;读者服务,例如网络课程、图书借阅、馆际互借等;馆藏特色和图书馆服务介绍;馆藏数据库使用说明;用户使用指南等。(2)提供知识性问题的咨询。包括学科知识、常识性知识的问答;图书馆参考书、工具书、书目信息、数据库的检索和使用辅导;研究性问题、课题等背景资料的检索方法、检索途径与检索策略的提供等。BALIS 联合信息咨询服务除常规性的图书馆服务的相关政策、信息利用知识性问题的解答外,主要在专业的信息咨询方面开展联合协同服务,如科技查新服务、论文收录引用检索服务、文献/专题服务、情报分析、学科服务、期刊论文投稿指南、培训服务等专业咨询服务。对非上述咨询项目的内容不提供服务。对任何涉及知识产权问题、侵害他人对任何涉及知识产权问题、侵害他人隐私、非法反动等信息,系统管理中心有权删除并保留进一步追究法律责任的权利。

6.2.3 服务模式

联合信息咨询一般需采用搭建系统平台提供服务。BALIS 联合信息咨询系统基于 B/S 网络结构模式,采用开放式、分布式、网络化、流程化联合信息咨询服务模式。系统支持分布式的信息读取与统计利用,充分发挥联合、共享的整体优势,提高高校图书馆的综合信息服务实力。

(1) 服务的开放式:基于互联网平台快速发展,未来更有效地发挥图书馆信息服务与知识服务的作用,BALIS 的联合信息咨询采用的是面向社会广大需求者开放的服务模式。其系统功能开放性规范设计分两种:①平台注册用户,无论高校还是社会用户,使用前需自行注册,填写个人信息表单,提交后登录方可使用;②无须注册,平台面向社会所有用户,手动选择高校图书馆提交委托表单即可。

(2) 服务的分布式：区域联合信息咨询服务的分布式体现在服务所需要的文献信息资源和咨询馆员分布于参与服务的各个成员高校，联合咨询服务的高校图书馆成员系统结构是分布式的，具有可扩展性。资源是分布式储存的，咨询馆员是分布式管理的，咨询任务是分学校完成的。中心系统根据需要自动收集相关数据存储在中心服务器。解决了单个图书馆所面临各种资源不足和服务能力的有限等问题，还提高了联合信息咨询系统整体的可靠性、有效性和扩展性。

(3) 服务的网络化：在网络信息技术快速发展的时代，BALIS的区域联合信息咨询服务虽然保留了图书馆现场服务的方式，但用户、信息服务平台与咨询提供方之间的联络、沟通主要依托互联网平台。

(4) 服务的流程化：以服务用户需求为目标，以过程效率为导向，以规范服务程序为任务设计业务流程，通过流程化管理实现联合信息咨询服务过程的用户简单化和服务高效化。

(5) 服务的移动化：为顺应用户工作习惯，提升工作效率，BALIS将通过连接微信公众号延伸服务，提供基于微信的移动服务和营销活动支持。实现多客服接入信息咨询服务、信息推送、消息回复等功能。

6.2.4　服务方式

联合信息咨询用户可以借助网络通过系统平台进行问题咨询或提交服务项目申请委托单，也可实地到可提供服务的图书馆进行咨询与提交服务申请。网络提交服务申请的时间灵活，用户任何地点、任何时间均可在线提交或通过E－mail方式提交，网上提交委托单可根据服务用户需求和各图书馆所提供的服务项目自己选择图书馆，实地咨询服务受所去图书馆的服务时间、服务对象、数据库的拥有量和开放程度限制。图书馆可采取轮流值班或根据任务情况协调机制承接服务项目。申请委托单的模板设计至关重要，是必要数据的基础来源，关系到后续服务结果的准确性和高效性，因此，服务表单设计要求是统一化、规范化，确保表单的有效性和整合性。BALIS联合咨询成员馆用户提交申请委托单时系统一般默认提交给该成员馆，非成员馆用户提交申请委托单时系统会自动列出提供服务馆名单供用户选择，提交成功后有明确的委托申请提交成功的提示。

用户可以通过“用户中心”查询委托进度提醒、历史记录，查看个人信息管理功能。用户也可通过用户中心相关服务进行订单查询、取消与下载报告等操作。

BALIS联合咨询服务中心建设的初期，采用的是用户线上申请，咨询馆员线上接收，线下服务的方式开展服务，至升级建设完成后，可以实现用户线上申请，线上查询，线上缴费，线上获取服务结果；咨询馆员可以线上接收申请委托，线上审核委托、线上拒绝或受理服务、线上协调分配服务，线上检索、线上生成报告，线上提交报告审核、线上收费，线上提交报告、线上报告存档等服务。咨询机构和管理中心可以进行相关业务统计和数据分析。

目前已进行嵌入微信公众号延伸服务建设，将提供基于微信的移动服务和营销活动支持。用户可以利用计算机绑定账号，通过关注BALIS平台微信公众号进行委托申请、在线咨询、个人中心服务、信息推送、消息回复等功能。为用户提供服务更便捷和沟通更及时的服务方式。

6.2.5 服务结果

联合信息咨询的服务结果根据不同咨询项目服务的业务要求，服务结果的提供方式不同，可分为口头直接回答的咨询结果、网络在线书面咨询结果，更多的是专题咨询、科技查新、收录引用检索、学科学术评价、竞争力分析、专利分析等项目委托的专业咨询报告。

(1) 口头直接回答的咨询结果：这种咨询通常是咨询问题相对简单、针对性强，易于口头沟通。可以借助现代通信手段，如网络在线、电话等，也可面对面咨询。

(2) 网络在线书面咨询结果：这种咨询结果相比口头直接问答咨询可以提供给用户更直观，更易理解、记忆的结果。其服务不受时间、地点限制和人员限制，服务结果的实用性、可靠性和实效性较高。通常借助网络在线、E-MAIL、微信等方式，是被广大用户非常喜欢的一种咨询服务。

(3) 提供专业咨询报告：这种咨询服务是根据用户的需求，要以书面报告形式提供咨询服务结果，通常由用户向信息咨询提供方提交服务申请委托或双方签订委托服务合同，按双方约定提供相关服务。

BALIS联合信息咨询服务除提供口头直接回答的咨询、网络在线书面咨询外，也可提供专题咨询、科技查新、收录引用检索、学科学术评价、竞争力分析、专利分析等服务项目的咨询报告。咨询报告可按双方协议要求内容完成或按相关业务的规范报告格式要求完成。以科技查新服务为例，BALIS联合咨询服务中心中有教育部的科技查新站，其所提交的科技查新报告均以教育部的科技查新规范要求的报告模板格式撰写科技查新报告，有的成员馆是国家医学科技查新中心的查新站，其提交的科技查新报告模板即可按医学中心的模板要求生成科技查新报告。联合咨询中心各成员馆咨询服务结果在符合规范要求的前提下可以执行各成员馆的咨询服务规定。用户可以在网上在线下载相关咨询报告，对需要加盖咨询单位印章的报告，可采取自取或快递的方式获取。

6.3 联合信息咨询流程规范

联合信息咨询服务流程规范是对各项咨询服务项目的工作程序和处理方法进行规定。BALIS联合信息咨询中心通过咨询服务流程设计，借助功能、权限和工作流的设置相对固化业务管理的相关流程和制度，使不同机构成员馆的不同咨询馆员能按照系统要求的统一工作程序和方法处理业务，各司其职，相互协作配合，避免凭个人经验处理业务、工作程序不统一、质量要求不一致所造成的服务结果不规范，服务质量参差不齐的状况，提升业务自动规范处理的水平与管理体系精确整合的程度和效率，保证北京高校的联合咨询服务得以规范、有序的运行，为今后进一步优化服务奠定良好基础。以下以科技查新为例详解流程规范的制定。

6.3.1 业务流程梳理与构建

联合信息咨询中心的服务项目确定后，首先要进行业务流程梳理。从规范业务出发，对相应的业务流程应进行必要的设计，确保业务流程的必要性、准确性和可执行性。根据北京地区高校信息咨询服务业务流程的调查与研究，BALIS联合信息咨询服务的业务流程规范可以从两个方面进行。(1)业务流程的层次划分与梳理。即从流程参与者角度分为委托人—机构管理员—项目管理员—服务馆员—机构会计服务 5 个层次,各个层次均具有明确的职责和任务。(2)具体业务的总体流程框架梳理。信息咨询服务通常具有时序特征,一般需要业务委托与受理、业务的任务分配与执行处理、咨询分析与结果审核,缴费归档与提交报告几个阶段。以科技查新为例,梳理形成的北京高校区域联合信息咨询服务的科技查新基本业务流程框架如图 6.1 所示,从用户委托申请到咨询馆员受理项目查新,再到项目查新点的确定、检索、文献分析直至撰写报告的全部流程必须执行,流程力求简洁但每一个关键环节、关键要素都要有明确的要求和必要的规范,以确保科技查新的质量。例如,设计查新报告的审核流程时,要求查新报告撰写完成后必须提交查新审核员审核,如有需要返回修改。复审、签字后才可以出具正式的查新报告,该流程是必要的也是必须执行的。流程的规范设计能够实现服务流程统一,质量要求统一,确保信息咨询服务的全流程规范。

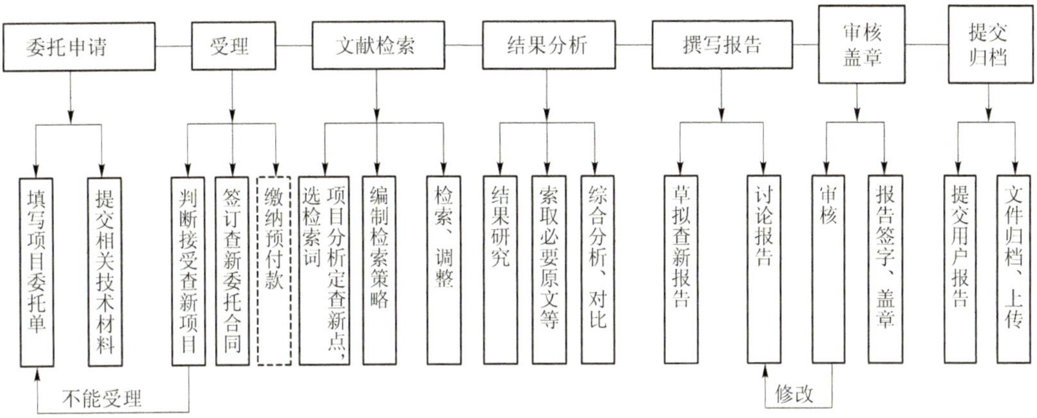

图 6.1　科技查新基本业务流程框架

6.3.2　流程基本环节与要素

为了实现流程的规范控制,有必要对流程的关键环节、关键要素进行规范设计。

(1) 咨询申请委托单设计:针对互联网用户的信息咨询委托,在流程设计时就要考虑接受咨询委托的方式,哪些是必须采集的信息。在“查新委托书”表单中,要明确填写查新项目、项目所属学科、委托人、委托人单位、单位类型、联系方式,查新机构类型是理工类、农林类、医学类还是综合类,必须要选择清楚;提交委托的查新机构必须选择;查新项目的科学技术要点,要求充分反映出查新项目的概貌,简述项目的背景、技术问题、解决技术问题所采用的方案、主要技术特征、技术参数或指标、应用范围等相关技术内容;查新点要着重说明该查新项目要求查证新颖性的部分,即体现该项目新颖性的技术创新点,如涉及内容、理论、方法、结构、工艺、配方、技术、指标等方面的创新点。如何保证用户能知晓并准确规范提供信息,咨询中心系统平台如何读取、储存这些信息,如何跟踪、统计与利用这些信息也是在系统架构设计过程中要重点解决的。

(2) 用户的需求分析:首先是用户需求的真实性分析。用户需求是开展咨询服务的原动力,一般情况下用户对其委托的咨询会有一个明确的目标。但有的用户因对相关咨询服务的认识不足或缺乏了解,提出的服务会存在一定的模糊性和不确定性,因此,咨询馆员必须依靠自身的咨询经验和专业能力与用户进行沟通，了解其实际咨询的目标，帮助其厘清问题思路。其次是判断用户提交委托书的合理性。其提交的咨询服务是否为联合咨询机构业务范围的服务项目，其提交的咨询服务馆是否开展此项服务，并对其存在的问题给予指导性咨询帮助。然后对于可以受理的咨询开展项目调研和前期沟通、资料整理。

(3) 咨询建议与项目执行：咨询馆员在对项目需求的调研分析、整理的基础上，向用户表明可以执行咨询项目，并阐述具体的思路、依赖的资源、任务的时限、需付的费用和结果的形式。

(4) 结果沟通与咨询报告：在正式出具咨询报告前，应就咨询的结果或结论与用户进行沟通。同时对咨询报告的封面内容与格式、报告目录、正文中所包含的内容项目、结论与报告应包含的附件进行讨论和确认，如有相应规范要求的应按照规范标准执行。例如科技查新服务，其所提交用户的查新报告是查新机构根据查新委托书的要求，通过查新项目的查新点与所查文献范围内的文献信息进行比较分析，对查新点作出新颖性判别后，以书面形式撰写的客观、公正的技术文件。教育部为进一步提高教育部科技查新工作站的查新业务水平，保证查新报告质量，特制订了《教育部科技查新工作站查新报告撰写规范》。其除了要求撰写查新报告的人要有合格资质外，还对查新报告的总体撰写格式、各项内容的撰写格式做出明确的规范要求。如其在总体格式中对封页的内容、正文的项目、字体要求都做了明确要求，并对查新报告各项内容包括报告编号、项目名称、委托人、委托日期、查新机构名称、查新完成日期、查新项目名称、查新机构的详细信息、查新目的、查新项目的科学技术要点、查新点与查新要求、文献检索范围与检索策略、检索结果、查新结论，查新员与审核员声明，附件清单、备注的撰写格式做出来详细的规定和著录要求，并给出相应的报告模板。

6.3.3 业务流程的规范执行

联合咨询业务流程的合理设计是基础，在应用的过程中还需不断完善和优化改进，在此基础上，通过以下几方面的工作能有效保证业务流程充分利用现代网络化、数字化、移动化、智能化技术，不断优化系统平台流程，发挥联合协同服务优势，通过设计可行且必须执行的工作流程，借助计算机的控制手段，强化业务流程的执行。例如，任务的合理分配、报告的审核流程、项目是否需要付费等都应进行管理控制。防止不健全、不规范、操作性不强的风险。也要防止产生虽然业务流程健全、规范、具有操作性，但执行力不强的风险。

BALIS 联合信息咨询服务平台为确保咨询项目业务流程规范，在系统平台中设计前台用户提交委托申请委托单模板和必须在线执行的业务流程，后台服务管理员的任务分配、咨询馆员的业务受理和执行、机构会计处理委托项目的计费收费、数据档案管理、统计分析管理等都需借助计算机在平台上进行相应的操作，业务流程执行如下。

(1) 用户登录(注册)BALIS 联合信息咨询平台，填写项目申请委托单并确认提交。

(2) 机构管理员登录后台对用户委托内容进行可受理评估，对不符合受理条件的项目可拒绝受理，对已受理的项目可在线评估咨询馆员的任务情况并分配任务，机构咨询馆员也可根据自身业务情况自己认领待分配项目。确认是否需要收缴预付费。(订单在未分配前可进行删除)

(3) 对需要缴纳预付费的用户，可以根据成员馆的收费规定进行线上或线下付费。

(4) 成员馆会计线上确认是否到账。

确认到账后，咨询馆员开始项目相关业务处理，如文献检索、结果筛选、评价分析、报告撰写。

(5) 报告的模板设计：为简化和智能化自动生成咨询报告，报告模板化设计和数据的规范格式读取环节都属于流程的规范设计。不同咨询项目可能有不同的报告规范，BALIS联合信息咨询系统在流程设计时，已考虑了不同格式的科技查新报告规范报告模板和收录引证报告的模板导入，据此开发构建的区域联合信息咨询服务系统得以有效地利用和推广。

(6) 对有报告模板的项目可将报告内容自动套用系统模板样式生成相应咨询报告，再按流程要求上传给项目审核员审核；根据审核过程中发现的问题，咨询馆员必须认真修改后再审核，若通过，签字确认，咨询报告正式完成。

(7) 用户按规定缴纳完相关费用，会计在线确认缴费完成，用户即可获取签字盖章后的咨询报告。

网络化、数字化、智能化条件下的信息咨询服务流程的流程优化设计和平台构建是咨询服务的质量保障体系建设的重要组成，是实现信息咨询服务流程规范化管理的有效手段，是智能化检索分析、大数据统计管理的基础，也是未来借助人工智能提高服务质量和服务效率的发展方向。在此基础上加强联盟内外咨询馆员的业务交流与相互学习，开展年度咨询项目的年度检查和评优工作都是加强和促进信息咨询服务规范化发展的有效方法。

6.4 联合信息咨询数据规范

数据规范是期望在联合信息咨询服务平台运行过程中，对不同类型数据进行规范收集、整理、组织、加工、存储、传输等处理，实现对过程复杂、庞大的数据进行科学有效管理，便于从大量原始数据中抽取、挖掘、推导出有价值的信息，使人们能够方便而充分地利用这些数据，依据这些数据信息指导行动和决策。

6.4.1 数据类型

在联合信息咨询服务过程中，针对服务项目和流程我们大致将数据分为如下几种类型：

(1) 机构数据，系统中注册的服务机构信息，如机构名称、服务项目、人员与权限、联系方式等；

(2) 个人委托数据，即每项服务申请时用户所要提供的个人信息、项目名称、信息服务需求等；

(3) 受理数据，受理机构、数量、类型、学科领域、完成数量、时间、收费情况等；

(4) 资源数据，用于提供服务的各类信息资源、应用工具、规范处理表格或报告等；

(5) 服务数据，业务处理过程中产生的数据。

6.4.2 数据管理

数据采集、存储、统计及调用的规范化管理是服务系统有效运行的关键，规范化管理主要包括两个层面的内容。

(1) 在以业务流驱动的服务过程中实现数据管理规范化，即根据各项业务流程的时间顺序、表单文档的形成及传递，分析并识别各项服务之间的关系、服务需要接收哪些信息、产生哪些数据(表单)、数据传送的线路、活动涉及哪些岗位以及数据查询统计等,确保过程中数据的规范化管理。

(2) 以平台开发的信息化技术实现数据管理规范化,即借助数据库的科学设计方法实现数据规范化,包括数据定义、表单定义、关系定义、权限及角色定义等。

整个系统数据表设计见表 6.1～表 6.16。

表 6.1　后台用户表

序字	字段名	说明
1	id	主键
2	version	版本号
3	p_account_expired	账户期限
4	p_account_locked	账户是否锁定
5	p_address	用户地址
6	p_company	用于公司
7	dateCreated	创建时间
8	deleted	删除状态
9	p_display_name	显示名字
10	p_email	电子信箱
11	p_enabled	使用状态
12	p_fax	传真
13	lastUpdated	最后一次更新时间
14	name	账号
15	p_possword_expired	密码期限
16	p_phone	电话
17	p_post_code	邮编
18	p_pswd	密码

表 6.2　导出功能业务表

序号	字段名	说明
1	id	主键
2	p_class_name	类名
3	deleted	删除状态
4	p_enabled	邀活状态
5	p_enabled_role_accountant	会计激活状态
6	p_enabled_role_admin	管理员激活状态
7	p_enabled_role_org_admin	组织管理员激活状态
8	p_enabled_role_service_admin	服务管理员激活状态

续表

序号	字段名	说明
9	p_enabled_role_service_man	服务员激活状态
10	p_enum_type	列举类型
11	p_field_name	文件名称
12	p_field_type	文件类型
13	p_index	标识号
14	p_statable	状态
15	p_statable_role_accountant	会计状态
16	p_statable_role_admin	管理员状态
17	p_statable_role_org_admin	组织管理员状态
18	p_statable_role_service_admin	服务管理员状态
19	p_statable_role_service_man	服务员状态

表 6.3　前台用户信息表

序号	字段名	说明
1	id	主键
2	version	版本号
3	dateCreated	创建时间
4	p_displayname	显示名称
5	p_email	电子信箱
6	p_fax	传真
7	lastUpdated	最后一次更新时间
8	p_passmord	密码
9	p_phone	电话
10	p_username	用户名

表 6.4　作者和服务类型关联业务表

序号	字段名	说明
1	v_ operator_p_service_types_id	外键，操作者服务类型 ID
2	p_service_type_id	外键，服务类型 ID

表 6.5　机构组织类别表

序号	字段名	说明
1	id	主键
2	name	组织类别名称

表 6.6 参数表

序号	字段名	说明
1	id	主键
2	version	版本号
3	dateCreated	创建时间
4	deleted	删除状态
5	description	描述
6	lastUpdated	最后一次更新时间
7	name	参数名称
8	p_value	参数值

表 6.7 公司简介表

序号	字段名	说明
1	id	主键
2	version	版本号
3	name	简介名称
4	p_user_id	用户 ID
5	p_value	简介值

表 6.8 事件请求表

序号	字段名	说明
1	id	主键
2	version	版本号
3	name	请求事件名称
4	p_operated_at	
5	p_operation	操作事件
6	p_operator	操作者
7	p_req_id	请求 ID

表 6.9 角色表

序号	字段名	说明
1	id	主键
2	version	版本号
3	p_code	角色编码
4	deleted	删除状态
5	description	描述
6	name	角色名称

表 6.10　服务类型表

序号	字段名	说明
1	id	主键
2	name	服务名称

表 6.11　模板表

序号	字段名	说明
1	id	主键
2	version	版本号
3	p_body	内容
4	p_content_type	模板类型
5	lastUpdated	最后一次更新时间
6	name	模板名称
7	p_subject	模板处理状态

表 6.12　关联公告和附件表

序号	字段名	说明
1	v_notice_p_attachments_id	外键,公告关联的附件 id
2	p_attachment_id	外键,附件 id

表 6.13　关联机构组织和组织类别表

序号	字段名	说明
1	v_organization_p_organization_types_id	外键,机构组织与组织类型关联 id
2	p_organization_type_id	外键,机构组织类型 id

表 6.14　关联机构组织和服务类别表

序号	字段名	说明
1	v_organization_p_service_types_id	外键,机构组织与服务类型关联 id
2	p_service_type_id	外键,服务类型 id

表 6.15　关联问题和附件表

序号	字段名	说明
1	v_question_p_attachments_id	外键,问题与附件关联 id
2	p_attachment_id	外键,附件 id

表 6.16　关联用户和角色

序号	字段名	说明
1	p_role_id	外键,用户与角色关联 id
2	p_user_id	外键,用户 id

6.4.3 其他指标

系统设计的其他指标如下。

(1) 系统中可建立的数据库个数不受限制;

(2) 单库支持记录个数:1 000 万条;

(3) 单库支持最大容量:2 TB;

(4) 跨库检索数据库数:255 个;

(5) 检索速度:1 TB/s 以上;

(6) 系统需提供 SQL 或类 SQL 语言对数据进行增删改查,提供了图形化界面来使用 SQL 查询语言,操作数据库对象等;

(7) 支持最大同时在线检索人数:3 000 人;

(8) 支持多机群集,可实现数据的分布式存储;

(9) 系统需提供用于支持检索、文本挖掘等功能的概念关系词典,词典词汇量不低于 100 万个。

6.5 联合信息咨询行为规范

信息咨询是咨询馆员与用户之间提供咨询服务和接受咨询服务的一种关系。信息咨询服务过程中的行为规范主要是指信息咨询机构和咨询人员在参与信息咨询服务过程中应遵循的一定规则。其是在信息咨询服务过程中逐步形成和确立并被社会认可和同行普遍遵循且具有一定约束力的行为准则。对开展信息咨询服务的机构和个人具有引导、规范和约束的作用。

6.5.1 资质要求

为确保联合信息咨询服务的整体质量,必须要求提供咨询服务的咨询馆员应具备一定的素质,这是对一个人知识储备、智慧程度、业务能力、道德水平、咨询经验的综合要求。尤其是 BALIS 联合信息咨询开展的以知识服务为主的创新性信息咨询服务对咨询馆员的素质和能力提出了很高的要求。

(1) 具有所咨询相关领域学科背景并熟知与咨询工作密切相关的管理、法律、信息科学等方面的知识。

(2) 掌握信息咨询工作的科学方法、相关检索资源和分析诊断工具的利用。

(3) 具备综合运用所掌握的知识和技能,发现问题并解决问题,完成咨询任务的能力,具有良好的沟通能力、组织管理能力和书面表达能力。

(4) 具备一定实践能力和咨询经验。

(5) 具备强烈的社会责任感,遵守职业道德,力求咨询工作客观公正。为确保咨询馆员具备上述这些素质和能力,国家和相关管理部门针对部分信息咨询服务的人员规定了资质要求。例如,一个高校图书馆要开展科技查新服务,在申请科技查新机构认定过程中,首先要有获得科技查新资质的查新员和获得查新审核员资质的审核人员。对科技查新从业人员有相关的学历、职称、专业背景、专业知识等基本素质要求,也有外语水平、检索技能、文献分析、查新实践等专业能力要求,更有要接受国家有关科技查新的正规培训,具备从事相关查新工作资格的资质要求,通过资质要求保证咨询人员具备开展信息咨询服务的良好素质,以保证科技查新过程中的行为规范。

同时作为一个查新机构也要获取相应查新机构资质。不仅要具备科技查新资质的查新员和审核员,还要满足相应的文献资源要求,具备良好的工作环境和软硬件设施条件,具备健全的内部规章制度。因此,权威机构认定颁发科技查新人员的资质证书和科技查新机构的资质证书对相关高校图书馆开展信息咨询服务客观上起到了良好的行为规范作用。

6.5.2　职业道德

信息咨询服务人员的职业道德是所有从业人员都应遵循的道德规范和行为准则,起着保护用户利益,保护咨询人员公平竞争的作用,是信息咨询服务健康发展的重要保障。信息咨询服务业的职业道德规范主要包含以下几个方面。

(1) 社会责任。咨询人员不能违反法律,不能危害社会公众的利益,要坚持信息咨询服务的第三方独立性和客观公正性,只接受所在机构服务范围内部门或个人力所能及的业务。

(2) 对用户的负责。用户至上,向用户提供高质量的服务,履行告知义务,确保用户的知情权。没有用户的授权,不泄露用户的信息和资料,维护用户的知识产权等。

(3) 项目收费。根据自己承担的信息咨询服务项目收费标准或办法向用户收取费用,不接受其他费用。

6.5.3　角色管理

角色管理是根据系统功能需求和人员资质等设置的安全规则来处理被授权的业务。通过角色管理界定人员的行为空间。例如:区域联合信息咨询服务系统的使用人员分为前台咨询项目委托用户和后台业务管理与服务人员。后台业务管理与咨询服务人员的角色分成6个级别。不同角色可以设置不同的权限,成员馆权限可通过设置不同的角色从而赋予不同的工作职能,以达到规范服务行为的目的。

(1) 中心管理员:负责本系统网站管理,在本门户网站拥有最高管理权限,负责联盟内机构的管理和信息的日常维护。有权按机构类型设置功能权限。主要内容如下。

查询各机构服务开展情况,针对用户咨询管理咨询信息,创建和维护服务机构。管理公告,管理下级用户信息等。

(2) 机构管理员:负责自己学校图书馆的业务管理、权限设置管理和机构信息维护。

(3) 不同服务类别管理员:根据各学校开展的服务类别可设定科技查新管理员、学科服务管理员等,负责相应的任务分配与管理。

(4) 咨询馆员:从事某类咨询或几类咨询业务的馆员,只能完成和管理分配给他本人的具体业务。每个咨询馆员主要负责完成的功能包括:查看分配给自己的各类别服务委托任务,设置服务进展状态,上传已经完成的服务报告;对本人完成的服务进行统计管理。

(5) 成员馆会计:负责所在图书馆的有偿服务收费和确认,有权对本馆的服务收费情况进行管理和统计。成员馆会计主要负责完成的功能包括:核对具体服务馆员填写的项目是否已经收费;对本馆的服务收费情况进行统计。

(6) 微信运维人员:BALIS 联合信息咨询服务平台升级改造后,微信后台操作人员即为微信运维人员。其主要负责微信端咨询信息的推送、图文消息回复、自定义接口服务、自定义菜单配置管理、成员馆微信端权限设置、机构二维码管理、微信端相关数据统计、个人信息维护与绑定等。

BALIS 平台用户权限与功能见表 6.17。

表 6.17 BALIS 平台用户权限与功能

人员类型 / 功能	用户	中心管理员	机构管理员	服务管理员	咨询人员	成员馆会计	计算机端	微信运维人员
委托申请	√						√	
查看委托进度	√			√	√	√	√	
取消委托申请	√						√	
下载报告	√						√	
在线实时咨询	√							
个人中心	√	√	√	√	√	√	√	√
接收订单提醒	√			√	√	√	√	
注册	√						√	
登录	√	√	√	√	√	√	√	√
委托内容确定				√			√	
分配订单				√			√	
审核订单				√			√	
删除订单				√			√	
受理订单					√		√	
上传报告					√		√	
发送订单状态提醒				√	√		√	
模板管理与配置				√	√		√	
录入发票信息						√	√	
创建后台机构用户		√	√				√	
机构用户权限设置		√	√				√	
机构数据统计		√	√				√	
机构统计日志		√	√					
创建后台用户		√					√	
机构管理		√					√	
用户权限设置		√					√	
平台数据统计		√					√	
平台统计日志		√						

续表

功能 \ 人员类型	用户	中心管理员	机构管理员	服务管理员	咨询人员	成员馆会计	计算机端	微信运维人员
多微信客服接入图文消息回复		√	√	√	√	√	√	√
微信资讯推送							√	√
自定义接口回复							√	√
自定义菜单配置管理							√	√
成馆员微信端权限设置							√	√
机构二维码管理							√	√
微信端数据统计		√	√	√			√	√
预留微信支付接口	√							
微信号与 PC 端用户的绑定	√	√	√	√	√	√		√

6.5.4　流程约束

为加强咨询服务的行为规范，借助服务平台构建出规范的业务流程，用平台来约束和限定人的行为，变“人治”为“法治”，同时，增加平台业务流程的可视性和透明度，避免人为的自由性与随意性。

由于联合信息咨询服务多是借助互联网进行，为准确、高效地开展相关服务，针对用户行为的流程约束主要体现在 3 个方面。

(1) 在用户申请咨询服务时，为了规范用户的行为，流程设计要求用户在提交咨询申请委托前要以邮箱方式注册登录，确保用户的真实性和信息的可靠性。

(2) 针对不同的咨询项目设计不同的用户申请委托表单，要求用户把咨询目的、需求、项目必需的材料等相关信息和内容作为必填项，借此保证用户提交的申请信息内容齐全、需求明确，确保后续咨询工作的有效进行。

(3) 对于有偿服务的咨询项目，流程中的相关缴费完成后方可进行下一阶段工作或获取咨询报告。

为更好地规范咨询馆员的业务行为，流程约束主要体现在以下几个方面。

(1) 用户利用个人中心可以随时查询业务的进展情况，保证咨询过程的公开透明无疑对项目流程进展起到一个督促和监督的作用。

(2) 项目委托单申请提交时，系统流程提供按教育部学位办的项目所属学科供选择，根据学科选择结果，系统提供相关学科的服务机构供选择，保证服务机构接收到的委托申请是该机构有能力提供咨询的项目。

(3) 机构的不同服务类别管理员可以看到相关咨询馆员承担任务情况，便于项目的合理分配和管理。

(4) 针对系统报告模板中已规定的学科必查数据库，咨询馆员在检索过程中必须检索。

(5) 系统根据需要可以预设各种报告模板，咨询馆员可以选择自动生成相关模板，规范咨询报告的内容和格式。

(6) 流程规定项目报告完成后必须提交审核,通过后才能出具正式报告并签字盖章。这种必要的审核流程对咨询行为也是一种规范要求。

(7) 在用户获取正式报告之前,咨询馆员必须在系统中看到会计已收费确认后方可提交报告。

6.6 联合信息咨询管理规范

6.6.1 统筹规划,健全体系

北京高校区域联合信息咨询服务的日常管理执行机构是BALIS管理中心下的联合信息咨询中心,由主任馆、副主任馆及委员馆构成。联合信息咨询中心制定有明确的建设目标、工作思路和完整的管理体系及管理思想,负责统筹规划未来发展,建立健全中心管理制度,组织协调成员馆积极开展信息咨询服务,监管服务状态,负责组织系统服务平台的研发和实施,维护系统服务正常运行,组织相关培训和各种会议,完成日常管理及其他相关事务。

中心的项目建设管理一般分为目标管理和项目管理。目标管理包括:政策与制度制定,项目经费申请,项目建设目标与可行性论证,项目目标调整等,以及中期检查、项目验收等项目建设管理的重大环节。项目管理包括:按相关管理制度对项目建设方案、建设流程以及服务方式和服务政策等实施决策管理。其管理机制特点是管理目标和责任分工明确,各司其职,各个层次的权限明确,易于控制和执行。

各项工作的过程管理有相应的决策机制、专家咨询机制和请示执行机制。可以避免决策不畅导致执行力下降的后果。中心有一套自成体系、功能完备的管理机制,通常采取相关工作会议讨论阶段性工作和建设目标,在项目立项前期召开专家组论证会,征求专家意见,集思广益,寻求帮助,以代表更多成员馆的利益有效决策,避免因个人决策导致项目建设出现偏差,保证项目建设圆满完成。

中心采取灵活机动的高效管理架构,根据项目进展的不同阶段和不同需要,在不同项目成立跨校跨馆临时工作小组,保证每项管理措施落在实处。在一些项目的前期调研、过程测试、项目验收等阶段,为了实现高效管理,通过各种工作小组机制直接深入关键环节,起到及时沟通和反馈情况作用,利于项目管理层及时反应和决策,保证项目总体的顺利实施,体现了联合互助、协同共建的优势。

6.6.2 集中管理,分布运行

从联合信息咨询服务系统建设的整体目标出发,贯彻统一建设、共同参与、协同服务、和谐有序的理念。运用系统管理的思想,建设统一服务平台,成员馆自愿参加,共建共享。让每一个成员馆都参与服务规则与平台的建设过程,确保其理解、认同、支持和执行。

联合信息咨询服务系统从建设开始至每次升级完善,系统总体框架均采用集中式管理与分布式处理业务的架构,采用以中心为主体,集中授权管理,各个机构、各项服务分级使用的服务模式。应用主流、开放、强健、安全的技术框架进行支撑,以保证系统对各种数据业务的服务以及与相关系统的互联能力。协调统一各环节的数据输入、过程执行、过程转换、咨询结果输出等规范执行。系统实现统一和一致的日志功能,保证系统数据处理的一致性,保证发送信息者和接收信息者都不会存在伪造身份的情况,保证数据不被非法盗用和修改伪造,以及业务数据不因意外情况丢失和损坏,确保数据安全。

同时在平台设计时,尽可能保证设计的"标准化"。

技术标准化:平台的设计使用通行信息检索方法、资源整合方法、数据关联挖掘方法、信息综合分析方法,保证系统功能建设的可扩展性、可升级性。

结构标准化:平台设计遵循 SOA 架构体系,利用 API、webservice 接口等标准数据对接模式来实现平台与不同模块之间的衔接,降低系统的设计风险,提高稳定性和灵活性。

数据标准化:平台使用的数据,如科技文档、分析数据等,都符合国家以及行业领域相关标准的要求。

6.6.3　建规立制,精细管理

遵循统一的标准、规范是保障区域联合信息咨询服务有效开展的前提和保障,也是提高联合信息咨询服务质量的客观要求。必要的相关制度、规范的建立将使咨询馆员和管理者明确工作要求和执行标准,同时也可以对照制度、规范进行自我提高和约束。制度和规范是在系统原则下产生,依据其进行管理,也能提高立足本职、纵观全局的管理水平。区域联合信息咨询服务具有高度分工与协作的特征,只有进行规范化管理,才能确保一个区域不同高校不同人员的工作按照统一的规范开展服务。

统一制定的合作规则或原则可以为区域合作提供制度保证。建立统一的激励相容的合作规则以及利益协调制度,有助于将追求本地利益最大化与区域整体利益最大化的目标统一起来。

制度化的利益协商与补偿机制有利于区域合作关系的稳定发展。区域合作可能涉及多个地区和不同部门,他们之间由于经济实力、行政级别和发展水平等方面存在差异,在合作协商能力上容易形成强势和弱势的力量对比。弱势地区和弱势部门的利益能否充分表达,其话语权能否得到有效行使会在很大程度上影响整个合作大局的实现。通过规范的制度安排能够保障弱势地区的利益表达机会和正当的利益诉求,在更为公平、公正的利益格局上建立稳定的合作关系。

6.7　联合信息咨询服务全流程规范控制的实践

流程规范、数据规范、行为规范、管理规范的执行目标是实现信息咨询服务规范。在保证区域联合信息咨询服务平台稳定安全运行的条件下,期望通过相关规范的执行使信息咨询服务过程的数据检索质量、效率与成本等相关运行指标控制在目标范围内,实现过程的规范管理与控制。

6.7.1　系统化与规范化的平台开发

北京高校区域联合信息咨询服务平台已完成第二期建设。考虑到 Java 程序编写通用性和开发安全性,线程易控制且可以直接调用已有模块组件,具有较强的跨平台等优势,在一期平台系统架构设计的基础上,二期系统平台研发升级过程中,基于 CB/T 9385—1988

《计算机软件需求说明编制指南》。遵照 GB/T 14394—1993《计算机软件可靠性和维护性管理》,GB/T 16680—1996《软件文档管理指南》等相关国家标准,系统直接升级到 Java 开发平台,系统框架中还采用了 Grails 的插件系统,保证了二期平台开发的系统性和规范性。综合考虑社会用户和教育网用户访问需求和系统简单、易用的体验效果,联合信息咨询服务平台仍采用浏览器/服务器网络结构模式(B/S 模式),将系统功能实现的核心部分集中到服务器上,减轻系统维护与升级的成本和工作量。

平台开发后首先以软件开发人员为主,在 Java 平台使用 Xunit 系列工具进行了白盒测试。然后根据软件需求、设计文档、模拟客户场录,进行了覆盖全部系统功能的黑盒实际测试。最后将压力和性能测试结合起来,选择多用户,模拟大量数据输入进行了压力测试,确保系统服务平台的易用性和稳定安全性。

6.7.2 常态化与制度化的过程管理

常态化与制度化的过程管理是一个系统持续完善、不断改进、优化的必要保证。北京高校区域联合信息咨询服务的过程管理分为前台的用户沟通与任务受理和后台的任务处理与结果管理。基于对现有业务服务流程的系统梳理、完善、优化和改进,通过系统架构进行服务流程规范,利用平台约束指导馆员执行服务流程规范。通过中心管理员和成员馆机构管理员制度,将日常的管理落实到每一个馆,每一个项目及每一个业务执行人员。借助日常工作流程数据记录、具体业务人员反馈、中心工作会议、中心统一发放问卷统计等方式,将日常工作发现的系统运行中所存在的不足、问题和修改建议等及时反馈给中心管理员。中心管理员将汇总反馈信息,同时参考系统的统计分析数据,采用科学的分析方法,对各个过程进行综合分析、评价,发现系统内隐含的问题,寻求解决方案。

不断制定和修订相关规范与制度,如“BALIS 联合信息咨询中心章程”“BALIS 联合信息咨询服务协议书”“BALIS 联合信息咨询绩效补贴办法”“BALIS 联合信息咨询服务规范”“BALIS 联合信息咨询服务评估办法”等管理制度。共同遵守行业服务的相关标准和规范,如《科技查新技术规范》、“科技查新报告规范”等,同时健全相关的激励和奖励机制,协调各个成员馆的工作与利益关系,完善整个中心的管理规范,做到有章可循,有据可依,促进北京高校区域联合信息咨询服务良性循环发展。

6.7.3 专业化与标准化的规范控制

北京高校区域联合信息咨询服务的专业化与标准化的规范控制主要体现在两个方面。

(1) 执行不同业务的规范流程。联合咨询服务平台各功能模块按照不同的流程规范,将相关的操作执行步骤通过编程固化到系统平台中,业务进行时可按规范要求指导馆员操作。如科技查新流程的自动控制包括:查新任务的在线分配,服务状态的实时更新,检索结果的自动查重,查新报告的自动生成,报告审核的在线完成,查新文档的完整存档,收费业务的在线处理等都实现专业规范的控制。

(2) 用权限设置规范馆员的服务项目和业务范围。将馆员用户的工作角色与权限进行关联,一个馆员用户可以拥有多种角色,可以是机构管理员、查新员或咨询员,每种角色都拥有这项工作专属的权限。这样,就构造出“馆员用户—工作角色—权限”的授权控制模型。例如,每个机构成员馆必须选定一名馆员作为机构管理员,机构管理员这一角色被赋予了维护修改系统平台上有关本馆的各种信息，注册和管理本馆的各项服务管理员、会计和服务馆员，为相关人员设置相应的服务权限，查看和统计本馆服务受理、完成情况等数据。

6.7.4 表单化与数据化的规范统计

北京高校区域联合信息咨询服务系统平台的数据来源于平台的用户沟通、任务受理和后台的任务处理与结果管理。对用户的数据规范化控制，目前采用网上表单化规范处理，以“科技查新委托合同”“论文收录引用委托申请表”“情报分析委托单”等来固化、规范数据的采集，故表单设计内容全面，填写要求明确，数据信息规范是确保日常服务和业务统计的基本要求。用户可以根据项目的学科领域、机构的影响力或其任务情况选择图书馆提交服务表单，一旦图书馆受理此项服务，系统内该项目的服务状态会随着业务流程进展而不断更新。用户可以通过服务系统平台查询到受理机构、人员、业务处理状态、类型等信息。

针对不同的咨询服务类型，系统后台不同角色馆员按照其相应的数据利用权限，可以通过预定义统计报表模板、统计字段、趋势分析图形模板及数据导入导出模板定义统计方式及内容，对数据进行相关统计、分析及导入导出，获取与其角色相匹配的数据分析结果。例如，科技查新服务可以按照单位类型、查新目的、查新类型、查新员等字段灵活配置进行统计，对管理人员可以按时段、分类、学校等选择不同的条件进行数据统计分析，对服务的收费管理进行统计分析，生成具有个性化需求的表单，并可实现数据的规范导出。如导出 Excel 数据列表，也可按照教育部年审要求导出相应的表格等满足日常管理及上报需求。对服务统计的呈现方式，平台提供列表、直方图和饼状图三种方式，方便管理员更直观地对服务申请情况进行整体把握。

6.8 信息咨询的政策法规

信息咨询在国外有着较长的发展历史，他们的管理制度相对完善，经验较为丰富，相关政策法规相对健全。近年来随着我国信息咨询工作的蓬勃发展，构建合理有效的信息咨询法规体系得到一定的重视，信息咨询的政策法规建设取得了一定的成绩，虽然没有专门针对联合信息咨询的法律法规，但国家和各大部委的相关政策法规也可以参考借鉴执行。

6.8.1 国家政策或法规

由中华人民共和国第十一届全国人民代表大会常务委员会第十三次会议 2010 年 2 月 26 日通过的全国人民代表大会常务委员会关于修改《中华人民共和国著作权法》的决定（主席令第二十六号）于 2010 年 4 月 1 日起实施。

2017 年 5 月 15 日国务院办公厅关于印发《政府网站发展指引》的通知（国办发〔2017〕47 号），为进一步加强政府网站管理，引领各级政府网站创新发展，深入推进互联网政务信息数据和便民服务平台建设，提升政府网上服务能力，按照党中央、国务院关于全面推进政务公开和“互联网＋政务服务”的要求，结合各地区、各部门政府网站工作实际，制定《政府网站发展指引》。指引中所称政府网站是指各级人民政府及其部门、派出机构和承担行政职能的事业单位在互联网上开办的，具备信息发布、解读回应、办事服务、互动交流等功能的网站。通知中明确要求各地区、各部门可参照本指引制定本地区、本部门政府网站管理办法，规范网站域名，严格开办流程，加强监管考核，推进资源集约，实现政府网站有序健康发展。

《中华人民共和国促进科技成果转化法》(2015 年修订)(1996 年 5 月 15 日第八届全国人民代表大会常务委员会第十九次会议通过，根据 2015 年 8 月 29 日第十二届全国人民代表大会常务委员会第十六次会议《关于修改〈中华人民共和国促进科技成果转化法〉的决定》修正)。

中华人民共和国国务院令(第 632 号)《国务院关于修改〈计算机软件保护条例〉的决定》已经 2013 年 1 月 16 日国务院第 231 次常务会议通过，自 2013 年 3 月 1 日起实施。

2018 年 3 月 7 日，国务院办公厅关于印发《科学数据管理办法》的通知(国办发〔2018〕17 号)为进一步加强和规范科学数据管理，保障科学数据安全，提高开放共享水平，更好支撑国家科技创新、经济社会发展和国家安全，根据《中华人民共和国科学技术进步法》《中华人民共和国促进科技成果转化法》和《政务信息资源共享管理暂行办法》等规定，制定本办法。

6.8.2 相关部委政策法规

为贯彻《国务院关于新形势下加快知识产权强国建设的若干意见》，落实《"十三五"国家知识产权保护和运用规划》《国家教育事业发展"十三五"规划》的部署，深入实施国家创新驱动发展战略，完善知识产权信息公共服务网络，提升高校创新能力，支撑高校"双一流"建设，国家知识产权局、教育部联合制定了《高校知识产权信息服务中心建设实施办法》。由国家知识产权局办公室、教育部办公厅为此印发(国知办发规字〔2017〕62 号)。

教育部办公厅《关于进一步规范教育部科技查新机构工作的意见》(教技发厅〔2004〕1 号)。

2015 年，科技部对原有的《科技查新规范》(国科发计字〔2000〕544 号)进行修订，以国家标准形式出台了《科技查新技术规范》(GB/T 32003—2015)。

教育部、科技部《关于加强高等学校科技成果转移转化工作的若干意见》(教技〔2016〕3 号)。

《关于提高知识产权信息利用和服务能力推进知识产权信息服务平台建设的若干意见》(2006 年 12 月 31 日科学技术部发布，国科发政字〔2006〕562 号)。

《对外科技交流保密提醒制度》(2002 年 11 月 26 日国家保密局、科学技术部发布，国保发〔2002〕7 号)。

为有效保护高等学校知识产权，鼓励广大教职员工和学生发明创造、智力创作的积极性，发挥高等学校的智力优势，促进科技成果产业化，依据国家知识产权法律、法规，制定《高等学校知识产权保护管理规定》(1998 年 12 月 1 日教育部部长办公会议讨论通过，1999 年 4 月 8 日中华人民共和国教育部第 3 号令发布施行)。

《科学技术保密规定》(1995 年 1 月 6 日国家科学技术委员会、国家保密局发布国家科学技术委员会、国家保密局令第 20 号)。

2016 年 9 月 1 日起施行的《高等学校预防与处理学术不端行为办法》中华人民共和国

教育部令第 40 号。

2018 年 8 月 1 日起施行的《教育统计管理规定》(中华人民共和国教育部令第 44 号)。

教育部办公厅关于印发《2019 年教育信息化和网络安全工作要点》的通知，教技厅〔2019〕2 号，2019 年 3 月 1 日。

《科学技术部关于印发关于加快发展民生科技意见的通知》(国科发社〔2011〕279 号)中第 4 条，加强民生科技服务机构建设。鼓励高等学校、科研院所、大型企业开放科技资源，服务民生科技。鼓励技术交易、科技咨询、知识产权、创业投资、科技企业孵化器、生产力促进中心等专业化机构服务民生科技产业，开展民生科技信息咨询和专业培训。公益类研发机构要深入基层、民众和特殊群体，了解民生需求，开展科技服务。

第7章　联合信息咨询服务平台的系统架构

7.1　系统整体架构与构建意义

7.1.1　系统架构的构建意义

BALIS联合信息咨询服务平台系统（以下简称联合信息咨询服务系统）的系统架构设计是实现系统目标和保障系统功能品质的关键因素，系统架构明确了系统的主要功能、构成因素、流程与需求，有利于确保系统平台开发的完整性和有效性，对于具体的系统平台开发具有一定的指导性。系统的技术架构更直观反映了联合信息咨询服务系统中各组成部分之间交互、复杂的关系，保证实现系统核心目标、服务策略和特点，服务流程能被清楚地表达、传递与理解，跨越需求与软件之间的巨大语义鸿沟，有利于系统技术思想等的沟通、交流、权衡与修改，便于使用、开发等各参与方达成一致的目标。整个系统架构设计还明确了系统中各因素间的相互关系，允许系统构建采用适应变化的方法来控制过程中的复杂性，有利于支持联合信息咨询服务系统后续计划和项目实施的管理与监督。

高校图书馆的信息咨询服务系统平台需要确保每天24小时在线运行，系统平台的平稳、有效安全运行至关重要。合理的系统架构、先进的设计思想是构建联合信息咨询服务系统平台的保证，是实现系统目标、保障系统功能品质的关键因素，其平台架构与功能的具体实现直接影响联合信息咨询服务的成效。

7.1.2　系统整体架构

架构这个词本身就有很多种定义，并没有一个非常统一、一致的定义。架构可以理解为是蓝图、方向和约束，规定了系统应该朝哪个方向走，可以做什么，不可以做什么。

系统架构是指构成一个系统的主要元素及它们之间的主要关联，这些元素和关联能够反映该系统的本质特征。系统架构的关键是系统这个词的定义，哪些东西组成了系统，这些东西之间的相互关系如何，是如何作用的，这些描述就定义了系统架构。

联合信息咨询服务系统以聚合北京高校图书馆的文献资源、学科、人员、专项信息服务等优势为目标，利用现代化网络技术，以满足用户需求为目的，始于用户需求委托，止于用户需求的满足，借助联合信息咨询服务平台为用户提供增值的知识服务，实现高校图书馆间信息咨询服务的网络化、规范化、标准化，共知共享共服务。

联合信息咨询服务系统整体架构是在充分应用系统工程理论的基础上完成的。联合信息咨询服务系统平台的整体架构设计如图7.1所示。联合信息咨询服务系统是以用户的需求为目标，咨询服务流程为导向和约束，实现管理中心、机构成员馆、不同岗位馆员的信息咨询服务流程顺畅执行或自动流转，是用户、服务馆员、咨询服务流程、信息技术整合与统一的管理系统平台。

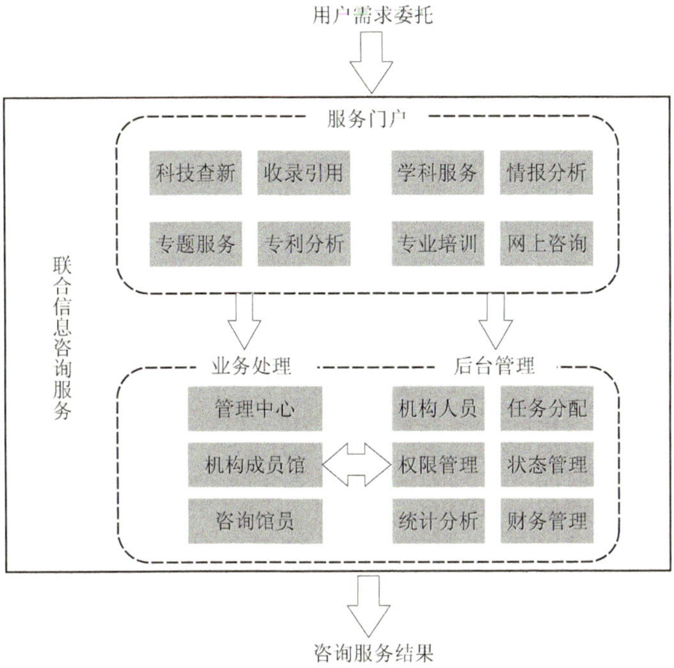

图7.1　联合信息咨询服务系统的整体架构

系统构成层次清晰，形成从上至下、由整体到部分、由抽象到具体的逻辑关系。自身的管理体系结构由区域图书馆之间的联合与合作到具体某一个图书馆的组织与参与，进而到具体业务部门提供相关项目服务与管理，涉及由宏观到介观，再到微观三个层面的组织。

从联合信息咨询服务系统的整体架构图7.1中可以看到，联合信息咨询服务系统由服务门户接受咨询委托，具体业务处理由接受任务的图书馆完成相关服务，后台管理实现人员、业务、数据的管理与统计。

整个联合信息咨询服务系统主要有四个部分：服务对象、服务门户、业务处理及后台管理。服务对象就是需求委托人，委托人是系统的最终用户，委托人向系统发送服务委托要求，并根据系统流程获取服务成果，系统服务对象来源很广泛，主要来自高校、科研院所、企事业单位、成员馆和政府部门等。

服务门户是提供让委托人访问的系统功能界面，主要提供了面向用户服务的八大功能，包括科技查新、论文收录引用、文献/专题服务、情报分析、学科服务、培训服务、期刊论文投稿指南以及信息咨询。系统通过服务门户提供多种信息咨询服务入口，委托人通过服务门户发送服务委托要求。

业务处理及后台管理是专门面向系统管理员、服务管理员和服务馆员访问的系统功能界面，可实现服务机构管理、服务任务管理、服务状态管理、服务统计分析、用户权限管理、通知公告发布、具体服务办理等工作的在线处理。

7.1.3 不同层面的架构划分

系统架构是纲领性的内容，它描述了多个组成部分及其相互之间的关系和相互作用，这些组成部分又根据研究的视角或者层次的不同而不同。研究中，依据对联合信息咨询服务研究的不同视角和纵横层次关系，将联合信息咨询服务系统的整体架构分为系统的功能架构、流程架构、技术架构和管理架构这四个子架构，分别进行研究和设计。

功能架构是从业务系统使用的角度进行定义，对业务系统的功能进行详细的分解后给出相应架构；流程架构是从业务系统流程的角度进行定义的，对于适合流程化的业务活动定义相应流程，并梳理流程之间的接口关系，从而形成业务流程模型；技术架构则是从业务系统的软件实现上进行定义，确定 B/S 或者 C/S 结构，给出多层技术体系结构的定义等；管理架构则是从业务系统的组织层面上进行定义，将业务系统的组织架构和管理层面进行明确的分析定义，给出设计管理机构和权限分级等定义。后面章节内容将对每一个子架构进行详尽的说明。

7.1.4 服务模式简介

联合信息咨询服务是多个图书馆联合起来，基于分布式的各自馆藏和数字化资源，依托互联网，以各图书馆的专业馆员和专家为后盾，遵循一定的规范和协议，借助网络平台或其他方式为在任何时间、任何地点提出信息服务需求的用户提供全面、优质的信息服务，是一种基于多馆合作、面向广大用户的服务模式，如图 7.2 所示。

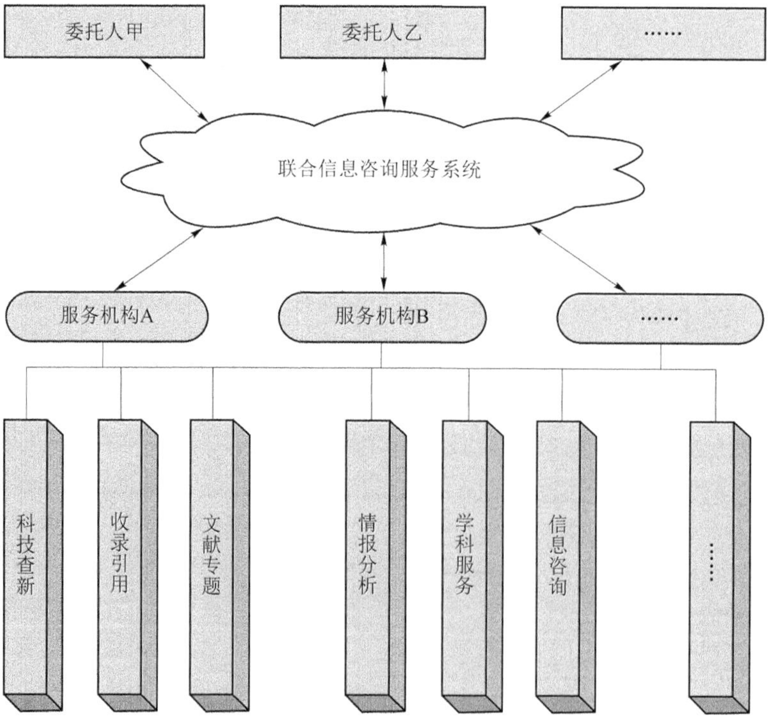

图 7.2 联合信息咨询服务系统的服务模式

不同的委托人通过联合信息咨询服务系统可向任意服务机构在线提交服务委托，并可在线查询服务处理进度，评价服务处理结果；各服务机构通过联合信息咨询服务系统可获取任意用户提交给本机构的服务委托，并可对委托内容进行在线处理及反馈服务处理进度。联合信息咨询服务系统实现了分处各地的成员馆面向更加分散的委托人集中提供信息咨询服务，同时还实现了对成员馆服务人员的集中管理和服务工作的集中统计分析。

7.2　系统的功能架构

7.2.1　功能架构

面向服务的功能架构设计取决于业务需求。依据需求分析和咨询项目设计，联合信息咨询服务系统的服务功能架构如图 7.3 所示。

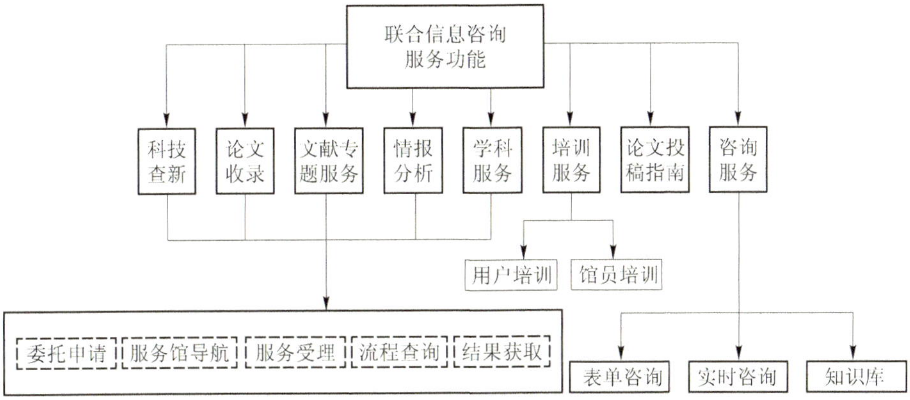

图 7.3　联合信息咨询服务系统的主要服务功能架构图

联合信息咨询服务系统提供了八个模块的九大服务功能：科技查新、论文收录引用、文献/专题服务、情报分析、学科服务、培训服务、期刊论文投稿指南、信息咨询以及统计分析。各项服务功能均需满足网络化、社会化、个性化、一站式服务要求。面向网上不可知用户，用户无须注册即可自主选定满足需求的图书馆，提交具体业务的网络申请并获取相关服务。在系统三期建设中，为了便于用户管理和信息统计分析，还增加了用户注册功能，用户可以通过网络查询所申请服务的处理状态，关注服务过程的流程动态信息等，还可实时咨询问题。这些功能可以有效地将图书馆的信息服务与用户的整个学术研究过程紧密结合起来，为课题策划立项、研究内容分析、创新性论证、学术评价、论文发表、学术成果评价等提供有力的信息支持。同时，联合信息咨询服务网络平台也有利于高校图书馆间信息咨询服务的深度融合，促进有效协作与交互学习，共享高校图书馆的学科、资源、人员优势。联合信息咨询服务系统同时具有 PC 端和微信移动端功能。系统主要功能是以 PC 端为主，微信移动端的增加主要是为了提升用户体验，提供移动式业务服务，增强与用户的交互。

7.2.2 PC端各功能描述

1. 科技查新

科技查新是依据查新委托人提供的项目科学技术要点中的查新点，科技查新机构通过联机检索和手工检索方式，对其检出的文献进行综合分析，查证其新颖性并做出结论的全过程。

联合信息咨询服务平台的科技查新服务包含用户提交委托、分配查新任务、接受查新任务、发送受理通知、上传检索结果、生成并上传查新报告、查新报告审核、查新报告存档、登记查新服务处理结果、查新收费等功能。

(1) 用户提交委托：用户通过单击相应的链接进入服务单申请页面，填写服务单，具体包括如下内容。

1) 查新项目：项目的中英文名称，项目所属学科，项目涉及的其他学科。

2) 查新委托人：委托人单位，单位类型，通信地址，邮编，姓名，电子邮箱，联系电话，传真。

3) 查新机构：在下拉框中给出目前可提供查新服务的机构分类、机构名称，在委托人选择查新服务机构后，表单会自动填写相对应查新机构的通信地址、邮编、服务管理员、电话、电子邮箱、传真等信息。

4) 查新合同：合同由委托方与查新方协商订立，包含查新目的及查新范围，查新项目的科学技术要点、查新点、中英文检索词、委托人提供的相关资料，其他说明，附加图片等，如各种格式的研发报告、技术报告、专利说明书和相关论文等。

在系统三期建设中，要求用户在提交委托申请前以邮箱方式进行注册，之后，使用用户名和密码的方式登录，并支持用户找回密码功能。用户在提交委托申请后，可在个人中心的订单状态查询中实时查看订单当前被处理的状态，下载和取消订单。用户所有的历史已受理订单均可在订单历史记录中查看、预览、下载报告。

(2) 分配查新任务：各机构的查新服务管理员在后台查看到用户向所在服务机构提出委托申请的服务表单后，就可进行相关任务分配，分配可以根据预设编号格式自动按顺序分配项目编号，也可手动配置项目编号。

(3) 接受查新任务：各机构的查新服务馆员在系统中查询分配给自己的未处理的查新委托任务，从任务列表中选择并接受服务委托任务。

(4) 发送受理通知：在查新服务馆员接受查新任务后，系统会自动向委托人联系邮箱发送“责任服务馆员”的姓名、电话、邮箱等注册信息，并告知任务已受理，系统管理员可根据需求定制邮件模板。

(5) 上传检索结果：查新服务馆员根据查新点和检索词编辑检索式，根据查新范围及所属学科选择相应数据库，筛选文献并将检索结果上传至系统。系统可设置检索结果的“规范格式”，支持面向服务任务的“格式化检索结果”批量导入，支持基于“规范格式”对已导入检索结果规范化，“规范化”处理在生成报告时自动完成。

(6) 生成并上传查新报告：服务馆员利用系统预定义的报告模板，将归一化的检索结果在线导入查新报告模板中，检索结果保留所在原始数据库名称。系统管理员可根据需求上传、下载、删除报告模板，可设置多种查新报告模板，如国内模板、国外模板、学科专用模板等用于生成不同格式的报告。可基于设置的“报告模板”和选择的“检索结果”自动生成查新报告，利用模板生成查新报告后，查新服务馆员可下载报告并对报告进行编辑修改，并上传修改完成的报告。

(7) 查新报告审核：查新员将查新报告在线提交给审核员进行审核。审核员下载待审核的查新报告，审核后将意见反馈给查新服务馆员，服务馆员修改报告并将最终报告上传，并修改报告状态。

(8) 查新报告存档：审核通过的查新报告在平台存档，可面向服务任务上传最终查新报告，并支持已上传报告的下载。支持面向“服务任务”的合作者姓名登记(如审核员等)。

(9) 登记查新服务处理结果：服务馆员通过系统提供的流程控制选项接受任务、设置服务进行状态，并根据报告完成情况登记查新服务结果，如完成、作废等。支持面向“服务任务”的备注说明，例如“由于特殊原因最终未能完成”的服务说明、收费备注说明等。

(10) 查新收费：服务馆员登记查新报告费用，机构会计对完成的查新进行收费确认，支持面向“服务任务”的收费情况登记，包括收费明细(总额、查新加急、加报告、审核加急等)、支付形式(现金、转账、汇款、支票)等。

2. 论文收录引用

论文收录引用是为读者代查论文被 SCI、SSCI、EI 、CPCI-S、CSCD《中国科学引文索引》、CSSCI《中国社会科学引文索引》等数据库中收录或被引用情况，并依据检索结果出具检索证明。

联合信息咨询服务平台的论文收录引用服务包含用户提交委托、分配收录引用任务、接受收录引用任务、发送受理通知、登记收录引用服务处理结果、收录引用收费等功能。

(1) 用户提交委托：系统为收录引用服务提供多个入口，方便用户操作。用户通过单击相应的链接进入服务单申请页面。服务单包括以下内容。

1) 委托人信息：包括委托单位，单位类型，通信地址，邮编，姓名，电子邮箱，联系电话。

2) 服务机构：平台在下拉框中给出目前可提供服务的机构分类、机构名称，委托人选择服务机构，表单自动填写服务机构的通信地址、邮编、服务管理员、电话、电子邮箱、传真等信息。

3) 检索目的及检索要求：委托人确定检索目的，并提供收录引用所需查询的数据库范围，他引标准，起止年度等具体要求，提供论文清单超链接，单击该链接后可填写论文题名、作者、出处等具体信息。

(2) 分配收录引用任务：各机构的收录引用服务管理员在后台可以查看向所在机构提出申请的服务表单，并进行分配。系统可根据预设编号格式自动按顺序分配项目编号，也可手动配置项目编号。

(3) 接受收录引用任务：各机构的收录引用服务馆员在系统中查询分配给自己的未处理的收录引用委托任务，从任务列表中选择并接受服务委托任务。

(4) 发送受理通知：系统可在收录引用服务馆员接受任务后，自动向委托人联系邮箱发送“责任服务馆员”的姓名、电话、邮箱等注册信息，并告知任务已受理，系统管理员可根据需求定制邮件模板。

(5) 登记收录引用服务处理结果：支持服务流程控制，服务馆员可通过系统提供的流程控制选项设置服务进行状态，并根据报告完成情况登记收录引用服务结果，如完成、作废等。

支持面向“服务任务”的备注说明,例如“由于特殊原因最终未能完成”的服务说明、收费备注说明等。

(6) 收录引用收费:服务馆员登记收录引用报告费用,机构会计对完成的收录引用进行收费确认,支持面向“服务任务”的收费情况登记,包括收费明细(总额、加急、加报告等)、支付形式(现金、转账、汇款、支票)等。

3. 文献及专题服务

文献及专题服务是根据用户的科研需要,对用户事先选定的专题,定期或不定期进行文献信息检索,把经过筛选的最新检索结果,以题录、文摘、全文、综述等方式提供给用户,为用户提供从课题前期调研、开题立项、项目进展过程中和成果验收的全过程的文献信息服务。

联合信息咨询服务平台的文献及专题服务包含用户提交委托、分配任务、接受任务、发送受理通知、登记服务处理结果、收费等功能。文献及专题服务功能和收录引用服务基本相同,只是用户提交委托信息不同,下面详细介绍。

系统为文献及专题服务提供多个入口,方便用户操作。用户通过单击相应的链接进入服务单申请页面,服务单包括以下内容。

(1) 委托人信息:包括委托单位,通信地址,邮编,姓名,电子邮箱,联系电话。

(2) 课题信息:包括课题名称或检索目的,所属学科,项目涉及其他学科。

(3) 服务机构:平台在下拉框中给出目前可提供服务的机构分类、机构名称,委托人选择服务机构,表单自动填写服务机构的通信地址、邮编、服务管理员、电话、电子邮箱、传真等信息。

(4) 检索工具及检索要求:委托人确定检索工具,包括中外文数据库、中外文核心期刊、图书及其他。确定中外文检索词、检索途径和限定项目、结果提供方式、课题详细描述或其他要求等。

4. 情报分析

根据用户所关心的国内外科技、经济社会发展热点、重点问题,采用手工检索和计算机网络检索手段,收集相关信息,做出分析报告。包括:科技发展重大趋势与战略倾向研究、国内外重要研究机构、重要研究型高校、重要创新型企业创新发展态势与核心竞争力分析,尤其是企业专利检索与分析;国际各个科技创新领域基本发展态势(包括战略与计划、政策、投入状况、产出状况、重要成果)和竞争态势分析。

联合信息咨询服务平台的情报分析服务包含用户提交委托、分配任务、接受任务、发送受理通知、登记服务处理结果、收费等功能。情报分析服务功能和收录引用服务、文献/专题服务基本相同,用户委托信息和文献及专题服务基本相同。

5. 学科服务

学科服务是借助 SCI、ESI、CPCI、CSCD 等国内外著名数据库,以及主要国家、知识产权组织的专利检索系统,对个人、机构或某学科领域的学术论文、专利等进行检索分析,获得论文收录及引用情况、拥有专利状况、论文学科分布、论文地区分布、作者单位机构类型分布等信息。通过多角度统计分析,为了解个人、机构的学术状态,了解学科发展状况提供参考。

联合信息咨询服务平台的学科服务包含用户提交委托、分配任务、接受任务、发送受理通知、登记服务处理结果、收费等功能。学科服务功能和收录引用服务基本相同,只是用户提交委托信息不同,下面详细介绍。

系统为学科服务提供多个入口，方便用户操作。用户通过单击相应的链接进入服务单申请页面，服务单包括以下内容。

(1) 委托人信息：包括委托单位，通信地址，邮编，姓名，电子邮箱，联系电话。

(2) 服务机构：平台在下拉框中给出目前可提供服务的机构分类、机构名称，委托人选择服务机构，表单自动填写服务机构的通信地址、邮编、服务管理员、电话、电子邮箱、传真等信息。

(3) 检索要求：委托人确定数据库范围、分析项目、起止年度范围，个人学术评价需填写发表论文、拥有专利汇总表，机构学术评价需提供机构名称、地址、邮编等信息。

6. 培训服务

培训服务分为用户培训和馆员培训两个部分，系统管理员在后台公告管理页面可发布、删除、修改培训公告信息。

(1) 用户培训：具体分为两个方面：一是通过对用户进行本中心服务项目及其实现过程的培训，使用户了解可获取的信息服务类型和实现方法，提高用户的信息素养；二是介绍BALIS成员馆的信息资源，增强读者对各类型信息资源的了解程度，增强用户信息获取能力，提高各种信息资源的利用率。培训方式主要包括专场讲座报告、新生入学教育、开设信息素养课程等方式，同时辅之以视频、课件等网络共享资源。

(2) 馆员培训：为普遍扩大BALIS成员馆的信息服务范围，提高服务水平，定期对服务馆员进行信息知识技能培训，提高馆员信息素质，保证信息服务的有效开展，提高服务质量。馆员培训主要以交换学习、专题讲座报告、研讨会等形式进行。

7. 期刊论文投稿指南

期刊论文投稿指南提供SCI、SSCI、A&HCI、EI、CSSCI、CSCD等国内外著名数据库来源期刊及中文核心期刊信息，为高校和社会用户选择合适期刊进行投稿提供参考。

该功能页面提供多个期刊列表的链接。如中文核心期刊一览表、SCI来源期刊列表、SSCI来源期刊列表、A&HCI来源期刊列表等。

8. 信息咨询

联合信息咨询服务平台为信息咨询服务提供多个入口，用户可在线留言，在弹出的页面中输入咨询问题、电子邮箱、咨询内容，单击发送，后台管理员会收到相应的留言记录，在“咨询管理”页面回复前台用户咨询的信息。

9. 统计分析

联合信息咨询服务平台针对不同的服务，后台各级别人员可以自由定义统计方式及内容。系统支持对各类信息服务的任务查询和服务统计，查询入口包括：委托单位、委托人、服务机构、服务馆员、交费状态等，可直接展示统计结果，也可导出EXCEL格式查询结果。例如，科技查新服务，可以按照单位类型、查新目的、查新员、审核员等字段灵活配置对不同时间段进行统计并导出统计数据，同时，系统提供列表和直方图直接展示统计结果，方便管理员更直观地对服务申请情况进行整体把握。

7.2.3　微信移动端功能设计

联合信息咨询服务系统在提供PC端功能的同时，还通过强连接的微信公众号延伸现有的业务服务。用户关注联合信息咨询服务系统微信公众号后，可实现个人中心管理、委托申请、在线咨询、接收推送消息和微信支付等。微信管理员可以群发与回复消息、定义自动回复、权限配置管理、二维码管理、统计数据和互动管理。

1. 微信端用户功能

(1) 个人中心管理:微信个人中心包括订单状态查询、取消、下载报告、订单历史记录查询和个人信息维护与绑定等功能。

1) 订单状态查询:微信用户在提交委托申请后,可在个人中心的订单状态查询中实时查看订单当前被处理的状态,下载和取消订单。

2) 订单历史记录:微信用户所有的历史已受理订单均可在订单历史记录中查看、预览、下载报告。

3) 微信个人信息维护与绑定:用户可在个人信息维护中完善个人相关信息,同时在提交委托申请必须完成微信号与PC端用户的绑定。绑定后微信端提交的订单与PC端提交的订单都可以传至后台由相应管理员进行订单分配。

(2) 委托申请:用户通过微信公众号可以直接进行科技查新、信息咨询委托申请,表单内容与PC端表单内容一致。用户在个人中心绑定PC端账号后可提交委托申请,申请的表单会在PC端后台服务请求列表中排队,等待PC端后台服务管理员进行相应处理。

(3) 在线咨询:用户在微信端点击"在线咨询"后,选择相应的客服人员进行一对一的图文消息咨询。客服人员是系统后台的相关操作人员,微信运维人员可以在相关操作人员绑定账号后为其设置客服角色。用户也可以在微信首页直接与平台进行互动,发送问题关键字后,系统会根据预设的自动消息回复用户相关问题。

(4) 推送消息接收:在用户或系统服务人员将自己的微信号与联合信息咨询服务系统微信公众号绑定后,会及时接收到系统发送的订单消息,当订单状态改变时,微信端也会及时收到系统推送的提醒通知,如图7.4所示。

图7.4 微信消息提醒

2. 微信端管理员功能

(1) 信息推送、回复与接收:微信端管理员拥有消息推送与回复功能,管理员可将微信用户进行分组管理并进行相关信息推送。推送的信息可以与联合信息咨询服务系统网站的简报一致,也可以单独做不同信息的推送。微信管理员还可以对用户通过微信发送的咨询信息进行图文信息回复。微信管理后台还可以实现“自动回复”设置。自动设置分为“关键词回复”、“收到消息回复”和“被关注回复”。例如,用户在微信公众号回复“咨询或与咨询相关字样”,系统自动回复“表单咨询的申请单”或者“参考咨询问题统计链接”。用户在微信填写“查新或与查新相关字样”,系统自动回复“科技查新的委托单”或者“查新相关咨询问题统计链接”等。除微信用户可在微信端接收消息提醒外,各成员馆微信管理员也会在新订单提交时及时收到相关通知信息。

(2) 微信菜单管理:微信端后台管理员可以实现微信菜单管理和各个成员馆权限设置功能,该权限开放给公众号的维护人员。不同角色可以设置不同的权限,成员馆权限可通过设置不同的角色赋予不同的工作职能。

(3) 微信二维码管理:微信端后台具有平台二维码以及成员馆二维码管理功能,包括增加、删除、修改等,以及各个二维码权限设置功能,该权限开放给微信公众号的维护人员。

(4) 数据统计功能:统计微信端的信息营销数据、参考咨询数据,以及与平台对应的订单提交数据等。

1) 查新总量统计:拥有微信运维人员权限的成馆员在后台可查看委托申请提交订单的总量。参考咨询数据、订单提交数据的统计效果类似查新总量的统计效果。

2) 消息分析:微信运维人员可在微信管理后台了解消息推送到达情况。

3) 用户分析:微信管理后台中可了解新关注用户、取消关注人数、净增关注人数和累积关注人情况以及各数据的发展变化趋势。

(5) 微信端多公众号管理:微信端后台管理还具有多公众号管理功能,多个公众号可以同时为用户提供信息咨询的答复以及回复信息功能,也可以对此做统计等,但统计结果的查看都在 PC 端呈现。

7.3　系统流程关系架构

系统流程关系架构是建立在系统业务架构的基础上,对于适合“流程化”的业务活动定义相应流程,并梳理流程之间的接口关系,从而形成的管理模型。通常来说,流程关系架构并不完全等同于业务架构,因为不是所有的业务活动都需要或者适合流程化。此外,流程关系架构也不等同于流程清单,因为流程清单只能表达出流程的层级关系,流程的接口关系需要借助流程图来呈现。

7.3.1　流程关系架构

区域高校图书馆联合信息咨询服务系统的流程关系架构如图 7.5 所示。为便于用户使用和图书馆人员开展工作,整个系统关系流程可以分为用户服务流程和图书馆人员的管理业务流程。用户主要是享受系统的信息服务,其服务流程基于用户便捷性利用、个性化需求、交互咨询等方面规划,结合服务过程的信息反馈查询需要进行设计。图书馆人员主要利用该系统获取用户申请,开展信息服务,提交服务结果,征询反馈意见。业务流程主要是咨询和管理人员根据自己的职责和权限,通过系统平台获取准确的用户信息、服务需求委托和完成信息服务,提交服务结果的必备工作程序。系统流程涉及用户、管理中心的超级管理员、成员馆管理员和咨询馆员。

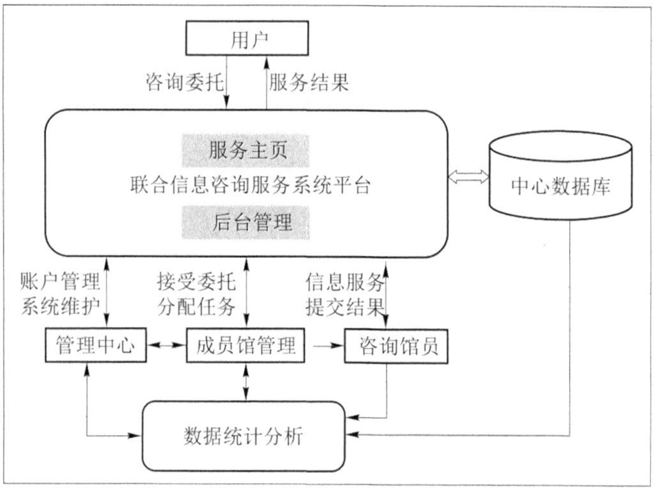

图 7.5　联合信息咨询服务系统的流程关系架构

联合信息咨询服务系统的流程架构综合了网状与星形架构的优点,用户可以自己选择提供服务的图书馆而无须管理中心分配。凡与管理中心签订服务协议的图书馆均为联合信息咨询服务的成员馆,成员馆有权利也有责任遵守联合信息咨询服务规范开展服务,成员馆之间的服务可以互相协调、对等合作、相互支持,克服了统一协调分配的弊端。管理中心主要负责规划服务系统今后的发展目标与任务,成员馆的权限管理与服务协调、监管服务状态,维护服务系统正常运行以及数据的统计分析。各成员馆均可独自面对用户开展服务,遵循统一的服务规范,服务数据与结果提交管理中心,利用统计分析模块实现对所有服务的报表统计和图表输出。

7.3.2　业务总体流程

通过运用过程管理的思想,我们对联合信息咨询服务的业务流程进行了详尽的分析和研究。整个研究分析从过程系统的整体目标出发,根据联合信息咨询业务流程的特点及其各个环节的相互关系,分析确定了服务流程中的主要影响因素。结合对高校信息需求的调研,包括对系统的服务功能需求,各个服务的基本流程,研究联合信息咨询的服务模式下,业务流程的合理规划、信息服务分类规划和信息源采集规划。通过对高校图书馆,尤其是北京地区高校图书馆信息咨询服务业务流程的调查与研究,梳理形成了联合信息咨询服务的基本业务流程图,如图 7.6 所示,具体咨询服务执行相应的业务流程规范。

(1) 流程的层次划分与梳理。即从流程参与者角度分为委托人、机构管理员、项目管理员、服务馆员与机构会计 5 个层次,各个层次均具有明确的职责和任务。

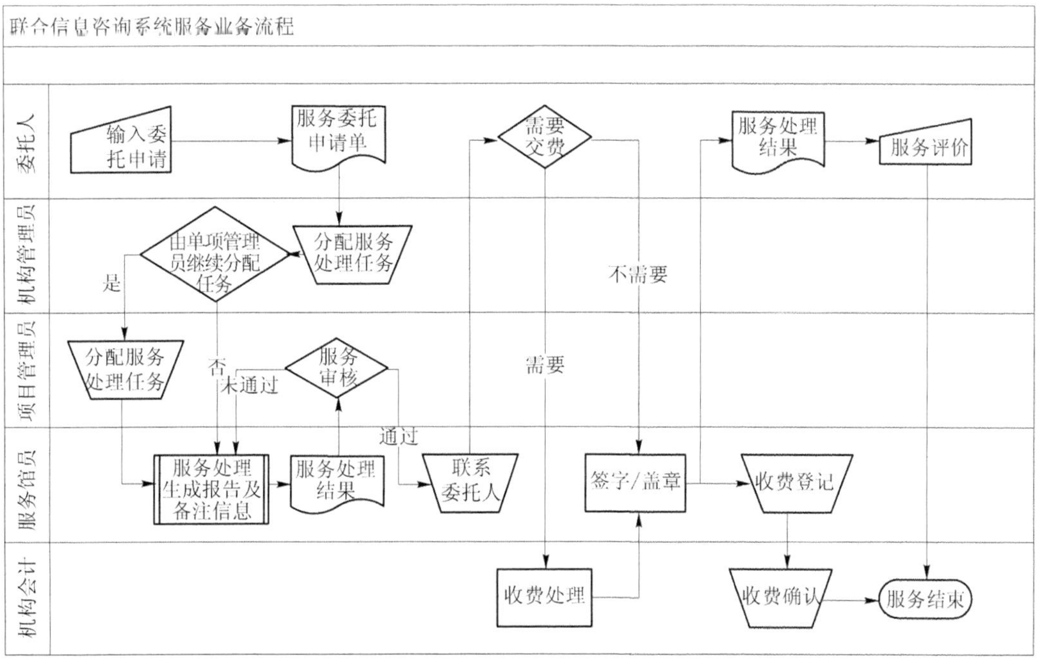

图 7.6　联合信息咨询服务业务流程图

(2) 业务工作总体流程框架的梳理见表 7.1。业务的委托、受理、任务的分配、任务处理与结果审核，直至缴费、提交报告并存档，流程应力求简洁，但每一步必经环节和必要工作都进行规范处理。任务如何分配、报告的审核与否、项目是否需要付费等都应进行合理控制。

表 7.1　业务工作总体流程

步骤	名称	所有者	输入	输出	操作方式
1.1	提交服务委托	委托人	服务委托信息	服务委托表单	在线
2.1	分配服务委托	服务机构管理员	服务委托表单	服务委托分配列表	在线
2.2	再分配服务委托	服务项目管理员	服务委托分配列表	服务委托分配列表	在线
3.1	处理服务委托	服务馆员	服务委托表单	服务委托处理结果	在线＋离线
3.2	审核服务委托处理结果	服务项目管理员	服务委托处理结果	服务委托处理结果审核状态	在线
4.1	盖章签字	服务馆员	未签字盖章服务委托处理结果	已签字盖章服务委托处理结果	离线
4.2	通知委托人	服务馆员	已签字盖章服务委托处理结果	处理结果通知记录	离线
5.1	获取服务委托结果	委托人	服务收费单	服务缴费收据	离线
6.1	服务收费登记	服务馆员	服务缴费收据	服务委托收费状态变更	在线
7.1	服务收费确认	服务机构会计	服务委托收费信息	服务委托收费状态确认	在线

步骤 1.1　提交服务委托:用户选择服务项目,填写委托信息,选择服务机构,提交服务委托。

步骤 2.1　分配服务委托:服务机构管理员接受用户委托,将用户委托分配给服务项目管理员或服务馆员。

步骤 2.2　再分配服务委托:如果需要,单项服务管理员可对服务机构管理员已分配的服务委托进行二次分配,将委托分配给具体服务馆员。

步骤 3.1　处理服务委托:服务馆员接受分配的委托任务,进行具体服务类别子流程处理,并提交处理结果。

步骤 3.2　审核服务处理结果:审核员对服务委托处理结果进行审核,并提交审核结果,未通过审核的服务委托需重新处理。

步骤 4.1　签字盖章:对服务委托结果进行后续离线处理,包括签字、盖章等。

步骤 4.2　通知委托人:通知委托人服务处理结果。

步骤 5.1　获取服务委托结果:委托人收到通知后,到服务机构办理缴费等手续并获取服务委托结果。

步骤 6.1　服务收费登记:服务馆员对服务收费情况进行登记;区分总额、加急、加报告、审核加急、备注等明细;区别现金、转账、汇款、支票等支付形式。

步骤 7.1　服务收费确认:服务机构会计对服务收费登记信息进行确认。

7.3.3　各子业务流程梳理

1. 科技查新服务子流程

图 7.7 展示了科技查新服务的业务处理流程,此流程是"服务业务总体流程"的子流程,流程具体步骤如下。

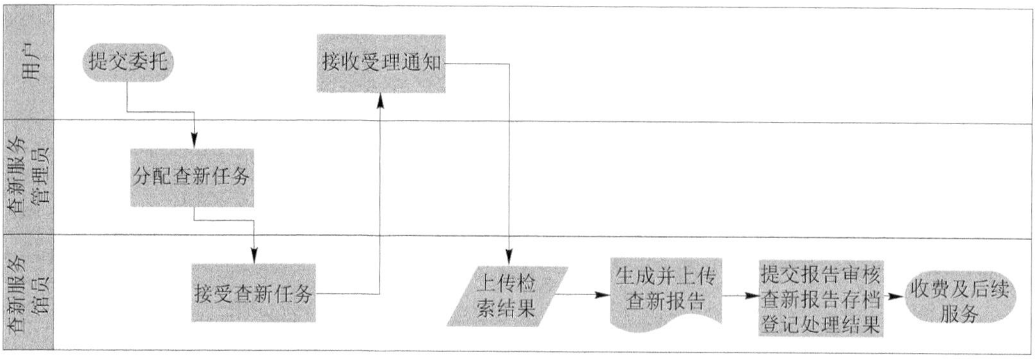

图 7.7　科技查新服务业务流程

(1) 用户提交委托:用户在服务单申请页面提交查新服务委托。

(2) 分配查新任务:查新服务管理员在后台查看申请的服务表单,并进行分配。

(3) 接受查新任务:服务馆员在系统中查询分配给自己的未处理的查新委托任务,从任务列表中选择并接受服务委托任务。

(4) 用户接收受理通知:系统能够自动发送接受任务的服务馆员姓名、电话、邮箱等注册信息到委托人填写在申请表中的联系邮箱。

(5) 上传检索结果：查新服务馆员将检索结果上传至联合信息咨询服务系统。

(6) 生成并上传查新报告：服务馆员利用软件平台选择预定义的报告模板，将归一化的检索结果在线导入 BALIS 查新报告模板中，检索结果保留所在原始数据库名称。

(7) 查新报告审核：查新员将查新报告在线提交给审核员进行审核。

(8) 查新报告存档：审核通过的查新报告在平台存档。

(9) 登记查新服务处理结果：服务馆员可通过系统提供的流程控制选项设置服务进行状态，并根据报告完成情况登记查新服务结果。

(10) 查新收费：服务馆员登记查新报告费用，机构会计对完成的查新服务进行收费确认。

2. 论文收录引用子流程

图 7.8 展示了论文收录引证服务的业务处理流程，此流程是"服务业务总体流程"的子流程，流程具体步骤如下。

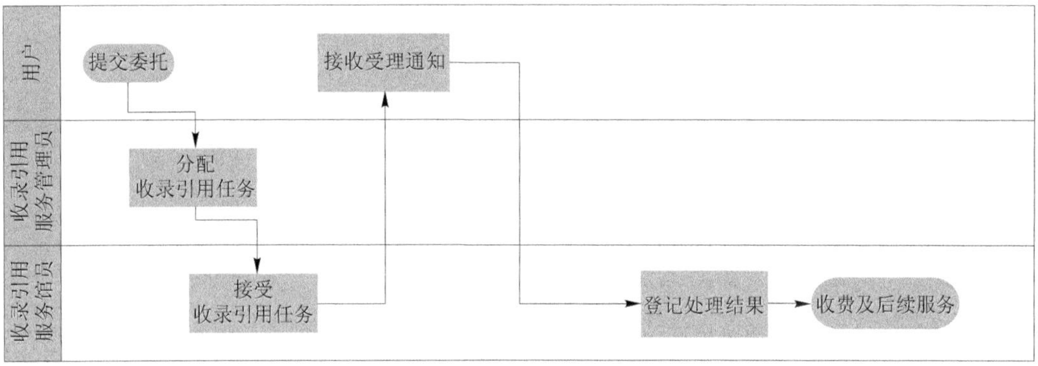

图 7.8　收录引用服务业务流程

(1) 用户提交委托：用户在服务单申请页面提交收录引用服务委托。

(2) 分配收录引用任务：收录引用服务管理员在后台查看申请的服务表单，并进行分配。

(3) 接受收录引用任务：服务馆员在系统中查询分配给自己的未处理的收录引用委托任务，从任务列表中选择并接受服务委托任务。

(4) 用户接收受理通知：系统能够自动发送接受任务的服务馆员姓名、电话、邮箱等注册信息到委托人填写在申请表中的联系邮箱。

(5) 登记收录引用服务处理结果：服务馆员可通过系统提供的流程控制选项设置服务进行状态，并根据报告完成情况登记收录引用服务结果。

(6) 收录引用收费：服务馆员登记收录引用报告费用，机构会计对完成的收录引用进行收费确认。

3. 其他一般服务子流程

其他服务类型包括文献/专题服务、情报分析、学科服务，这几类服务和收录引用的流程基本相同。

图 7.9 展示了其他服务的一般业务处理流程，此流程是"服务业务总体流程"的子流程，流程具体步骤如下。

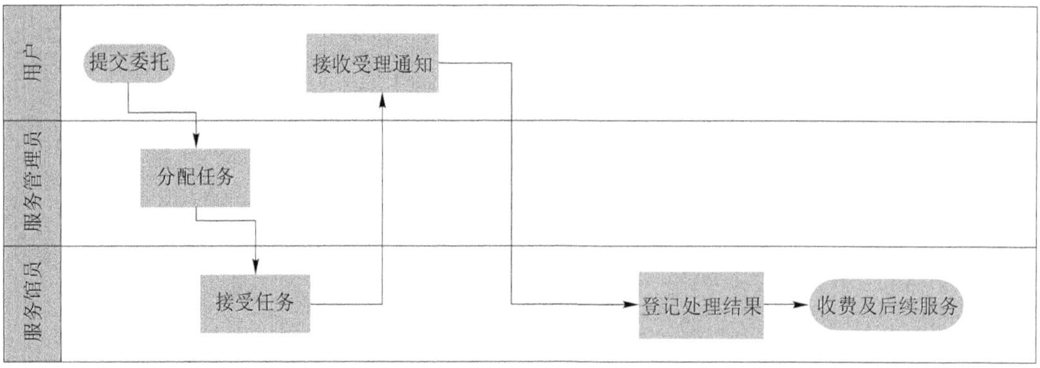

图 7.9　其他服务业务流程

(1) 用户提交委托：用户在服务单申请页面提交相应服务委托。

(2) 分配任务：相应服务管理员在后台查看申请的服务表单，并进行分配。

(3) 接受任务：服务馆员在系统中查询分配给自己的未处理的委托任务，从任务列表中选择并接受服务委托任务。

(4) 用户接收受理通知：系统能够自动发送接受任务的服务馆员姓名、电话、邮箱等注册信息到委托人填写在申请表中的联系邮箱。

(5) 登记服务处理结果：服务馆员可通过系统提供的流程控制选项设置服务进行状态，并根据报告完成情况登记相应服务结果。

(6) 收费：服务馆员登记服务费用，机构会计对完成的服务进行收费确认。

7.3.4　用户服务与馆员业务流程

为便于用户对于系统的使用以及图书馆人员利用系统开展工作，还可以从系统使用者的角度将区域联合信息咨询服务系统流程分为用户服务流程和图书馆人员的管理业务流程。用户主要是享受系统的信息服务，其服务流程基于用户便捷性利用、个性化需求、交互咨询等方面规划，结合服务过程的信息反馈查询需要进行设计。图书馆人员主要利用该系统获取用户申请，开展信息服务，提交服务结果，征询反馈意见。

1. 用户服务流程

用户主要是享受系统的信息服务，其服务流程基于用户便捷性利用、个性化需求、交互咨询等方面规划，结合服务过程的信息反馈查询需要进行设计。

用户可以是互联网中的任何用户，服务流程主要内容如下。

(1) 咨询服务项目和服务内容。如了解服务内容及服务类别，了解成员馆服务信息，获得中心公告信息，查阅投稿期刊信息等。

(2) 在线提交服务委托。

(3) 获取服务进展邮件通知，查询服务进展状态。

(4) 在线信息咨询，查看常见问题。

2. 馆员业务流程

(1) 我们从流程参与者角度将馆员分为机构管理员——项目管理员——服务馆员——机构会计 4 个层次，其结构如图 7.10 所示。各个层次均具有明确的职责和任务，依不同的权限和业务流程完成相应的咨询任务。

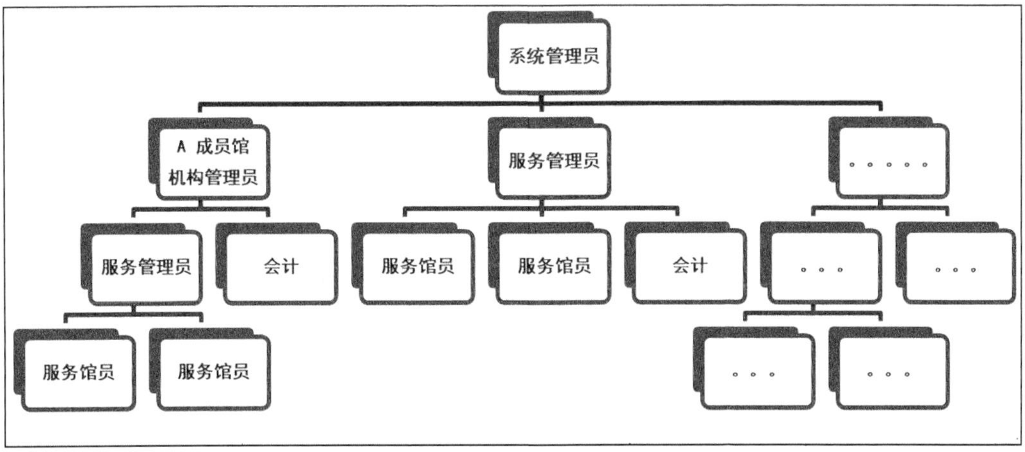

图 7.10　成员馆馆员层次结构

（2）业务总体流程框架梳理。图书馆人员主要利用该系统获取用户申请，开展信息服务，提交服务结果，征询反馈意见。业务流程主要是咨询和管理人员根据自己的职责和权限，通过系统平台获取准确的用户信息、服务需求委托和完成信息服务，提交服务结果的必备工作程序。系统流程涉及用户、管理中心的超级管理员、成员馆管理员和咨询馆员。提交给本馆的各类服务申请委托受理、任务的在线分配、任务线上或线下处理、服务进展状态设置、结果审核，直至缴费、提交报告存档和服务统计与分析。流程应力求简洁，但每一步必经环节和必要工作都进行规范处理。任务如何分配、报告的审核与否、项目是否需要付费等都应进行合理控制。

7.4　系统的技术架构

7.4.1　技术架构

系统的技术架构主要是从技术层面来描述一个分层的技术框架模型，通常就是将整个业务应用从上至下划分为四层：应用层、支持层、数据层和基础层。

在软件体系架构设计中，分层式结构是最常见，也是最重要的一种结构。技术架构中进行分层的目的是为了体现高内聚低耦合的思想。分层的技术架构使得设计结构更加明确，有利于标准化实现，在软件后期维护的时候，极大地降低维护成本和维护时间。这是因为层是一种弱耦合结构，层与层之间的依赖是向下的，底层对于上层而言是透明的，改变上层的设计对于其调用的底层而言没有任何影响，所以开发人员可以只关注整个结构中的其中某一层；可以很容易地用新的实现来替换原有层次的实现，降低层与层之间的依赖。

通过有效的层级结构划分可以更全面地展现整体应用系统的设计思路，便于开发人员更容易地实现业务系统应用程序。在对联合信息咨询服务系统给出功能和流程关系架构设计基础上，设计出高校区域性联合信息咨询服务的技术架构，具体包括基础层、数据层、支持层和应用层共四层，如图 7.11 所示。技术架构在设计时考虑了系统的功能需求以及流程需要，也兼顾到了系统运行和发展的可扩展性、安全性、强壮性以及易用性等。各层之间的关系非常紧密而且有层次，基础层是最基本的支持层；应用层则向支持层传递参数，发出服务请求，并获取支持层返回的信息显示在界面上；支持层接收应用层的命令，解析传递过来的参数，判断各种合法性，并具体实现功能的各种“运算”要求，返回应用层所要的信息；数据层不能被应用层直接调用，而必须由支持层来调用。

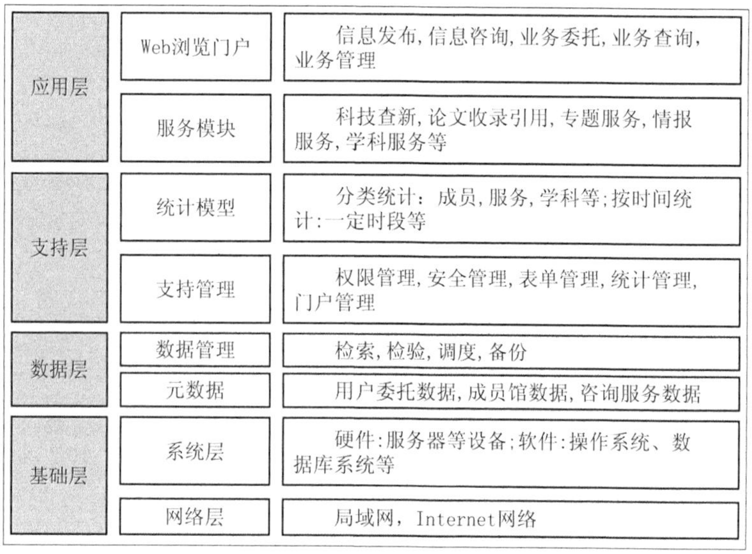

图 7.11　联合信息咨询服务的技术架构图

7.4.2　架构各层描述

1. 基础层

技术架构的基础层主要是从网络环境、系统软硬件条件配置上为业务系统提供有效的支撑，为系统平台的网络运行提供可靠保障。

基础层可以分为网络层和系统层，网络层主要是为业务系统提供稳定、快速、可靠和安全的网络运行环境，网络系统分为局域网和 Internet 互联网系统；局域网与互联网之间通过网络安全设备防火墙实现逻辑隔离。

系统层主要是为业务系统提供稳定、快速、可靠和安全的软硬件运行环境，具体包括服务器机房、服务器主机、存储系统、不间断电源系统等硬件运行环境，以及配套的操作系统软件、数据库管理软件、网站支撑容器软件和安全防护软件系统等。通过全面的基础设施的搭建，为整体应用系统的全面建设奠定良好的基础。

2. 数据层

技术架构的数据层也称为数据访问层，主要与数据存储打交道，完成针对数据的各类操作，在分层设计中，所有从介质读取数据或写入数据的工作都属于数据层的任务，主要包括如下内容。

(1) 完成对二进制数据的操作：主要负责访问数据库系统、二进制文件、文本文档或是 XML 文档，实现对数据库中各数据表的 Select、Insert、Update、Delete 等操作，实现对各类相关文件的读写访问，实现对数据的校验、调度和备份等功能。结构化的数据存储应用数据库系统具有集成与共享的特点，可选用 SQL server、Oracle 等关系型数据库，通过数据库管理系统来进行相关操作；业务系统中还用到一些非结构化的数据，主要是由一些文件型的数据构成，主要有 word、excel、pdf 及 xml 文件等，可以通过业务系统平台对这些文件进行有效的操作管理。

(2) 完成对逻辑层面元数据的操作：元数据是在二进制数据基础上形成的逻辑层面的有逻辑表达含义的数据。这些元数据分为成员馆信息数据、用户委托服务数据以及咨询与服务过程数据等。成员馆数据包括联系人、地址、联系方式、学科特色、服务类型等图书馆的相关信息、服务过程与结果数据；委托服务数据包括委托项目所属单位、学科、单位类型、时间等基本信息数据以及所提出的服务需求的相关数据。通过 SQL 语言来形成有效的逻辑组织，实现对数据逻辑层面的读写操作，获取表达一定逻辑含义的数据结果。

3. 支持层

技术架构的支持层主要集中在业务规则的制定、业务流程的实现等与业务需求有关的系统设计，即它是与系统所应对的领域逻辑有关。支持层在技术体系架构中的位置很关键，它处于数据访问层与应用层中间，起到了数据交换中承上启下的作用。它是针对具体问题的操作，也是对数据层的操作，对数据业务进行逻辑处理，提供表单管理、报表引擎、安全管理、日志管理、权限管理等支撑服务管理，为系统运行提供支持。构建成员馆、服务类别、学科、用户类型、委托时间等维度统计模型，对平台数据进行统计分析。统计模型包括了数据呈现的流程、规则和关系；支持管理则包括了整个业务逻辑的管理、规定和逻辑细则。

4. 应用层

技术架构的应用层是用户和系统之间交流的桥梁，直接面向业务系统的用户，用于显示数据和接收用户输入的数据，为用户提供一种交互式操作的界面。

应用层是整个联合信息咨询服务系统非常重要的组成部分，按功能的不同可以分为：信息发布、信息咨询、系统管理、业务管理、交互功能、功能服务等，同时还为用户提供信息资源的不同表现。

应用层面向业务系统的所有使用者，包括委托用户、成员馆管理员、咨询馆员和中心超级管理员，为这些使用者提供浏览器端的系统交互界面，实现功能访问和操作。接受委托用户的请求和数据提交，为用户提供反馈数据的查询及最终委托结果和数据的返回；为系统的服务馆员提供对科技查新、论文收录引用、文献或专题服务、情报分析、学科服务、信息咨询等功能模块的访问、操作和使用等。

7.5 系统的管理架构

7.5.1 管理架构

为了实现图书馆联合开展信息咨询服务，在北京市教委的统一领导下成立了联合信息咨询服务中心，该联合信息咨询服务中心系统的组织管理架构如图 7.12 所示。管理中心是该组织的领导机构，主要负责制定中心的管理制度，推动联合信息咨询服务的有效开展，保证服务系统的正常运行，促进中心与成员馆及成员馆之间的沟通和协作。由不同类型高校图书馆担任的委员馆组成管理中心的决策机构，委员馆和成员馆一起构成了中心开展服务的执行机构。中心设有系统管理员，负责协调中心的工作，具有系统平台的最高权限，各委员馆、成员馆均设有机构管理员，是该机构的系统负责人，享有该机构的最高权限。每个成员馆中还设有会计、服务管理员和多名提供具体服务的咨询馆员。服务中心中各级机构、管理员和服务馆员之间形成树状的层级关系，不能越级、跳级及跨机构管理，保证了管理架构中的层级管理和协作机制。

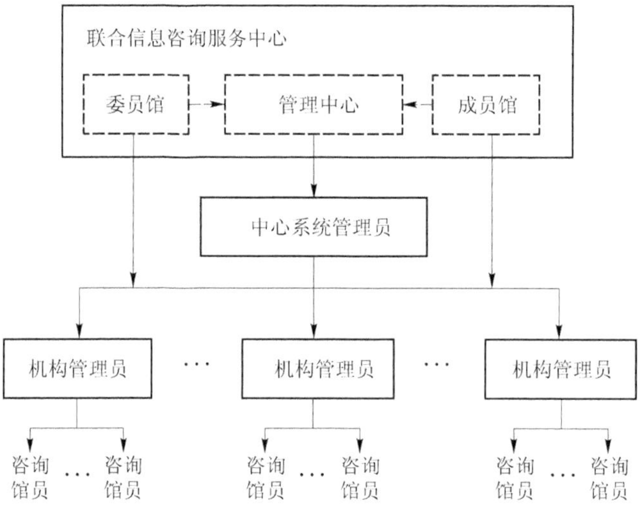

图 7.12　联合信息咨询服务的管理架构图

7.5.2　系统角色的组织结构

联合信息咨询服务系统在转化为实际的服务平台时，系统管理架构是通过系统的角色组织结构体现出来的。系统的角色组织结构是一个四级架构，如图 7.13 所示。角色分配中，系统管理员是第一级，整个系统只有 1 名；每个成员馆拥有 1 名机构管理员，作为组织结构的第二级；每个成员馆设置会计 1 名作为第三级；并列第三级为各馆单类别或复合类服务管理员（如科技查新管理员、论文收录引用管理员、文献专题服务管理员、情报分析管理员、

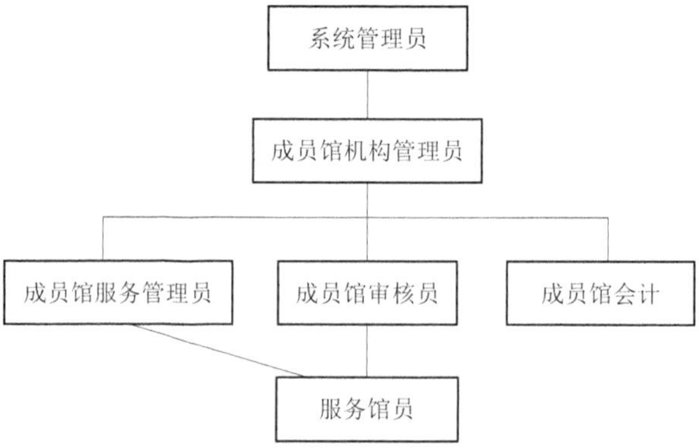

图 7.13　系统各级管理员的权限组织结构

学科服务管理员、信息咨询管理员等)，该类服务管理员可以设有多个；各馆中具体的服务馆员是组织结构中最基层的管理员，作为第四级，该类服务馆员可以根据需要设置多名。表 7.2 是对各级角色所处的位置、数量约束、权限级别和权限范围等特性的详细说明。

表 7.2　各级角色的特性说明

角色	允许注册用户总数	每个服务机构允许注册用户数	权限级别	权限范围
系统管理员	1	0	1	全部
机构管理员	服务机构总数	1	2	服务机构内部
机构会计	服务机构总数	1	3	服务机构内部
审核员	不限	不限	3	服务机构内部
服务管理员	不限	不限	3	服务类别内部
服务馆员	不限	不限	4	服务类别内部

7.5.3　各级角色的业务权限

1. 系统管理员

负责系统的管理，拥有最高管理权限，一般由专业的管理员来管理和维护。主要负责完成的功能如下。

(1) 查询服务开展情况：包括查询委托列表和统计结果。

(2) 管理信息咨询：针对用户咨询的问题进行处理，可以单击修改进行回复，或者单击删除将该条留言清除。单击笔状修改按钮，弹出信息回复页面，自动生成解答时间和是否处理标记，管理员完成填写解答内容后进行提交。如果管理员针对该问题进行了回复，则这条信息咨询的处理状态会变成“是”。

(3) 编辑服务机构：管理员可以增加、修改、删除服务机构的相关信息。针对不同的服务，系统都提供了相应的服务机构，平台提供“增加服务机构”链接，通过单击该链接来添加一个机构信息。机构列表中的每个机构名称设计为超链接，通过直接单击该服务机构名称来修改和删除与其相关的内容。在添加机构信息时，需要选择该机构负责的服务类别，如科技查新，论文收录引用等，其他类别则如综合类、理工类等，均在下拉框中进行选择。

(4) 管理公告：包括添加、编辑、删除新闻公告。平台提供添加公告超链接，完成发布一条新公告的功能；如果是已发公告，允许修改和删除。单击笔状按钮进行修改，包括标题和正文，允许管理员上传附件。

(5) 管理用户：超级管理员需要设置各个成员馆的机构管理员，可以对机构管理员的信息进行修改。

2. 机构管理员

机构管理员主要负责完成的功能包括：

(1) 维护修改本馆注册信息，包括网址、地址、服务类别、联系人及联系方式等；

(2) 注册本馆的服务管理员、会计和服务馆员；

(3) 按不同字段统计本机构服务受理、完成情况。

3. 服务管理员

每个成员馆内部有查新服务管理员、论文收录引用管理员等，主要负责完成的功能包括：

(1) 查看服务馆员当前承担的任务状况；

(2) 查看提交的新委托申请，分配服务任务；

(3) 按不同字段统计本机构服务受理、完成情况。

4. 服务馆员

可以进一步细分为科技查新员、论文收录引用馆员等，每个服务馆员主要负责完成的功能包括：

(1) 查看分配给自己的各类别服务申请新任务；

(2) 设置服务进展状态；

(3) 在线或线下进行服务操作，完成服务任务；

(4) 系统生成的查新报告或经修改后的查新报告，可以在线提交给审核员进行审核；

(5) 对审核后的报告进行修改，确认无误后直接在系统中存档；

(6) 对由于特殊原因最终未能完成的任务进行备注说明；

(7) 上传已经完成的服务报告；已上传的报告可下载；

(8) 对本人完成的服务进行统计管理，导出生成 EXCEL 表；

(9) 对本人服务的用户进行管理、统计、查询。

5. 审核员

每个服务审核员主要负责完成的功能包括：

(1) 查看分配给自己的各类别服务审核申请新任务；

(2) 对本馆的服务报告进行审核；

(3) 对审核任务进行管理、统计、查询。

6. 机构会计

每个服务机构会计员主要负责完成的功能包括：

(1) 核对具体服务馆员填写的项目是否已经收费；

(2) 对本馆的服务收费情况进行统计；

(3) 对本馆的服务用户进行管理、统计、查询。

第 8 章　联合信息咨询服务系统平台的构建

8.1　系统平台的构建概要

8.1.1　系统平台的构建意义

联合信息咨询服务平台经过数年的建设与开发，目前已完成了平台的二期开发工作，上线后每天 24 小时安全稳定运行，稳定可靠、高效便捷地开展北京高校区域联合信息咨询服务。该系统平台的构建完成具有非常重要的意义，其实现了北京高校区域联合信息咨询中心在北京高校图书馆工作委员会的统一领导下，聚合北京高校图书馆信息咨询服务优势，采用集中式门户平台和分布式服务结合的方式，拓宽各高校图书馆的咨询服务范围，为高校和社会用户提供优质高效的联合信息咨询服务。系统门户平台的中心管理机构设在北京科技大学图书馆，协调各馆信息咨询服务，提供服务支持，负责各成员馆联合信息服务的统计、质量评估及绩效补贴。

联合信息咨询服务平台的开发是完全遵循联合信息咨询服务系统二期的架构设计来进行的。它在一期平台基础之上，进一步实现了系统的智能化功能，完善联合服务功能，实现了各业务及服务流程的统一；进一步优化信息服务流程管理，满足中心和成员馆对服务进行精细化管理的需要，降低管理成本；提高中心主要服务项目的在线完成水平，在降低馆员劳动负荷的同时提高服务效率；实现了权限管理、业务流程管理、服务统计分析三个部分的有效关联。

8.1.2　系统平台构建的设计原则

联合信息咨询服务系统作为面向广大用户的系统服务平台，其构建必须要达到如下的设计原则。

(1) 可靠(Reliable)：软件系统对于用户经营和管理来说极为重要，因此软件系统必须非常可靠。

(2) 安全(Secure)：软件系统承担着较高的价值，系统的安全性非常重要。

(3) 可扩展(Scalable)：软件必须能够在用户的使用率、用户的数目增加很快的情况下，保持合理的性能。只有这样，才能适应用户扩展的可能性。

(4) 可定制化(Customizable)：同样的一套软件，可以根据用户群的不同和需求的变化进行调整。

(5) 可伸缩(Extensible)：在新技术出现时，一个软件系统应当允许导入新技术，从而对现有系统进行功能和性能的扩展。

(6) 可维护(Maintainable):软件系统的维护包括两方面,一是排除现有的错误,二是将新的软件需求反映到现有系统中去。一个易于维护的系统可以有效地降低技术支持的花费。

(7) 用户体验(Customer Experience):软件系统必须易于使用,这对于用户是最直观的体现。

8.1.3 系统平台构建的系统化与规范化

联合信息服务咨询系统平台的构建是系统化的,在系统整体架构设计完成的基础上,考虑到社会用户和教育网用户访问需要和系统的简单、易用的体验效果,高校区域性联合信息咨询服务系统特采用浏览器/服务器网络结构模式(B/S模式),将系统功能实现的核心部分集中到服务器上,减轻系统维护与升级的成本和工作量。系统门户平台根据实际需要配置相应的硬软件系统,配置相应网关、端口和防火墙等网络环境,从而实现在互联网中的安全访问。

系统平台的开发依据 GB/T 9385—2008《计算机软件需求规格说明规范》,遵照 GB/T 14394—2008《计算机软件可靠性和可维护性管理》、GB/T 16680—1996《软件文档管理指南》等相关国家标准,以确保系统开发的规范性。为确保系统门户平台构建中的分析、设计、开发、安装和维护等环节的质量,各个阶段均按照 ISO9000 系列标准对构建过程进行质量管理和控制。

8.1.4 构建过程中的需求管理

在联合信息咨询服务系统平台的构建过程中,图书馆的需求可能会发生一些微调或变更,因此,对需求变更、了解和控制的需求管理也是系统构建过程中的一项重要工作,是沟通需求基线约定和需求开发实施的桥梁。需求管理内容如下。

(1) 变更控制:主要对需求基线的变动进行控制,保持项目计划与需求的一致。包括变更的问题分析和变更建议、影响分析、需求稳定性衡量、交流沟通、决策、变更实现等。

(2) 版本控制:实行需求文档的版本管理非常必要,建立单个需求文档版本,确保系统开发计划与新的需求保持一致,提高工作效率。

(3) 需求跟踪:跟踪单个需求与其他联系链间的相互依赖关系和相互影响,跟踪需求状态,确保整个过程的有效性。

虽然,对于系统架构和系统软件的修改、完善以及相应需求改进是合理而且是不可避免的,但毫无控制的变更将使项目陷入混乱,无法按计划实施,所以,需求管理是一个系统构建与实现的重要组成部分,应严格规范进行。

8.2 系统平台的开发

联合信息咨询服务系统平台由 BALIS 联合信息咨询中心与北京万方数据有限公司合作开发。BALIS 联合信息咨询中心负责提出系统平台需求及相关资料,北京万方数据有限公司负责联合信息咨询服务系统平台的技术实现与开发工作。最新的联合信息服务咨询系统平台是在之前由 BALIS 联合信息咨询中心与北京万方数据有限公司合作开发的联合信息咨询服务系统平台(一期)基础上,按照最新功能需求和详尽的系统架构设计,采用全新 Java 技术平台开发完成的,版本号为 BALIS 2.0 版。

8.2.1　系统平台的主要开发内容

联合信息咨询服务系统平台的开发采用了先进的开发设计方案,按照功能需求分析和系统架构设计进行界面设计和各功能模块的开发,完成开发建设,系统较为先进,满足用户对系统平台的实际使用需求。

系统平台的主要开发内容包括开发设计方案、界面设计和各功能模块的开发两个部分。介于篇幅有限及对系统平台核心代码的版权保护,本书不再对平台的代码编写做详细的描述。

1. 先进的开发设计方案

开发设计方案实现了开发平台的升级,采用全新及安全的技术框架,数据库设计安全可靠。

(1) 向 Java 开发平台的升级

系统平台的开发完成了从.net 平台向 Java 平台的升级。系统门户平台采用了主流的基于 Java 的跨平台开发与运行环境,因为考虑到 Java 程序编写简单,开发的安全性高,线程易控制且可以直接调用现有模块组件,具有较强的跨平台等优势,既可以在 Windows 操作系统平台运行,同时也可以不用做任何修改在 Linux 及 Unix 平台上运行,体现了无操作系统差别的优势,从而便于跨系统平台的移植。一期平台的建设采用的是 ASP.NET 的开发环境,平台只能在 Windows 系统运行,不具有系统通用性,在二期平台建设中完成了从.net平台向先进的 Java 平台的升级,三期中将继续沿用 Java 平台,保证了系统平台的先进性和跨平台优势。

Java 是跨平台的,而且开发的安全性较高,线程很好控制,运行速度是依据框架而定的,如果用 Struts 开发,Web 的整体速度会比较平均,而用 JSF 开发,虽然启动很慢,但是一旦加载完毕后,速度飞快,只要不清除浏览器记录,它就会永远保持此速度。但是 Java 也存在许多问题,比如开发速度极其缓慢,搭建框架时需要完成许多配置文件。

Java 平台具备以下优势,而这些优势在本系统中均有所体现。

1) Java 是跨平台的,意味着"一次编写,到处运行"。编写完了可以在 linux 和 Unix 平台,也可以一字不改地放在 Windows 系统运行,.net 只能在 Windows 运行,但是 Windows 系统应用广泛,所以市场占有率也高。

2) Java 安全性高,运行环境是一个封闭环境,像"沙箱"一样,如果下载一个程序有破坏性,"沙箱"能判断出并起到保护作用,使得很多对安全性要求高的用户软件都采用 Java 开发,如军队、金融、航空等。

3) Java 是健壮的,如果编写过程中错一个标点符号,能及时地发现修改。不像 C 语言、汇编等语言,不能及时发现类似标点之类的错误,风险很大。

4) Java 简单强大,不需要一个一个自己编写,直接调用组件即可,所以功能是很强大的。

(2) 采用先进与安全的技术框架

联合信息咨询服务平台的开发采用的是一个先进的与安全的 Grails 技术框架。

1）Grails 框架的先进性

Grails 是一套用于快速 Web 应用开发的开源框架，它基于 Groovy 编程语言，并构建于 Spring、Hibernate 和其他标准 Java 框架之上，是一套能实现超高生产力的一站式框架。如今的 Java Web 开发对于需求来说已经变得过于复杂。当今众多 Java 领域的 Web 开发框架不仅使用复杂，而且并没有很好地遵循 Don't Repeat Yourself 原则。像 Rails、Django 和 TurboGears 这样的动态框架在 Web 开发领域开辟了一条新的道路，Grails 基于这些概念之上，采用动态方法减小了 Java 平台上进行 Web 开发的复杂度，不过与那些框架不同的是，Grails 是构建在 Spring 和 Hibernate 等 Java 已有的技术之上的。

Grails 是一个 full-stack 框架，它借助于核心技术与相关的插件（plug-in）来解决 Web 开发中方方面面的问题，其中包括：

易于使用的基于 Hibernate 的对象—关系映射（ORM）层；

称为 Groovy Server Pages（GSP）的表现层技术；

基于 Spring MVC 的控制器层；

构建于 Gant 上的命令行脚本运行环境；

内置 Jetty 服务器，不用重新启动服务器就可以进行重新加载；

利用内置的 Spring 容器实现依赖注入；

基于 Spring 的 MessageSource 核心概念，提供了对国际化（i18n）的支持；

基于 Spring 事务抽象概念，实现事务服务层。

Grails 实际上是变相的 Spring MVC 应用。Spring MVC 是 Spring 框架内置的 MVC web 开发框架，也就是说 Grails 内嵌 Spring 并在框架的各个环节上使用 Spring。虽然从易用性来说 Spring MVC 比不上 Struts 这样的框架，但它的设计和架构都非常优秀，正适合在其基础之上构建另一个像 Grails 这样的框架。

Grails 在以下方面利用了 Spring MVC。

基本控制器逻辑：Grails 继承 Spring 的 DispatcherServlet，并使用它作为代理将请求转发给 Grails 的控制器。

数据绑定和校验：Grails 的校验和数据绑定建立在 Spring 的数据绑定和校验之上。

运行时配置：Grails 的整个约定优先配置机制全部用 Spring 来实现 ApplicationContext。

事务处理：Grails GORM 使用 Spring 的事务处理。

2）Grails 框架的安全性

Grails 和 Java Servlets 一样可靠。由于 JVM 运行代码的特性，Java servlets 对一般的缓冲区溢出和恶意 URL 使用是极为安全和免疫的。Web 安全问题通常由于开发人员的无知过错造成的，Grails 提供了一些帮助，可以避免常出现的错误，使安全应用更加容易编写。

Grails 拥有一些默认的内置安全机制。

所有通过 GORM 域对象访问标准数据库可以自动避免 SQL 语句，以防止 SQL 注入攻击。

默认 scaffolding 模板，HTML 文件当打开时所有数据域不显示。

所有 Grails 的链接创建标签（link，form，createLink，createLinkTo 等）都使用适当的转义机制以防止代码注入。

Grails 提供 codecs，在显示 HTML、JavaScript 和 URLs 时，通过转义数据以避免在数据里注入攻击。

(3) 先进的数据库方案设计

系统开发采用 MS SQL Server 数据库，该数据库为高性能关系数据库，被 Web 应用广泛使用，性能优异，安全性极强。MS SQL Server 是信息平台中的关键组件，可以支持企业关键业务，能够快速地构建相应的解决方案满足数据管理。

数据库方案设计满足软件设计的一般要求，与设计内容一致，无违反 3NF 设计规则，大容量表和孤立表设计合理，遵循统一命名规范，注释完整并且未使用数据库保留字，用户名和密码等数据库连接参数设置安全。

2. 界面设计和各功能模块开发

(1) 精美的界面设计

整个系统平台使用的界面均为 WEB 界面设计，设计精致美观，系统管理员和用户通过浏览器访问即可进入相关业务界面，非常便捷。联合信息咨询咨询系统平台的首页如图 8.1 所示。

图 8.1　系统平台首页

联合信息咨询服务系统平台首页的页面构成主要有以下几个部分。

1) 网站标题：BALIS 联合信息咨询中心。

2) 标题栏下导航栏：提供到首页、中心简介、成员馆导航、常见问题、服务查询、联系我们、公告中心等各界面的链接。

3) 后台管理模块：提供到管理员进入系统管理界面的链接。

4) 通知公告模块：实现中心的新闻、培训公告实时发布。

5) 图片展示区：轮换展示设定好的三张关于 BALIS 联合信息咨询中心的相关照片。

6) 快速通道模块：提供到各用户服务的申请表单链接，使用户可以直接填写申请单，方便快捷。

7）服务指南模块：针对各个服务进行背景介绍，并提供申请表单的入口链接。

8）在线留言模块：实现用户留言提交。

9）参考咨询模块：使用户可以及时地咨询相关问题。

10）友情链接导航：提供到教育部图工委、北京高校图工委、CALIS中心、BALIS中心等的链接。

11）底部滚动导航栏：以滚动显示的方式提供到各成员馆的链接。

12）底部版权所有及技术支持声明。

通过首页的这些页面及相关链接就完整地构成了整个联合信息咨询服务系统平台的所有功能及说明界面，方便系统平台用户及管理员的使用，由于整个系统的使用界面非常多，在这里就不一一列举了。

（2）各功能模块

联合信息咨询服务系统平台的各功能模块的开发主要是依据前面章节中的功能需求分析、功能架构分析中各个对应的功能模块，主要包括十个功能模块：科技查新、论文收录引用、文献专题服务、情报分析、学科服务、培训服务、期刊论文投稿指南、信息咨询、管理员管理及统计分析。各功能模块的开发严格遵循系统功能分析及各流程过程进行，切切实实地按照需求来一步一步实现，使用户体验和使用完美结合。

8.2.2 项目开发组成员与工作量

1. 项目开发组成员

项目开发组由7人组成，成员全部是北京万方数据有限公司人员，具体包括：

冯巍：项目经理，计算机专业，负责核心技术指导、项目整体管理工作。

姚达：需求分析师，计算机专业，负责项目实施、需求沟通、代码编写。

王胜林：技术经理，计算机专业，负责项目实施、需求沟通、代码编写。

张鹏：工程师，计算机专业，负责测试、资源配置管理及部分代码编写。

张宁：工程师，计算机专业，负责测试、资源配置管理及部分代码编写。

朱恒：质量管理工程师，计算机专业，负责测试、资源配置管理。

张迪：美工，美术专业，负责页面美术设计。

整个项目研发分为三个阶段，各阶段具体的工作内容和成果如表8.1所示。

表8.1 项目研发阶段及工作内容表

阶段	工作内容	工作成果
第一阶段	需求沟通	完成系统原型搭建
	现场数据分析	资源整理
	功能讨论	功能确定
第二阶段	资源模板配置	完成虚拟整合
	功能模块开发	完成统一检索
第三阶段	页面美工调整	完成页面美化
	易用性调整、测试	完成测试

2. 项目开发工作量

联合信息咨询咨询系统平台的开发工作量较大，项目完成后统计的完成工作量为：项目总代码量：539 页，40 000 行；项目总人工时：46 人月，具体包括：项目管理 11 人月、需求管理 4 人月、页面设计 2 人月、开发工作 18 人月、测试工作 9 人月、数据迁移 2 人月。

8.2.3　项目质量与安全控制

1. 项目质量控制

为确保系统实施各阶段的质量要求得到满足，项目按照 ISO9000 系列标准进行质量管理和控制。各阶段包括分析、设计、开发、安装和维护等活动，均按如表 8.2 所示各项要求进行质量监控。

表 8.2　项目质量相关衡量标准

衡量标准	具体考虑因素
功能度	适配性、准确度、互操作性、依从性、安全性
可靠性	成熟度、容错性、可恢复性
可用性	可理解性、可学习性、可操作性
效率	时间特性、资源特性
可维护性	分析性、可改变性、稳定性、可测试性
可移植性	适应性、可安装性、一致性、可置换性

此外还提供与项目有关的质量保证计划，说明项目所提供的质量保证措施，所选择的措施的有效性及其影响。在每个阶段进行记录，并取得项目管理者通过。必要时，这些报告还会附带审计和修改的措施，以满足产品或阶段的特殊要求。

项目质量控制措施主要内容如下。

(1) 检查系统实施各阶段是否与需求相匹配，是否需要修正。

(2) 确保执行质量保证的过程、方法和工具的有效性。可以采用评审的方法来改善测试方法或工具。

(3) 建立文档：包括项目实施各个阶段所需提供的及时文档。

(4) 提高工作人员对质量和质量保证的自觉性。

2. 项目安全控制

对于项目的安全控制，采取以下几方面措施以保证系统设计、开发、实施过程中的项目安全。

(1) 制度保证：结合北京万方数据股份有限公司项目管理和质量控制方面的相关规定，制定项目的保密制度，保证系统分析、设计、开发、实施过程中的各种文档、代码、系统、数据的安全。

(2) 文档保证：在项目实施过程中，实现各阶段的各种文档记录齐全和完备，保证项目实施过程可以被记录和跟踪，能够明确责任。

(3) 工具保证：使用各种包括项目管理、配置管理、版本管理、测试管理工具，保证项目实施过程的标准化和可控制管理。

(4) 培训保证:对于项目组成员进行项目安全意识和安全责任培训,防止出现由于员工安全意识薄弱造成的无意识泄露。

8.2.4 项目成本控制

联合信息咨询平台项目从需求确定到成功实施完成共耗时 1 年 5 个月,主要是前期项目沟通与需求确定耗时较多,基于技术力量强大的优势,在后期的定制实施中缩短了工期,如期完成项目实施。项目开发注重对需求的准确把握,通过沟通交流,明确项目要求,之后通过共同努力,实现了预期的效果。通过以下几个方面考虑有效实现了成本控制。

1. 做好成本预测,提高预见性

成本预测是项目成本决策与计划的基础,为编制科学、合理的成本控制目标提供依据。因此,成本预测对提高成本计划的科学性,降低成本和提高经济效益具有重要的作用。加强成本控制,首先要抓成本预测。成本预测的内容主要是使用科学的方法,对项目计划工期内影响其成本变化的各个因素进行分析比较,预测这些因素对工程成本的影响程度,预测出工程的单位成本或总成本及对不确定因素进行分析。

2. 采取有效措施,加强项目成本控制

项目经理对项目管理负有全面的责任,项目成本控制是项目管理的主要工作之一。只有建立项目经理全面组织和优化配置项目生产诸要素的责任、权力、利益和风险机制,才能确保项目经理对项目的成本目标实施全过程、强有力的管理。整体上建立了以项目经理为中心,全员参与的成本控制体系,并坚持以下控制原则。

(1) 全员控制的原则。项目成本管理是一项综合性很强的工作,牵涉项目组织各个部门、单位和班组的工作业绩,也关系到员工切身利益,所以,在项目开始前,根据项目组织设计、项目预算,层层下达指标,进行全员控制,人人都来关心这一指标的实现,并制定“看得见、摸得着、能操作”的实施性文件,进行奖罚兑现,奖惩分明。

(2) 动态控制原则。成本控制是在不断变化的环境下进行的管理活动,所以必须坚持动态控制的原则。所谓动态控制就是在项目过程中,收集成本发生的实际值,将其与目标值相比较,检查有无偏离,若无偏差,则继续进行,否则要找出具体原因,采取相应措施。

(3) 例外管理原则。所谓“例外”是指在项目建设中那些不经常出现的问题,但关键性问题对成本目标的顺利完成影响重大,也必须予以高度重视。在项目成本控制过程中,若发现了盈亏的异常现象,也就是说,盈余或亏损超过了正常的比例,即使某项目节约了非常多的成本,也可能意味着是今后成本亏损的隐患。这些我们都应重点检查,深入分析,并采取相应的措施,加以纠正。

(4) 价值工程控制原则。在项目进行前项目的评审过程中,以自身的业务水平和工作经验,对产品的功能与成本的关系进行分析。在科学分析的基础上,确定技术上可行,经济上更合理的方案,并可向建设单位、设计单位等提出合理化的建议,起到双赢的效果。

(5) 全过程控制原则。当项目确定后,从项目准备、人员、设备进场到项目验收以及交付使用后的保修期结束,其中任何一项经济业务的发生都要纳入成本控制。在实际工作中应制定成本过程控制流程图,确定反馈通道,及时进行调整。

(6) 项目成本管理责任制原则。项目成本管理责任制是指各项目管理人员在处理日常经济业务事项中对项目管理应尽的责任。只有全部项目管理人员尽心尽责完成本岗位工作,才能有效地控制项目成本,因此,应对项目的各部门和人员制定成本管理责任制,制定奖惩制度,才能确保项目成本目标的实现。

8.2.5　系统的编译及发布

系统平台源代码开发完毕后,对整个源代码进行相关编译和打包后就可以发布使用了。

1. 系统编译的软硬件需求

硬件需求:最低硬件配置 CPU 2.0 GHz 双核,内存 4 GB。

软件环境需求:操作系统 Windows 7(64 位)及以上版本,Java 开发工具包 JDK1.7(64/32 位)及以上版本;Grails 开发工具包:grails 2.1.3。

2. 编译过程

(1) JDK 安装

到以下地址下载最新的 JDK,要求 64/32 位版本,然后采用默认方式安装到本地。

http://www.oracle.com/technetwork/java/javase/downloads/jdk7-downloads-1880260.html

(2) Grails 安装

到以下地址下载 Grails 开发工具包,解压缩到本地根目录下,假定目录为 C:\grails-2.1.3。

http://dist.springframework.org.s3.amazonaws.com/release/GRAILS/grails-2.1.3.zip

(3) Java 运行环境配置

设置环境变量:JAVA_HOME,指向 JDK1.7+的安装目录,将 JAVA_HOME\bin 目录放到操作系统的执行路径下。

打开 DOS 命令窗口,输入 java -version,确保正确输出为与以下相似的内容:

java version "1.7.0_25"

Java(TM) SE Runtime Environment (build 1.7.0_25-b15)

(4) Grails 开发工具包配置

设置环境变量:GRAILS_HOME,指向 C:\grails-2.1.3 目录,将 GRAILS_HOME \bin 目录放到操作系统的执行路径下。

打开 DOS 命令窗口,输入 grails -version,确保正确输出为与以下相似的内容:

Grails version: 2.1.3

(5) 数据库配置

与应用相关的配置都位于 src/grails-app/conf/-production-config.properties 文件中,可以选择在编译系统之前配置好该文件,具体配置方法参考安装手册。

(6) 编译打包

打开 DOS 命令窗口,到 src 目录下执行命令:

grails war ROOT.war

等待命令执行结束,第一次编译 Grails 需要从网络上下载一些编译所依赖的包,请耐心等待。

3. 系统平台发布

编译完成后得到了 ROOT. war 包，该包直接发布到 Tomcat 服务器后，整个系统平台就可以开始测试及使用了。Grails 工程目录结构如表 8.3 所示。

表 8.3 Grails 工程目录结构及说明

目录名称	相关描述
grails-app	此目录包含了 Grails 应用程序的核心工件等 6 个子目录
conf	此目录包含了诸如 DevelopmentDataSource. groovy 的配置文件
controllers	此目录包含了处理请求的控制器
domain	此目录包含了领域模型
i18n	此目录包含了用于国际化的消息束
services	此目录包含了封装业务逻辑的 service 文件
taglib	此目录包含了辅助页面生成的动态标签库
views	此目录包含了 Groovy 服务器页面以及 JSP 页面
layouts	此目录包含了 GSP 或 JSP 的布局，这些布局由 SiteMesh 提供支持
grails-test	此目录包含了应用程序的单元测试
hibernate	此目录包含了可选的 Hibernate 配置文件
lib	此目录包含了 jar 文件
spring	此目录包含了可选的 Spring 配置文件
src	此目录包含了其他 Groovy 和 Java 资源两个子目录
Java	此目录包含了待编译的 Java 源文件
groovy	此目录包含了待编译的 Groovy 源文件
web-app	此目录包含了 Web 应用程序的资源等下面 5 个子目录
css	CSS 层叠样式表文件
images	jpg 等图像文件
js	JavaScript 文件
META-INF	典型的 JEE 目录，用于存放 manifest 文件
WEB-INF	典型的 JEE 目录，用于存放 web. xml 和其他配置文件

8.3 系统平台的测试

8.3.1 测试方法、内容及组织

1. 测试方法

综合运用 3 种测试方法对系统平台进行相关功能、界面和性能测试。

（1）白盒测试：白盒测试主要以软件开发人员为主，针对程序的源代码进行测试，这种类型的测试需要从代码句法上发现代码在算法、路径和条件等上的缺点或者错误，从而加以修正，这种测试技术可以及早发现问题，效果也较好。对联合信息咨询服务系统的白盒测试采用的是 Xunit 系列工具。

（2）黑盒测试：黑盒测试主要是功能部分的测试。测试覆盖全部功能，并结合对兼容性和性能等的测试，根据软件需求和设计文档，模拟客户场景随系统进行实际的测试。

（3）压力测试：多用户情况下需要进行压力测试，同时还要将其与性能测试结合起来。压力测试需要在服务器端打开监测工具，查看服务器 CPU 使用率和内存占用情况；如果有必要，还可以模拟大量数据输入，测试对硬盘等的影响。

2. 测试内容

系统平台的具体测试内容主要包括如下几个部分。

（1）功能界面的测试：包括各个用户页面和后台管理页面的功能及界面测试。

（2）数据库、接口及安装卸载测试：对系统平台的数据库设计使用，接口及系统平台的安装及卸载进行测试。

（3）系统性能测试：使用压力测试方法对系统平台的性能进行测试。

3. 测试组织

（1）人员安排：各单位及相关测试人员安排如表 8.4 所示。

表 8.4　测试组织与人员安排

测试单位名称	主要测试人员
北京万方数据股份有限公司	冯巍、姚达、王胜林、张鹏、张宁、朱恒
北京科技大学图书馆	季淑娟、张丽英、王晓丽、刘恩涛、吕晓丽 张智翔、王寻、董月玲、江晖、王李梅
北京师范大学图书馆	李晓娟、张美琦、殷菲菲、郭丽然
首都医科大学图书馆	黄芳、李宁、程艾军、田瑞、王凌、刘玉婷、李永杰
中国农业大学图书馆	左文革、袁永翠、杜璟、巢国正
北京交通大学图书馆	郑兰、李德娟、崔雁、王星华、刘春霞 姜虹、邱丹、方翔宇
北京化工大学图书馆	张建文、高彦静

（2）测试时间

第一阶段：2014 年 3 月—2014 年 4 月。

第二阶段：2014 年 6 月—2014 年 7 月。

8.3.2　功能界面测试及结果

1. 用户功能界面测试及结果

（1）用户页面测试：以用户身份登录系统平台进入用户页面，用户在此页面选择每个服务模块，并按照各个服务模块的说明完成线上服务申请，并跟踪服务进展状态。

(2) 测试结果:如表 8.5 所示。

表 8.5 用户功能界面测试结果

编号	界面名称	界面描述	输入内容	发现问题	测试结果
1	科技查新	委托单在线填写与提交	框选、录入、上传等方式完成内容输入;提交委托单、下载 Word 版本操作	无	正常
2	论文收录引用	委托单在线填写与提交	框选、录入、上传等方式完成内容输入;提交委托单、下载 Word 版本操作	无	正常
3	情报分析	委托单在线填写与提交	框选、录入、上传等方式完成内容输入;提交委托单、下载 Word 版本操作	无	正常
4	文献专题服务	委托单在线填写与提交	框选、录入、上传等方式完成内容输入;提交委托单、下载 Word 版本操作	无	正常
5	学科服务	委托单在线填写与提交	框选、录入、上传等方式完成内容输入;提交委托单、下载 Word 版本操作	无	正常
6	信息咨询	咨询表单在线填写	咨询表单在线填写与提交;解答咨询,检测邮箱回复是否到位	无	正常
7	服务查询	查询服务进展	查询条件填写,结果显示	无	正常
8	其他静态页面	链接与浏览显示		无	正常
9	浏览器要求		支持当前的主流浏览器	支持 IE8,360、傲游、搜狗等浏览器,不支持 IE11	期待后期改进

2. 后台功能界面测试及结果

(1) 后台页面测试:后台管理页面供系统管理权限体系中的成员使用。各成员通过不同管理权限体系中的管理员身份登录后台管理界面,完成权限内的服务、管理及信息维护的测试。主要包括以下 8 个部分的内容。

1) 四层结构的管理权限体系功能测试。

系统超级管理员负责服务机构注册及机构管理员注册,对联合信息咨询中心的相关信息进行维护。统计管理服务信息。

机构管理员负责本机构信息维护与修改,注册本机构服务管理员、服务馆员、审核员、会计。统计管理服务信息。

服务管理员完成服务任务的在线分配,可注册本服务类别下的服务馆员。统计管理服务信息。

服务馆员可查看本人的服务任务,在线完成服务流程,统计管理服务信息。

会计可完成对各项服务收费明细的填写确认。统计管理服务信息。

2) 系统后台配置测试:由超级管理员配置系统的服务信息导出、统计字段管理、通知邮件模版、查新报告模板、查新数据库的添加修改维护等。

3) 服务申请表在线处理测试:用户首先在线填写申请表,填写完毕后提交;成员馆的服务管理员登录后台对提交给本馆的服务申请进行浏览,可根据不同服务馆员的任务情况在线分配任务,将申请表转交给具体服务馆员;服务馆员可以对申请单进行修改并重新保存。

4）服务状态修改与跟踪测试：服务状态包括受理、检索、审核、完成、作废。服务馆员可以根据进展情况设置服务状态，系统可以以邮件形式通知用户进展信息，用户也可以在首页的“服务查询”标签下进行服务状态查询。

5）科技查新报告的在线生成与审核测试：查新员可以在线生成不同模版的查新报告，实现将委托单中的相关内容自动导入查新报告，检索数据库的自动加载，以及参考文献的去重与格式规范输出。生成的查新报告可以进行再修改，并在线提交审核员，完成审核。报告按照操作流程自动进行版本的覆盖更新，可以提供下载。

6）服务收费的填写确认测试：由会计对各项服务的收费情况进行填写和确认。

7）服务统计与信息导出测试：系统提供多角度的统计表、统计图功能，支持全字段的完整的服务信息导出，便于后续数据深度加工处理。

8）其他辅助功能测试：成员馆的网址链接管理和公告等信息管理及发布等。

（2）后台界面测试结果：如表8.6所示。

表8.6　后台界面测试结果

编号	界面名称	界面描述	发现问题	测试结果
1	系统权限体系	成员馆及其机构管理员的注册；各成员馆内部服务管理员、服务馆员、审核员、会计的注册管理与各账户的信息维护	无	正常
2	系统服务配置	用户通知邮件配置、服务数据统计与Excel表导出字段配置、查新报告模板配置、查新数据库配置	无	正常
3	科技查新	委托任务在线分配	无	正常
		委托单Word版下载	无	正常
		服务状态设置与自动邮件通知委托人	无	正常
		委托单的修改与保存、报告生成、报告上传、报告审核	无	正常
		服务数据详情Excel导出与统计	无	正常
		服务收费录入与确认	无	正常
4	论文收录引用	委托任务在线分配	无	正常
		委托单Word版下载	无	正常
		委托单的修改与保存	无	正常
		服务状态设置	无	正常
		服务数据详情Excel导出与统计	无	正常
		服务收费录入与确认	无	正常
5	情报分析	委托任务在线分配	无	正常
		委托单Word版下载	无	正常
		委托单的修改与保存	无	正常
		服务状态设置	无	正常
		服务数据详情Excel导出与统计	无	正常
		服务收费录入与确认	无	正常

续表

编号	界面名称	界面描述	发现问题	测试结果
6	文献专题服务	委托任务在线分配	无	正常
		委托单 Word 版下载	无	正常
		委托单的修改与保存	无	正常
		服务状态设置	无	正常
		服务数据详情 Excel 导出与统计	无	正常
		服务收费录入与确认	无	正常
7	学科服务	委托任务在线分配	无	正常
		委托单 Word 版下载	无	正常
		委托单的修改与保存	无	正常
		服务状态设置	无	正常
		服务数据详情 Excel 导出与统计	无	正常
		服务收费录入与确认	无	正常
8	咨询管理	咨询解答及邮件自动回复	无	正常

8.3.3 数据库、接口及安装卸载测试

1. 数据库测试

(1) 数据库操作响应时间:<10 ms

(2) 数据库容量:2 TB

(3) 数据库设计检查:

数据库设计满足软件设计的一般要求;

数据库设计与其他设计内容一致;

无违反 3NF 设计规则;

孤立表设计合理;

对大容量表作了必要的设计;

遵循统一命名规范;

注释完整,未使用数据库保留字;

进行了必要的设计,保证数据库连接参数(用户名密码等的安全)。

2. 各接口测试

各接口测试结果如表 8.7 所示。

表 8.7 各接口测试结果

编号	接口名称	入口参数	出口参数	传输频率	问题	测试结果	测试时间
1	SendMail	string mFrom, string mT, string mS, string sID, string sType	string	按次调用	无	邮件发送正常	2014 年 6 月

续表

编号	接口名称	入口参数	出口参数	传输频率	问题	测试结果	测试时间
2	GetWords	string key	string	输入调用	无	输入联想词测试正常	2014 年 6 月
3	ListOrg	string sType	string	按次调用	无	机构列表获取正常	2014 年 6 月
4	UpateSta	int oid,string sta	string	按次调用	无	更新机构状态成功	2014 年 6 月
5	ProcessRequest	HttpContext ctxt	Void	按次调用	无	文件上传成功	2014 年 6 月

3. 平台的安装与卸载测试

(1) 安装正确性和完整性核对

安装程序能正确运行；

程序安装正确；

程序安装后能正确运行；

完善性安装后程序能正确运行。

(2) 安装卸载测试兼容性检查

安装手册给的所有步骤得到验证；

安装过程中所有缺省选项得到验证；

安装过程中典型选项得到验证；

安装界面的所有信息都显示正确，没有错误别字，没有二义性；

安装界面的每个按钮都进行校验有效性；

安装后能产生正确的目录结构和文件，文件属性正确；

安装后动态库正确；

安装后软件能正确运行；

健壮性测试成功：服务器上反复安装卸载；

卸载成功后，临时文件删除成功。

8.3.4　系统平台的性能测试

1. 性能测试内容

性能测试主要是指系统在一定的负载下，所表现出来的性能指标。在这里，通过逐渐增加虚拟用户(vuser)的数量来模拟实际的用户数量，如表 8.8 所示，并在此基础上，查看系统的性能指标。

表 8.8 性能测试内容表

测试内容	虚拟用户数量	性能指标
并发登录退出过程	10→100→300	点击率 吞吐率 事务响应时间 http 状态返回值
首页全选搜索	10→50→100	

2. 不同用户登录与并发下的测试对比

在测试过程中，每次对虚拟用户数量进行强并发测试，并忽略思考时间（Thinking Time），以求达到最大压力，对系统的性能进行最大限度的测试。

在测试过程中，模拟一定数量的用户同时登录，并同时退出系统的过程。用户数从开始的 10 个，增加到 100 个，最后上升到 300 个。

(1) 10 个虚拟用户下的测试分析

测试过程中，10 个虚拟用户共与网站交互了 430 个各类事务，除了在首页显示发生了 1 次失败，其余事务均成功，由此可以判断，系统运行正常。用户登录平均时间为 2.611 秒，最小为 0.85 秒，最大为 3.732 秒。75%的登录时间在 3.323 秒以内，90%的在 4.391 秒以内，95%的在 4.945 秒以内。

(2) 100 个虚拟用户下的测试分析

测试过程中，100 个虚拟用户共与网站交互了 1 382 个各类事务，各类事务失败的次数均小于 10，而成功的次数均高于 1 370。由此可以判断，系统运行正常。用户登录平均时间为 12.223 秒，最小为 1.93 秒，最大为 19.269 秒。只有 20%的登录时间在 3.834 秒以内，85%的在 19.585 秒以内，95%的在 27.906 秒以内。

(3) 300 个虚拟用户下的测试分析

随着用户的增加，用户登录时间也单调递增，越来越多的用户（虚拟的）将得不到良好的登录体验，尤其在 300 用户时，只有 10%的登录时间在 4.328 秒以内，大部分用户的登录时间都高于 1 分钟。而当用户数达到 300 时，服务器崩溃（即 http 500）。

8.3.5 最终测试结论与建议

1. 测试结论

通过界面测试、数据库测试、接口测试、安装卸载测试和性能测试，得出最终结论：BALIS 联合信息咨询中心系统（二期）平台项目达到原设计目标要求，可以接替原平台作为联合信息咨询服务门户平台使用。

2. 相关建议

建议对下列问题进行完善：

(1) 扩大系统浏览器支持范围；

(2) 系统一期的服务数据尚未完全迁移到二期，需要对 2014 年 2 月之后的数据进行迁移。

8.4 系统平台的验收

8.4.1 验收原则与方式

1. 验收原则

(1) 审查提供验收的各类文档的正确性、完整性和统一性，审查文档是否齐全、合理；

(2) 审查项目功能是否达到了合同规定的要求；

(3) 审查项目有关服务指标是否达到了合同的要求；

(4) 审查项目投资以及实施进度的情况；

(5) 对项目的技术水平做出评价，并得出项目的验收结论。

2. 项目验收方式

由北京市图工委、BALIS管理中心的有关领导及本领域的专家组成验收专家组，对项目进行验收。专家组成员信息如表8.9所示。

表8.9 专家组成员

验收人员	所属单位	所属角色	相关职责
胡越	首都师范大学	组长	总负责
刘春鸿	中国人民大学	成员	项目文档验收
严潮斌	北京邮电大学	成员	软件平台验收
唐兵	中国矿业大学(北京)	成员	功能模块验收
王瑜	北京科技大学	成员	硬件设备验收

8.4.2 项目验收内容

项目验收内容主要包括硬件设备、软件平台、应用系统和项目文档的验收。

1. 硬件设备验收

验收人：王瑜。验收时间：2014-10-20，硬件设备验收单如表8.10所示。

表8.10 硬件设备验收单

序号	硬件名称	基本用途	型号	配置情况	验收结果
1	CPU	运行程序	英特尔至强E5620	2颗	通过
2	硬盘	存储数据	SAS硬盘	6×500 GB	通过
3	网卡	数据传输	HP千兆	1块	通过

2. 软件平台验收

验收人：严潮斌。验收时间：2014-10-20，软件平台验收单如表8.11所示。

3. 功能模块验收

验收人：唐兵。验收时间：2014-10-20，功能模块验收单如表8.12所示。

表 8.11 软件平台验收单

序号	软件类型	软件名称	验收结果
1	操作系统	Windows Server 2008	通过
2	数据库	SQL Server 2008	通过
3	Web 服务器＋应用服务器	Apache 服务器	通过

表 8.12 功能模块平台验收单

序号	功能模块	验收内容	合同要求	验收结果
1	权限体系	由系统超级管理员、各成员馆机构管理员、服务管理员、服务馆员、审核员及会计组成的权限体系的注册、运行、修改、删除维护	符合	通过
2	系统配置	超级管理员对系统服务信息导出、统计字段管理、通知邮件模版、查新报告模板、查新数据库维护、机构信息管理	符合	通过
3	服务申请提交与状态查询	用户在线填写、提交服务申请及表单下载；在线查询服务处理状态及通知邮件的获取	符合	通过
4	服务任务的分配、在线处理及管理统计	管理员查看及分配服务任务；服务馆员在线完成服务流程；各级权限人员对服务数据的统计及管理	符合	通过
5	公告管理	编辑/发布系统公告	符合	通过
6	系统静态页面	静态页面内容按要求完整显示，链接顺畅	符合	通过

4. 项目文档验收单

验收人：刘春鸿。验收时间：2014-10-20，项目文档验收单如表 8.13 所示。

表 8.13 项目文档验收单

序号	文档名称	用途	验收结果
1	《BALIS 联合信息咨询服务系统（二期）升级建设需求》	项目开展的基础	齐全
2	《BALIS 联合信息咨询服务系统（二期）升级建设可行性论证报告》	项目开展的依据	齐全
3	《BALIS 联合信息咨询服务系统（二期）技术研发合同》	项目开展的依据	齐全
4	《BALIS 联合信息咨询服务系统（二期）使用手册》	系统使用方法指导	齐全
5	《BALIS 联合信息咨询服务系统（二期）研制报告》	系统研制总结	齐全
6	《BALIS 联合信息咨询服务系统（二期）测试报告》	系统功能测试总结	齐全
7	《BALIS 联合信息咨询服务系统（二期）源代码》		齐全

8.4.3 项目验收结论

项目验收结论主要有三个部分：专家组验收意见、开发单位结论和建设单位结论。

1. 专家组验收意见

BALIS 联合信息咨询服务系统（二期）项目具有重要的理论意义和广阔的推广应用前

景，在国内具有新颖性和先进性。

在一期实现科技查新、论文收录引用、文献专题服务等八项基本功能的基础上，通过系统管理权限体系建设和系统后台资源配置建设，提高了联合信息服务的在线完成水平，强化了联合信息服务功能。此项目适应联合信息咨询服务过程智能化、管理精细化的需求，在为用户多样化的信息需求提供便捷的诉求途径的同时，还为参加联合信息咨询服务的成员馆提供了服务工具和管理工具，可以促进北京地区图书馆信息服务实力和水平的提升，创造较好的社会效益。

系统平台达到了《BALIS 联合信息咨询服务系统（二期）技术开发合同》的要求。测试结果表明，该系统已具备开通运行、接替一期系统开展联合信息咨询服务的条件。

专家组一致认为项目组提供的技术资料齐全、完整、正确，符合验收要求，同意通过验收。并建议在项目应用中，不断提高服务水平，为其他同类研究提供借鉴与参考。

2. 开发单位结论

BALIS 联合信息咨询服务系统（二期）是在北京万方数据股份有限公司承建的 BALIS 联合信息咨询服务系统（一期）基础上进行的系统体系架构、系统功能完善、用户交互体验等方面重构和升级。本次系统开发工作的核心目标是通过重构和升级，提升系统平台管理、业务服务、用户使用的可用度、合理性以及完整性，以提升 BALIS 联合信息咨询中心的服务水平和质量。

系统的设计过程始终严格遵守《BALIS 联合信息咨询服务系统（二期）研发合同》的规定，保证系统的通用性与开放性，先进性与实用性，易操作性与易维护性，集成性与可扩展性，数据安全与备份的设计要求。

系统的实施过程严格遵守国家计算机软件的相关开发规范（GB/T 8566—2007 等）以及 ISO 9000 标准的项目管理流程和要求，用正确的开发策略和流程控制有效促进平台的系统建设和技术实现。

系统采用通用协议和标准，使系统适应更丰富的开发接口，同时方便地与其他系统实现通信；提供图形化的操作界面，降低用户使用门槛，并简化管理员维护工作；同时很多内置参数在部署时一次性完成，降低维护的风险与成本；系统的各个功能实现了模块化、组件化的封装，便于今后的功能扩展；系统针对不同数据库的不同特性，采用不同的备份和恢复策略，保证了 7×24 小时的不间断服务。

系统项目研发的各实施阶段规划科学合理，提供的文档资料齐全；经过测试及完善，本系统已达到《BALIS 联合信息咨询服务系统（二期）研发合同》的预定要求，符合验收标准，具备验收条件。

3. 建设单位结论

BALIS 联合信息咨询服务系统（二期）是在一期平台基本服务功能的基础上，为提升 BALIS 联合信息咨询服务和管理的智能化，与北京万方数据股份有限公司联合研发的增强型服务系统。

目标系统要求符合《BALIS 联合信息咨询服务系统（二期）研发技术合同》约定，满足 BALIS 联合信息咨询中心在科技查新、论文收录引用、文献/专题服务、情报分析、学科服务、培训服务、期刊论文投稿指南以及信息咨询等服务方面的智能化及服务管理的精细化要求。

通过与开发单位的密切合作，系统建设过程进展基本正常，完成了需求调研、项目研制、项目测试和项目完善等各阶段工作。根据对系统进行的全面测试（界面测试、接口测试、数据库测试、安装卸载测试和压力测试）和各委员馆的试用反馈意见及后续完善，可以得出结论：BALIS 联合信息咨询服务系统（二期）满足《BALIS 联合信息咨询服务系统（二期）研发合同》中规定的目标系统要求，可以接替联合信息咨询服务一期平台使用，具备项目验收条件，同意验收。

另外，建议对原 BALIS 联合信息咨询服务系统一期平台中尚未迁移的服务数据要及时迁移到二期平台，以便尽快启用二期平台，为广大用户和成员馆提供更便捷的服务支持。

8.5 系统平台的安装、迁移及运维管理

8.5.1 系统平台的安装与数据迁移

1. 系统平台安装的软硬件要求

硬件要求：BALIS 最低硬件配置：CPU 2.0G 双核，内存 4 GB。

软件要求：操作系统 Windows 2008 R2 及以上版本；数据库系统 Microsoft SQLServer 2008R2 及以上版本；Java 运行时环境 JDK1.7（64 位）及以上版本；Tomcat 服务器 Tomcat 7 及以上版本。

2. 系统平台的安装过程

（1）JDK 安装

到以下地址下载最新的 JDK，要求 64 位版本，然后采用默认方式安装到本地。

http://www.oracle.com/technetwork/java/javase/downloads/jdk7-downloads-1880260.html

（2）Tomcat 服务器安装

到以下地址下载最新的 Tomcat 服务器，然后采用默认方式安装到本地。

http://mirror.esocc.com/apache/tomcat/tomcat-7/v7.0.42/bin/apache-tomcat-7.0.42.exe

（3）BALIS 应用安装

1）将 BALIS 应用安装包中的 ROOT 文件夹复制到 Tomcat 安装目录下的 webapps 目录中，目录中原有的 ROOT 文件夹必须首先删除。

2）将 BALIS 应用安装包中的 work 文件夹复制到 C 盘或 D 盘的某个目录下，以下假定为 D:\work。

3. 系统配置

（1）Java 运行环境配置

设置环境变量：JAVA_HOME，指向 JDK1.7＋的安装目录，将 JAVA_HOME\bin 目录放到操作系统的执行路径下。打开 DOS 命令窗口，输入 java -version，确保正确输出与以下相似的内容：

java version “1.7.0_25”

Java(TM) SE Runtime Environment (build 1.7.0_25-b15)

（2）Tomcat 服务器配置

在系统托盘上双击 Tomcat 图标，显示 Tomcat 控制台窗口，切换到 Java 面板，在 Java 系统参数最后追加以下参数：

-Xmx2048M

-XX:MaxPermSize=512M

(3) 数据库配置

系统支持 Microsoft SQLServer 2008 及以上版本的数据库，通过 SQLServer 的管理控制台创建名为"balis"的数据库。

(4) BALIS 应用配置

与 BALIS 应用相关的配置位于 ROOT/WEB-INFO/classes/balis-production-config.properties 文件中，运行系统之前必须配置该文件。初始的文件内容如下：

```
dataSource.driverClassName=com.microsoft.sqlserver.jdbc.SQLServerDriver
dataSource.url=jdbc:sqlserver://localhost:1433;databaseName=balis
dataSource.username=sa
dataSource.password=*******
dataSource.dialect=bootstrap.util.Utf8MSSQLServerDialect

grails.mail.host=smtp.163.com
grails.mail.port=25
grails.mail.username=balis_2013@163.com
grails.mail.password=******
grails.mail.default.from=balis_2013@163.com

template.data.folder=D:/work/template
migration.data.folder=D:/work/migration
upload.data.folder=D:/work/upload
upload.data.maxUploadSize=10485760

grails.app.title=BALIS 联合信息咨询中心
grails.serverURL=http:// 202.204.52.118
balis.license=MCwCFFY1GcUVYoJbQYdXazx8XgfTtNn6AhQXj2phijq2REHzkLOng9iEbryacw
==
```

各参数的具体含义如表 8.14 所示。

表 8.14　各参数的具体含义表

参　数	含　义
dataSource.driverClassName	JDBC 驱动的 Java 类名，具体请参考相应的数据库 JDBC 驱动文档
dataSource.url	数据库地址，格式请参考相应的数据库 JDBC 驱动文档，替换其中的 localhost 为具体的数据库服务器 ip 地址，替换 databaseName 为系统实际的数据库用户名

续表

参　数	含　义
dataSource. username	系统数据库的用户名
dataSource. password	系统数据库的用户密码
grails. mail. host	系统邮件服务器地址
grails. mail. port	系统邮件服务器端口
grails. mail. username	系统邮件服务器用户名
grails. mail. password	系统邮件服务器用户密码
template. data. folder	系统用于保存模板文件的文件夹名
migration. data. folder	系统用于保存迁移数据的文件夹名
upload. data. folder	系统用于保存用户上传文件的文件夹名
upload. data. maxUploadSize	系统上传文件的最大字节限制，以 byte 为单位
grails. mail. default. from	系统对外发送的邮件 from 头，标明邮件发送者，某些邮件服务器规定必须与用户名相同
grails. app. title	系统应用系统标题
balis. license	系统应用许可证序列号，参考设置许可证
grails. serverURL	系统供最终用户访问的 IP 地址，域名和端口，系统平台域名为 balis5. ustb. edu. cn

所有的文件夹建议放在同一个工作目录下，比如 D:\Work 目录下，以便于管理和维护。

(5) 许可证配置

1) 打开 DOS 命令窗口，到 Tomcat 目录 webapps\ROOT\WEB-INF\lib 下，输入命令：java-jar licmano. jar，将打印出来的机器识别字符串复制出来。

2) 打开 DOS 命令窗口，到本备份目录下的 bin 目录，输入命令：sign 〈认证字符串〉，将打印出来的许可证序列号输入到 balis-production-config. properties 的 balis. license 中。

3) 注意：balis 的许可证与网卡的 mac 地址绑定，若发生网卡配置变更，包括网卡的增删，网卡安装顺序的变化，必须重新按照以上步骤重新生成许可证。

4. 数据迁移

为了确保新老系统的平滑过渡和历史数据的延续，要做好系统平台的数据迁移工作。数据迁移工作主要包括：订单数据、系统用户数据、系统字典信息、交易信息、相关上传及生成的各类文件，详细内容就不再具体描述。

8.5.2 日常运维管理

联合信息咨询服务系统平台是在 Apache Tomcat 7.0 中运行的一个定制化 Java 网站实例，在服务器开机后，联合信息咨询服务系统平台的服务自动启动。该系统平台的日常运维工作主要包括启动和关闭系统平台服务、检查 Web 页面是否正常，相关服务是否正常开启和运行，查看服务器相关文件及目录是否正常，检查和安装各类必要的系统补丁，定时备份服务器相关文件和数据库，维护服务器安全保障软件。

(1) 系统平台的启动和关闭。

启动服务：打开系统托盘下的 Tomcat 控制台，单击 start 启动服务。

关闭服务：打开系统托盘下的 Tomcat 控制台，单击 stop 停止服务。

(2) Web 页面：主要包括用户前端页面和后端管理员页面。

用户前端页面：http://balis5.ustb.edu.cn/home

后端管理员页面：http://balis5.ustb.edu.cn/login/auth

(3) 相关服务：主要包括网站容器 apache 服务、数据库 sqlserver 服务、文件备份服务等。

(4) 服务器服务端口：80 端口，在服务器防火墙中要将该端口开放才能被正常访问。

(5) 文件及目录。

系统分区：C 盘是系统盘；D 盘存放网站、上传文件、数据库等内容；E 盘存放各种备份；F 盘存放初次安装使用的文件备份。

Web 文件位置：

D:\Program Files\Apache Software Foundation\Tomcat 7.0\webapps\ROOT

上传文件位置：D:\balis\upload

(6) Sqlserver 数据库。

账户密码：Sql 默认账户 sa，密码 *********

工作目录：D:\Program Files\Microsoft SQL Server

数据库存放目录：

D:\Program Files\Microsoft SQL Server\MSSQLSERVER\MSSQL\DATA

(7) 备份工作。

利用 SQLServer 自身的备份功能定时备份本地数据库，备份目录：E:\balisbak。

利用 NETBACKUP 定期备份 Web 所在目录中的文件。

(8) 系统补丁。

利用 Windows 系统的自动更新及 360 安全卫士的补丁管理对服务器进行定期扫描和系统补丁的下载和安装。

(9) 安全保障软件的维护。

主要是对确保服务器安全的网络安全狗等安全软件的检查和维护，确保安全防范知识库是最新的。

第9章 联合信息咨询体系的运营管理

为实现高校图书馆资源共享,图书馆间形成了各种形式、不同规模的联盟组织,在联合编目、公共检索、协调采购、文献传递、参考咨询和信息服务等方面开展了合作,在避免重复劳动、降低劳动强度、节约运行成本,最大程度满足用户需求方面取得了一定成绩。但由于图书馆联盟只是多个图书馆依据自愿原则组成的相对松散的非实体组织,联盟管理机构对联盟内成员馆没有实质性行政约束能力,很多联盟内部缺乏顺畅的沟通和合作。即使有些联盟产生了一定的效益,但只能徘徊在较低水平,不能实现效益规模化、扩大化,甚至也有"项目结题,联盟解体"的极端情况发生,给图书馆联盟的管理提出了巨大挑战。

图书馆信息咨询服务是一个多变量的复杂过程,涉及多种媒体文献资源、运行多系统平台、服务馆员等多种因素。作为由多个具有独特属性的图书馆组成的联合信息咨询服务联盟则是更为复杂的过程系统,需要对联盟中的诸多有形因素和无形因素进行管理。有效的联盟管理是保证联盟成功的基础。一个服务功能多样、成员馆众多的高校图书馆信息服务联盟的管理问题不仅对该联盟,而且对其他联盟也有较大的参考意义。本章以北京地区BALIS联合信息咨询中心的管理运行为例,研究多功能信息服务联盟的管理机构组成,管理的主要内容与策略及管理中发现的问题。

BALIS联合信息咨询中心成立于2009年12月,是北京高校图工委领导下的北京地区高校图书馆文献资源保障体系(BALIS)的一个分中心,与馆际互借中心、原文传递中心、资源协调中心、培训中心一起构成了整个BALIS体系。其建设目的是为了深化北京地区高校资源共享,聚合BALIS成员馆各种优势资源,发挥北京高校图书馆的学科整体优势,共享高校的文献信息资源、人力资源和物质资源,提高北京高校图书馆的综合信息服务实力,培养一批高素质的专业信息咨询人员,规范高校图书馆文献信息服务工作,充分发挥BALIS联合、共享的整体优势,积极开展合作咨询服务,为高校教学和科研的上层次、上水平做好文献信息保障,推动北京地区高校图书馆的整体创新服务水平的提高,提升北京高校图书馆的综合信息服务实力。截至2016年年底,BALIS联合信息咨询中心共有成员馆与使用联合信息服务系统的非成员馆共计47家,通过中心服务平台为高校用户及非高校社会用户提供科技查新、论文收录引用、文献/专题服务、情报分析、学科服务、信息咨询等深层次的信息服务。

9.1 发挥核心成员馆的作用

成员馆是联合信息咨询的服务主体,吸收具有高水平服务能力的高校图书馆加盟对成功开展联合信息咨询服务具有决定性的作用。BALIS联合信息咨询中心在成立之初就有自身的核心成员馆,即中心的委员馆。这些委员馆的特点是信息资源丰富、各馆服务内容多样、馆员数量多结构层次高，都具有较强的信息咨询服务能力，在北京地区高校图书馆中起着很好的示范作用。在联合信息咨询服务运行过程中，注重充分发挥这些核心成员馆对其他图书馆的帮扶作用，通过信息服务业务支持和人员交流培养带动整个联合体系的壮大和发展。

9.2　服务系统的建设与管理

构建联合信息服务网络系统是开展联合服务的基础，该系统既要充当联盟的门户，也是成员馆及其服务的展示窗口，同时更是服务申请与提供的桥梁。无论是地区性、全国性还是全球性的图书馆联盟，大多具有自己的门户平台系统。平台系统的运行模式可以分为集中式和分布式两种。集中运行模式中，往往以馆藏资源丰富的图书馆为基础，采用纵向交流为主，横向交流为辅的方式进行联盟合作。分布式运行模式则是由联盟内的成员馆共同作为服务馆，以横向交流为主，辅之以纵向交流进行馆际间的合作。BALIS 联合信息服务系统采用分布式运行模式。

联合信息服务系统在满足联盟服务功能的基础上具备易用性和实用性的特点。易用性是指用户和服务馆员均能方便地使用该系统，服务诉求界面和服务处理页面操作简单。实用性则是指系统平台的服务统计功能要充分满足图书馆服务自动化和管理精细化的要求，为服务执行和服务管理提供便捷的途径和全方位的方案。只有易用性和实用性兼备的联盟服务系统才能吸引用户和成员馆的广泛使用，达到预期的使用效果，实现联合服务目标。因此，在联盟服务系统的设计建设中，要十分注意与成员馆已有的服务系统/管理系统的融合与衔接，避免损害个别成员馆的利益，造成这些成员馆在使用联盟服务系统时产生不便。

同时，图书馆服务联盟在服务系统建设过程中切忌急于求成，需要根据联盟的功能定位，成员馆的实际情况、服务内容和当前信息技术在图书馆服务中应用情况及未来预期进行分阶段建设，逐步优化联盟服务系统的功能。首先要确定服务系统的基本设计思想，然后依据设计思想进行系统架构，包括系统的功能架构、流程关系架构、技术架构及管理架构，设计一个由服务需求获取模块、信息检索模块、服务结果传递模块、服务管理模块组成的网络化联合服务系统，面向互联网的任一用户开展服务。

9.3　服务规范及标准管理

服务规范及标准是图书馆规章制度的重要方面，是保障高校图书馆服务存在和发展的基础。当提及图书馆规章制度的时候，大家首先想到的往往是诸如“读者须知”“借阅规则”“读者违规处理办法”“电子资源使用规范”等约束读者行为，使之文明使用图书馆资源的内容和条款。图书馆服务过程涉及服务主体（馆员）和服务对象（读者）之间的接触和互动。上述规章是站在图书馆的角度，对读者行为进行规范，是图书馆服务顺利开展的一个方面。从服务对象的角度或第三方的角度，对服务馆员及其服务过程、服务结果也要提出规范和要求。有些图书馆在其网站上公布了“图书馆职业道德规范”“图书馆工作人员守则”“馆员素养”等比较宽泛的馆员应该遵守的条款和需要满足的基本规定。图书馆服务内容多种多样，服务形式也不尽相同，图书馆的每一项具体服务都应该有各自的规范和标准。制定图书馆业务规范，对图书馆业务和服务进行详尽规范说明是促进图书馆业务和服务有效进行的重要保障，也是保证业务正常开展和保证服务质量的基础。

图书馆信息咨询服务是针对不同读者的具体需求提供的个性化服务，因读者的不同而不同。但是信息服务的非同质性并不代表信息服务是随意的、没有基本的流程和标准可以遵循的。图书馆信息服务规范和标准可以使同类服务不因服务馆员的不同而产生差异，在提高信息服务操作性的同时保证服务质量的稳定。对于图书馆信息服务联盟来说，如果没有一致认可的规范和标准约束，成员馆各行其是，很难保证联盟服务的正常开展和读者信息需求的有效满足。因此，制定相关服务的标准规范，加强服务过程管理是联盟管理的重要方面，也是保证服务质量的根本。

信息服务联盟首先要对单馆信息服务的规范进行择优和改进，根据操作性和合理性将其优化为可供联盟共同遵守的规范，以联盟标准形式下达成员馆，增强执行遵守力度。例如，在文献传递联合服务中，联盟需要规范成员馆服务操作的具体流程、方法，制定明确的用户申请处理时限，要求全体成员馆共同遵守；对基于学科的信息服务联盟，制定成员馆共同认可的服务标准与规范的难度较文献传递服务难得多。

目前高校图书馆开展的联合信息咨询项服务中，科技查新服务的规范和标准比较齐备。在总体上有科技部发行的《科技查新规范》作为指导，细节上有《教育部办公厅关于进一步规范教育部科技查新机构工作的意见》(教技发厅〔2004〕1 号)和《教育部科技查新工作站查新报告撰写规范》可以遵循，对于从事科技查新服务的馆员资质标准、服务流程标准、服务结果呈现形式均做出了明确要求。这些服务规范极大地促进了高校科技查新服务的健康有序发展。

除科技查新外的其他服务项目则尚未形成具有权威指导性和具体操作性的规范文件。对于联合信息咨询体系而言，在提供服务的同时，探讨推进相关服务规范建设是联合信息服务的另一个重要贡献。这些深层次的以学科为基础的信息咨询服务的规范和标准的孕育需要实践经验丰富、具有相关研究背景的人员长时间的探索和总结。可以从以下几个方面对信息服务的共同问题进行约定。

第一，用户信息需求响应要及时。我国《普通高等学校图书馆规程》要求高等学校应根据读者人数、资源数量、服务项目与时间、设备设施维护的要求、馆舍分布等因素配备相应的图书馆工作人员。科学合理的人员配备保证图书馆服务的顺利开展，保证读者需求得到及时有效解决。尤其对于联合信息咨询服务，用户通过网络系统进行服务申请，成员馆要及时查看接收提交给本馆的服务申请，并通过网络或其他方式及时反馈申请的处理情况。

第二，明确服务项目中涉及的术语、概念内涵外延，形成联合服务内部的统一认识。例如，论文收录引用检索服务，要明确区分检索范围的区别，尤其是总检索平台及其平台下子数据库之间的区别，诸如 Web of Science 与 SCI 的区别。

第三，服务结果的呈现语句表述要严谨，达成一致。例如，论文收录引用检索报告中，对于文献“被引频次”的理解有总引用和他引；他引还有排除检索作者外的他引和排除所有作者的他引区别。这些语义的描述要准确，决不能含糊不清。

第四，服务结果基本内容和信息资源的一致性要求。信息咨询服务的结果通常体现为一个特定的服务报告。报告应该包括的主要内容及详略程度应该基本一致，联合信息咨询各成员馆间出具的服务报告不应有太大差别。同一项信息服务各馆所选用的信息资源数据库要做到一致,从而保证一件信息服务由不同的成员馆提供的服务结果不会存在较大差异。

第五,对服务馆员的从业资质与素养方面要有相应的要求,并有对应的制度保障馆员教育与从业能力。正如美国《高等教育图书馆标准》(Standards for Libraries in Higher Education)要求的那样,图书馆人员应有职业准入制度和职业素养,发展、维护并提高自身知识和技能。要求图书馆要有馆员的教育制度,维护馆员的专业化、多样化和权威性。对于要求比较高或服务方式较为复杂的信息服务,如专利分析、定题服务等,应选用既有学科背景又有丰富检索经验的资深馆员担任,并且要聘请相关专家对这些馆员进行专门培训。

9.4　联盟目标与联盟绩效管理

图书馆信息服务联盟的终极目标是实现资源共享,最大限度地满足用户需求,降低服务成本。以终极目标为基础,图书馆联盟要科学制定具体的目标体系,把终极目标转化为一定时期内的具体目标,并分解给联盟成员馆,进而落实到具体的业务执行部门。

所谓科学合理地制定联盟建设目标,要兼顾联盟和成员馆各方面利益,保证联盟目标与成员馆目标、业务部门工作目标的一致性,只有这样,才能做到成员馆劲往一处使,通过目标执行的检查与监督等有效控制,促进联盟各成员馆及其业务部门与个人向预定目标努力,客观评价目标并实现新的目标的循环,以促进联盟目标的实现和联盟的可持续发展。

对联盟目标实现进行评价就是对联盟绩效进行评价。通常说来图书馆联盟可以采用如下几种方式进行评估。对于政府出资建立的联盟,政府部门可以组建评估小组或者责成专业评估机构建立适当的评估体系,从整体上对联盟的服务情况进行测评,判断其是否符合联盟建立伊始设立的目标和宗旨。这种评估一般能够比较客观地反映联盟的实际运营服务情况,为政府部门决策是否继续资助联盟建设提供有力参考。如果图书馆联盟以研究项目的形式开展,由项目组成员构成的联盟委员会要直接对政府项目审批部门负责。委员会可以自行或聘请有关专家对联盟的服务和运行情况进行评估,向政府部门汇报。对于没有政府出资资助的图书馆联盟,由联盟内成员馆自行推荐或选举出联盟管理机构成员,该管理机构对所有成员馆负责,监管联盟的服务情况和运行状态。

无论哪种形式的联盟,采用何种评估方式,其评估的内容大致相同,主要包括服务数量、用户需求满足程度、服务质量、联盟经费使用情况等。将评估结果与联盟的预定目标进行对比分析,如果评估结果和目标之间存在较大差距,没有达到预定的目标,则联盟管理机构需要从联盟目标、成员馆的协调、激励、约束和文化建设等方面进行调整。

在评估管理中,联盟管理机构要做到客观、及时地公布联盟的运营情况,从而使各成员馆对联盟的运作状况了然于胸,为联盟的未来发展规划及合作利益分配提供客观依据。

9.5　联盟中的经济管理

联合信息服务的经济管理包括服务收入管理和运行支出管理两个方面。

《中国大百科全书》中规范的图书馆服务内容具体包括:阅览服务、文献外借、视听资料服务、文献复制服务、参考咨询、检索服务、馆藏报道、文献展览、文献讲座、阅读辅导、读者教育、图书馆的残疾人服务、儿童服务等。高校图书馆的服务内容基本涵盖上述方面,但由于高校图书馆具有鲜明的支持教学、科研的使命，因此联合信息咨询中的服务内容重在检索服务，为用户提供深层次的信息服务，通过多样化的读者教育提高读者的信息素养。

信息服务收入是指提供信息咨询服务向用户收取的费用。因为信息服务涉及的因素众多，因此在收费的时候考虑的因素也比较多。主要包括以下方面：服务过程中使用的信息资源本身的价值，信息搜集加工整理分析中信息增值部分，服务过程中所需的非信息性成本（例如服务人员额外加班费用、所需服务设备的购置安装费、资料复印费、传统文献的数字转化费、网络通信费等）、国家有关政策等。根据服务项目的不同，高校图书馆在服务收费问题上有相应的执行办法。例如，根据教育部科技查新工作规定，科技查新属于有偿服务，可以收取检索费、报告费、加急费、副本量费。论文收录引用检索服务也可以收取开库费、条目费、报告费、副本量费。信息服务联盟中有偿服务项目较多，成员馆通过为用户提供有偿信息服务可以获得相应的经济收入，以弥补各馆的经费不足，也是提高馆员福利的重要举措。因此，联盟合理的信息服务收益分配及信息服务经济补贴政策能调动成员馆的服务积极性，推动联盟信息服务的顺利开展。

高等学校应保证图书馆正常运行和持续发展所必需的经费和物质条件。高等学校要把图书馆的经费列入学校预算，并根据发展需要逐年增加。国家对高校的经费投入总体上呈稳定增长趋势，在“双一流”学科建设大背景下，作为教学科研辅助机构的图书馆虽然经费也逐年有所增加，但新服务方式下图书馆仍面临诸多经费问题。首当其冲的是资源购置费用持续走高，尤其是电子资源订购费用每年都以较大的比率在增长，即使仅维持原订购资源数量不断，所需的经费也要增加；另外，图书馆还面临着读者对自助借还设备、阅览环境、自助复印打印服务、空间服务日益完善的要求，这些要求的满足也需要投入相当多的资金用于购置自助借还机、打印复印扫描一体机、空调、饮水机、桌椅沙发等设备、设施、家具，以及进行物理空间的维护和改造。因此，经费问题一直是困扰图书馆的一个重要问题。图书馆若要争取学校给予较多的经费拨付，需要证明其在文化传承、信息共享及知识服务等方面的功能价值。

同样的，图书馆信息咨询服务联盟的运行也离不开经费支持，对经费使用进行有效管理使得有限的经费产生最大效益是联盟可持续发展的必要条件。高校图书馆联盟经费来源主要有三种渠道：其一是由政府部门发起并拨款；其二是由几个高校自发组建并自筹资金；第三是以政府出资为主，成员馆缴纳会费作补充。对于政府出资发起的图书馆服务联盟，其经费管理具有严格的程序和规则，联盟管理委员会要根据联盟的阶段性发展目标及开展的服务需要制定经费预算报主管部门审批备案。经过审批核准的联盟经费要严格按照批复的额度和使用范围执行。

在联盟经济管理过程中还发现存在共享期望与有限的经费支持的矛盾。虽然各高校对图书馆的经费投入逐年增加，但是随着资源内容的日益丰富和价格增长，对于联盟内的多数成员馆来讲，实际可以增购的资源数量是相当有限的。因此，成员馆渴望利用联盟的运行经费购置部分文献资源或服务工具供联盟内部共享使用。但是，信息服务联盟的经费来源仅有政府拨款一条途径，经费总额度只够支持联盟正常运行的必需支出。联盟经费来源多样化、增加可用经费总额是实现联盟成员馆更多期望的必然要求。

9.6　联盟中的风险管理

与其他领域的联盟一样，图书馆界信息服务联盟由于联盟内、外部环境是不断发展变化的，存在诸多的不确定因素，这些不确定性可能会对联盟本身及其成员馆造成损失。因此，为了实现联盟目标，保障成员馆的权利和利益，需要对联盟存在的下列主要风险进行管理和控制。

联盟失败风险：这是联盟首要考虑的风险。在得到了政府相关政策支持的条件下，一个图书馆联盟能否成功取决于成员馆和联盟领导者。首先联盟成员馆之间必须要高度地相互尊重，承认合作的价值，并积极执行联盟各层次的活动；同时要在每个成员馆中发展和鼓励合作的氛围，因为凭馆长一个人不能使联盟成功，成员馆工作人员对联盟的积极工作才是成功的关键；其次成员馆馆长和联盟领导者不能害怕承担风险，要发挥好联盟的领导性作用，在联盟整体利益面前要适当地放弃个体利益。因此，选择合适的联盟馆是图书馆联盟成功关键的一步。成员馆的选择必须遵循互补性和相容性原则。互补性是指在图书馆所属学校层次、学科优势、图书馆规模、信息服务实力与服务特色等方面能与自己达到优势互补；相容性指图书馆文化及图书馆领导人价值认同之间具有相当高的一致性，若彼此之间文化差异较大或领导人之间相处不融洽，不能彼此信任则联盟不易成功。

成本增加风险：图书馆联盟的运行过程是要消耗成本的，包括时间成本和经济成本，要做到联盟的收益大于成本并不是件容易的事情，存在成本超预期增加风险。尤其当联盟形式复杂，盟员众多的情况下，需要妥善解决联盟各方的分歧，联盟管理所耗协调成本就会增加，如增加联盟会议产生的会议成本，工作量增加的人工成本，办公消耗成本，设备购置成本，系统开发成本等。因此，联盟应控制在一个适当的规模，尽量避免复杂的联盟方式，降低联盟内部协调成本。合理规划联盟经费预算，严格控制经费使用流程和标准，做到联盟内部的协调成本低于市场成本或内部一体化的管理成本。

服务质量连带风险：信息服务质量对服务人员的素质、服务过程的控制有强烈的依赖性。在图书馆联盟中，合作各方无论是图书馆服务前台的显性服务还是后台的隐性服务，通常都是通过联盟这个统一的品牌形象和统一的服务流程，使用户在获取信息资源的过程中能感受和体会到图书馆联盟的服务质量。为防范服务质量降低，可以借助图书馆联盟各方约定的服务质量指标和服务规范来开展信息服务活动，增强用户对联合服务品牌的认可度和忠诚度。同时降低潜在的服务质量连带风险，防止联盟中的某一家成员馆由于各种原因导致用户对信息服务不满，对整个联盟品牌甚至对联盟其他原有个体图书馆形象造成不良的影响。

侵犯知识产权的风险：图书馆信息服务联盟在为用户提供信息服务过程中，会利用各种信息资源获取相关信息，并对信息进行加工处理，在此过程中会涉及许多法律问题，其中知识产权问题是一个最为紧要的问题。在电子环境下图书馆联盟应维护知识产权的合理使用原则，维护著作权的根本利益。国际上已有一系列相关的公约来解决这些问题，我国也制定了一些相关政策和法规，但并不完善，仍存在一些漏洞。因此图书馆联盟的相关技术人员，既要熟悉网络信息的知识产权交易，熟悉相关知识产权规定，避免引来产权纠纷，又要在开发本馆的特色信息资源并提供共享服务时注意自我的产权保护。

9.7 基于成员馆自管理的运营模式

据统计，除少数区域高校图书馆联盟是由成员馆自发建立外，我国区域性高校图书馆服务联盟多数是由政府批准和出资资助。政府部门不直接对联盟进行管理，管理职责由政府部门或图书馆委员会/学会批准成立的联盟管理机构完成。BALIS联合信息咨询中心是北京地区高校图书馆文献保障体系的一个分中心，由北京科技大学图书馆作为主任馆（中心馆）与另外10所北京地区高校图书馆（委员馆）共同发起承建，组织落实项目建设的所有相关事宜，对BALIS管理中心负责。其管理组织结构如图9.1所示。

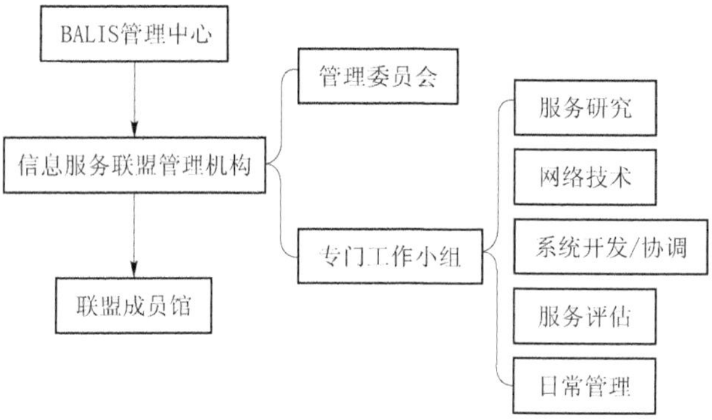

图9.1 图书馆信息服务联盟管理机构的组织结构

在BALIS信息咨询服务联盟中，管理机构的核心是由主任馆馆长和委员馆馆长组成的管理委员会，决定联盟重大事务，负责联盟宗旨、目标和规划的制定，对联盟的运行负主责。按照工作内容的不同，联盟管理机构中的专业技术人员（包括管理委员会成员）被分成若干个工作小组，包括服务研究小组、网络技术小组、平台系统开发/协调小组、服务评估小组及日常管理小组。

服务研究小组由信息服务馆员组成，负责联合服务内容、服务规范等研究，交管理委员会讨论审查，认证后的方案经批准后形成联盟的制度文件；网络技术小组由联盟图书馆中负责计算机系统技术的馆长、网络服务工程师等人员组成，对联盟服务系统平台、中央系统及各成员馆的本地系统中与合作项目相关的部分提供技术建议和指导；系统开发/协调小组主要负责联盟平台系统开发构建中与承建的商业软件公司的协作；服务评估小组负责对联盟的总体服务情况和成员馆个体服务情况进行评估，将评估结果与联盟的服务功能定位进行对比，报管理委员会；日常管理小组负责联盟运行日常工作的组织安排、财务管理及与联盟成员馆、上级管理部门（BALIS管理中心）的沟通与协调。

要发挥成员馆的自管理效果，需要解决下列问题。

（1）服务业务“一边倒”现象

通过对联盟信息服务绩效的评估，发现联合信息服务业务并不在成员馆间均衡分配，与原文传递、馆际互借联盟一样呈现业务一边倒现象。虽然读者在通过联合服务系统提交服务申请时，可以自行选择将申请提交到哪个成员馆去完成，但是由于各个图书馆的声望、馆藏资源丰富程度、服务实力强弱等原因，造成大馆在联合服务中担当重要的服务提供者的角色，而小馆在联合服务过程中则更多地充当服务需求者的角色。大馆虽然人力资源比较丰富，但是开展的服务类别较多、服务深度大，因此，与小馆相比，在绝对人力占优势的情况下，其相对人力资源更显缺乏。联合信息服务中的服务业务“一边倒”使得大馆必须抽出更多的人力去满足来自其他图书馆的服务请求，呈现“忙者更忙，闲者更闲”的困境。

(2) 部分服务短期内难以大范围开展

从信息服务联盟提供的服务种类看，并不是每个成员馆均能提供所有类别的服务。根据对联盟服务统计，参与信息咨询的成员馆数目最多，其次为论文收录引用证明，再次为科技查新服务。提供情报分析的成员馆数量最少，实际完成的服务数量也很少，在短期内难以大范围开展。究其原因，一方面在于情报分析这类服务长期以来是信息咨询公司的业务范围，图书馆尤其是高校图书馆涉足的时间较晚，没有形成强大的社会影响力。另一方面，此类服务要求服务人员的信息触觉非常敏感，擅于利用各种信息源，并有能力对信息重新进行组合分析和加工处理，要培养为数可观的高素质的情报分析员还有待时日。

(3) 成员馆原数据和联盟服务系统的异构性

在加入信息服务联盟之前，一些成员馆已经开展了某些类别的信息服务，服务开展得较好的馆可能会拥有本馆独有的服务模式/服务系统或服务管理系统，这些成员馆是联盟的主力。但是成员馆原有系统和联盟系统之间总会存在或多或少的异构，并且联盟系统也不可能兼顾所有成员馆；或者由于商业软件授权等原因，已有的系统与联盟系统不能做到完全融合使用，如此，势必给成员馆开展相关服务带来不便，降低这部分成员馆参与联合信息服务的热情。

(4) 急需加大馆员自身发展的关注力度

联合信息服务的水平与质量取决于图书馆高素质专业服务馆员的团队建设，关注服务馆员的自身发展既是对馆员负责，也是为联盟和成员馆的长远发展着想。为馆员提供多种多样的继续学习机会，促进馆员素质提高，既是高水平专业咨询的需求，同时也是馆员职称晋级竞争和岗位服务考核等个人发展的需求。联合信息服务联盟自成立以来，为 BALIS 成员馆馆员提供了多种多样的信息服务业务技能培训、信息服务前沿交流与研讨机会，馆员参与踊跃，表达了强烈的继续教育愿望。联盟在今后工作中将进一步关注馆员培训环节，期望收到更好的培训与交流效果。

9.8　成员馆间利益关系的协调

图书馆联盟中的各方存在着既依赖又博弈的复杂关系。一方面，联盟成员为了追求共同利益的最大化而进行合作，构成了多边共享关系或双边帮扶关系，促进联合服务的顺利开展，扩大整体效用，构成推动联盟成功的正能量；另一方面，成员馆出于自身利益考虑，在联盟的合作过程中会不同程度地表现出不合作行为。

多边共享是信息服务联盟中各方关系的主流方面，成员馆之间通过互通有无来满足对方图书馆所在院校师生的信息需求，共享新的信息技术为图书馆服务带来的便利。多边共享框架下，对于具体某种信息服务，联盟中服务实力强的馆与弱馆通过接洽协商可能形成双边帮扶关系。在建立帮扶关系时，强馆要考虑弱馆是否具备从事该项服务必需的资源、设备、人力条件以及双方交流的便利性，也要考虑本馆是否具有足够的人力去实施指导帮扶工作而不影响本馆业务的正常开展。服务能力较弱的馆在选择强馆建立被帮扶关系时则主要考虑强馆在本服务项目中的实力和影响力，对帮扶效果有明确的期望。目前，在信息服务联盟中，多边共享框架下存在双边帮扶关系的有科技查新服务、学科服务等较复杂的信息服务。联盟管理者积极鼓励成员馆开展多种形式的合作，在联盟框架内满足更多读者的信息需求，提升联盟整体服务实力。

在合作大背景下，也潜在成员馆的不合作行为。由于担心联盟可能导致本馆在未来的服务竞争中失去优势，或因为各方文化冲突和利益分配不均造成矛盾，有些成员馆会在合作过程中利用联盟协议存在的漏洞，在履约时减少投入，采取敷衍手段不将本馆的核心服务、核心技术及特色资源进行全方位的合作。这种从自身利益出发，有保留地参与联盟合作，最终会导致联盟间相互信任和亲切程度降低，破坏联盟存在和维系的基础，使得联盟的层次和深度难以提高，影响到联盟的效果。

9.9 知识产权的保护

知识产权的保护是联合信息咨询服务过程中的一个重要问题。通过对联合信息咨询服务与知识产权关系进行分析，研究多功能联合信息咨询服务过程中可能涉及的相关问题，提出适合地区联合信息咨询服务中进行知识产权管理的方法与措施是每一个信息服务联盟必须面对的问题。联合信息咨询中知识产权的保护相关工作具体包括统筹规划，采用相关的知识产权声明规避风险，考虑版权费用预算及对馆员进行知识产权知识的培训，在联合信息咨询服务工作中遵守有关知识产权保护的法律法规，同时保护用户隐私，避免出现知识产权的问题。

9.9.1 界定知识产权保护的范畴

在开展联合信息咨询服务的过程中，会产生自身的知识导航系统、网页等，例如所建立的用户数据库、成员馆管理员数据库，各类服务委托和服务成果数据库，回答用户问题的知识资源数据库等，其中包含了大量的用户信息与文献信息，在内容、结构和编排上有自己的独创性，产生了具有知识产权的作品，所以在服务之初就要声明著作权的问题，保护自身的版权。

另外，在联合信息咨询服务的过程中，为用户提供各种文献、信息和知识，这些数据信息来源包括图书馆订购的数据库、网络资源、纸本图书与期刊等，这些资源都有各自的著作权人，联合信息咨询的成员馆在服务过程中必须按规定使用他人享有著作权的作品。同时，也要采用合理利用他人作品的方法，例如过了保护期限的作品可以无偿使用；为介绍、评论某一作品或者说明某一问题，在作品中适当引用他人已经发表的作品可以无偿使用；为学校课堂教学或者科学研究，翻译或者少量复制已经发表的作品，供教学或者科研人员使用，但不得出版发行，这种情况也可以无偿使用。在图书馆联合信息服务的协作过程中，由于信息资源数据库共享、信息传递等业务协作，参与的图书馆和服务的用户众多，强调著作权的保护尤为重要。

9.9.2 知识产权管理的方法与措施

首先，对联合信息咨询服务系统的知识产权工作进行统筹规划。北京高校图书馆联合信息咨询服务系统的领导机构是联合信息咨询中心，中心可以指定专门的人才来负责整个服务的知识产权工作，从而有效地解决地区高校联合信息咨询工作中的知识产权问题。负责知识产权事务的个人可以是中心内部的负责人，也可以是参与地区高校联合信息咨询服务图书馆的人，也可以由中心聘请专门的法律顾问。同时中心在制定工作计划和预算的时候，可以编制一定的版权费用预算，解决今后工作中遇到的知识版权问题。另外，联合信息咨询中心还可以与专业的版权机构进行合作，降低中心的成本。

其次，在联合信息服务过程中采用相关的版权声明规避风险，例如，利用用户须知、版权声明、服务声明、合理使用声明、服务指南等方式进行知识产权的保护。除了对使用联合咨询服务的用户进行版权声明外，也应对参与联合信息咨询中心的图书馆采用相关声明。地区高校图书馆要加入联合信息咨询中心，必须签订相关的协议书，列出双方的权利和义务，并在其中增加有关知识产权保护的条款，例如不得把本中心的各项内容与服务用于非法活动，不得用于商业用途，在联合信息咨询服务中应遵守国家有关知识产权保护的法律法规等，从而让参与的成员馆重视知识产权保护工作，同时也能为联合信息咨询中心规避一定的风险。

再次，对联合信息咨询中心的成员馆馆员开展版权知识讲座或培训，增强咨询馆员的知识产权意识，自觉维护著作权人的合法权益，在尊重知识产权的前提下开展咨询服务。咨询馆员在服务中的知识产权保护水平代表了整个联合信息咨询工作的水平。联合信息咨询中心可以采用多种方式对成员馆的咨询馆员进行知识产权知识的培训，例如举办讲座，请有关的法律专家解读知识产权相关法律法规。还可以请图书馆咨询工作的资深馆员，从实际工作出发讲解在地区高校联合信息咨询服务工作中如何遵守有关知识产权保护的法律法规，同时保护用户的隐私，避免出现知识产权的问题。

最后采用一定的技术保障自身权益。联合信息咨询中心要保护各个成员馆产生的查新报告等服务成果的著作权。同时联合信息咨询中心建立的查新、查引数据库及用户数据库等都有自身的再创作，均体现了智力创作，依法受到"著作权法"的保护，要通过著作权提示、相关技术措施保护其自主知识产权，避免用户使用过程中的侵权和其他商业性复制。同时注意保护数据库中每一项作品的著作权。联合信息咨询中心可以采取成员馆的认证机制、访问控制机制、智能代理核查机制和传输加密机制等方式保护自身的权益。除以上的机制外，还需制定一定的隐私权保护机制，涉及隐私保护政策、工具、技术、管理体系等，保护用户的隐私权。

第10章 联合信息咨询的建设绩效

10.1 建设成果

10.1.1 组织机构建设

BALIS联合信息咨询中心是由BALIS管理中心于2009年10月28日正式批复成立,同时批准了中心管理委员会的机构人选。作为BALIS管理中心下属的一个分中心,其管理委员会是BALIS联合信息咨询中心的管理执行机构,由主任、副主任及委员构成。管理委员会人选结构考虑了北京地区的不同类型学校的代表,如985高校、211高校、普通高校、高职高专学校;考虑了不同学科院校的代表,如综合性大学、理工类大学、农业高校、医学高校等学校代表。管理委员会具有明确的建设目标、工作思路、工作职责和完整的管理体系。负责制定和执行中心发展规划,建立健全中心管理制度,协调各馆积极开展信息咨询服务,为成员馆提供服务支持,负责成员馆联合信息服务统计、监管服务状态、质量评估及服务绩效补贴发放。BALIS联合信息咨询中心的日常办事机构依托北京科技大学图书馆相关部门,具体负责中心的日常运行和系统维护工作,各成员馆均设有专人负责本馆的日常管理事务;中心的财务账目管理由北京科技大学图书馆办公室负责。建设经费来自管理中心拨款,中心的各项工作与项目建设等重要事宜接受BALIS管理中心的领导和监督。

10.1.2 管理机制建设

BALIS联合信息咨询中心经过多年的建设形成了一套自成体系、功能完备的管理机制。管理机制分为目标管理和项目管理。目标管理主要是针对中心的建设和发展,包括中长期发展规划,发展目标、政策与制度制定,建设经费申请,建设目标调整等工作实行目标管理;项目管理主要是针对中心承建的,BALIS管理中心批复的可建项目,包括项目建设方案、建设目标、可行性论证、建设计划以及服务方式和服务政策等实行项目管理机制。管理决策机制通常是采取中心管理委员会全体会议制度。中心管理委员会定期召开工作会议,讨论当年的工作计划、工作目标、工作总结并评选先进,采取民主讨论、集体决策。决策结果报送BALIS管理中心请示,待批复后执行,执行请示报告制度;重大建设项目要增加专家咨询机制,采用邀请业内知名专家论证制度;项目管理机制采取项目工作组管理、专家咨询论证和公开招标等对项目的立项、建设过程和验收实施管理。其管理机制特点是管理层次清晰、目标定位准确、责任分工明确,各司其职,高效执行。

10.1.3　网站平台建设

BALIS 联合信息咨询系统经过一期建设，系统平台实现了科技查新、论文收录引用、文献专题服务、情报分析、学科服务、期刊论文投稿指南、信息咨询、统计分析等联合信息服务和管理功能，实现了“线上委托，线下服务”的初步目标。系统平台的功能特点在国内具有新颖性，提高了联合信息咨询的管理和服务水平。系统不仅为用户多样化的信息需求提供了便捷的诉求途径，还可以促进北京地区图书馆信息服务实力和水平的提升，创造较好的社会效益。借此，通过边服务边研究，开始系统平台的二期建设。目标是在一期基础上，增强系统一期的易用性，提高联合信息咨询服务的自动化和管理精细化水平，主要针对权限管理、业务流程管理及服务统计分析等功能模块进行改进。加强了系统管理权限体系建设和系统后台资源配置建设，实现了服务需求的在线采集、服务过程的在线处理和反馈等相应机制，强化了联合信息咨询的在线服务功能。专家验收认为“此项目适应联合信息咨询服务过程智能化、管理精细化的需求，为用户多样化的信息需求提供便捷的诉求途径的同时，还为参加联合信息咨询服务的成员馆提供了服务工具和管理工具，可以促进北京地区图书馆信息服务实力和水平的提升，创造较好的社会效益。”二期平台于 2014 年 10 月全面更新上线运行，对外开展服务(联合信息咨询服务系统的网址：http://balis5.ustb.edu.cn)。2018 年开始对二期系统进行改造升级，一方面针对 PC 端实现系统功能升级，进一步改造科技查新系统，优化中心的网站页面。另一方面为 BALIS 系统增加了微服务功能(微信公众号)，实现移动微信服务功能和微信营销互动管理功能等，打造了 BALIS 联合信息咨询服务系统的微信互联网移动融合服务平台。

10.1.4　制度规范建设

为了确保联合信息咨询服务的有效开展和不断向前推进，维护服务系统的正常工作和稳定运行，保证中心与成员馆之间以及成员馆相互间的有效沟通和协同协作开展信息服务的正常秩序，保证上级管理中心的各项政策顺利执行和各项工作的有效开展，中心制定并适时修订了一系列规章制度，使各项政策、规定具体化、可执行化，成为各个成员馆开展工作的行为准则和依据。其包括《BALIS 联合信息咨询中心章程》《BALIS 联合信息咨询服务协议书》《BALIS 联合信息咨询服务规范》《BALIS 联合信息咨询中心经费管理办法》《BALIS 联合信息咨询服务评估办法》《BALIS 联合信息咨询绩效补贴办法》等系列管理文件。这些制度对中心的宗旨、组织管理、中心与成员馆各自的权利、责任与义务进行了规定，对中心及各个成员馆具有一定的工作指导性和约束性。对信息咨询馆员的咨询服务业务规范和流程要求的相关制度规定，对实现业务流程、咨询服务的规范化，岗位流程的科学化管理起着重要的作用。同时相关制度对各成员馆以及馆员个人的工作评估、绩效补贴、评优奖励等方面的内容进行了详细的规定，对成员馆积极参与联合咨询服务，努力创新、不断开拓进取起到了鞭策和激励的作用。

10.2　服务推广应用效果

10.2.1　北京地区高校图书馆的推广应用

目前，通过 BALIS 联合信息咨询服务系统开展服务的图书馆共计 47 家，各馆依据自身的服务能力和实际情况在服务系统中选择开通相应的服务类别，接受校内外用户提出的信息服务委托，为广大用户提供服务。各类别服务开通情况列表如表 10.1 所示。

表 10.1　成员馆开通服务情况列表

服务类别	开通馆数	服务类别	开通馆数
科技查新	18	情报分析	13
论文收录引用	21	学科服务	20
文献/专题服务	22	信息咨询	47

目前已有 40 多个成员馆参与服务（见图 10.1），其中教育部直属院校图书馆 13 个，中央部委所属院校图书馆 8 个，北京市属本科院校图书馆 12 个，高职高专院校图书馆 7 个。成员馆中的 985 院校图书馆 5 个，211 院校图书馆 15 个。成员馆中参与信息咨询服务的馆员总数达到 200 余人。

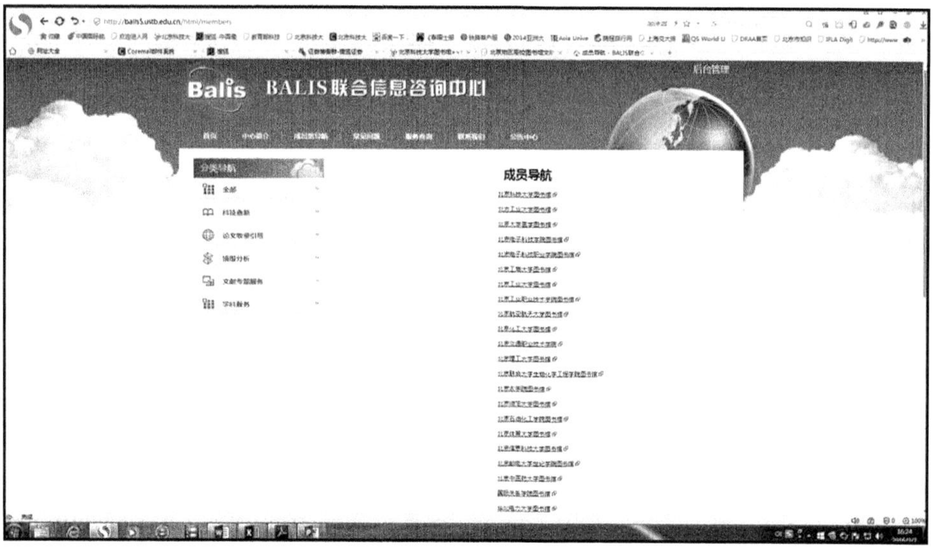

图 10.1　联合信息咨询服务系统的成员馆查询页面

自 2011 年联合信息咨询服务平台投入使用以来，中心成员馆累计为社会各界用户提供科技查新、论文收录引用等各类信息服务 31 000 余项，为用户申报科技项目立项、鉴定、报奖及个人学术评价、职称评定等提供了有力的支撑材料。服务对象不仅有分布在京津冀地区的高校、科研院所、大中小各类企业，还有东北地区以及内蒙古、河南、山西、陕西、山东、江苏等省份的高校、研究院所及企事业单位。2011 年的前 11 个月，由于平台刚刚投入使用，用户对系统平台不够熟悉，使用量较少；随后 5 年受理服务数量不断增长，2018 年受理各类服务达到 7 678 项。各年度受理服务数量如图 10.2 所示。

10.2.2　京外高校图书馆的辐射推广应用

BALIS 联合信息咨询中心的建设成果逐渐得到京外高校的认可，主动联系开展相关咨询服务业务的合作。例如，河南郑州轻工学院图书馆有意向开展科技查新工作，在目前未获

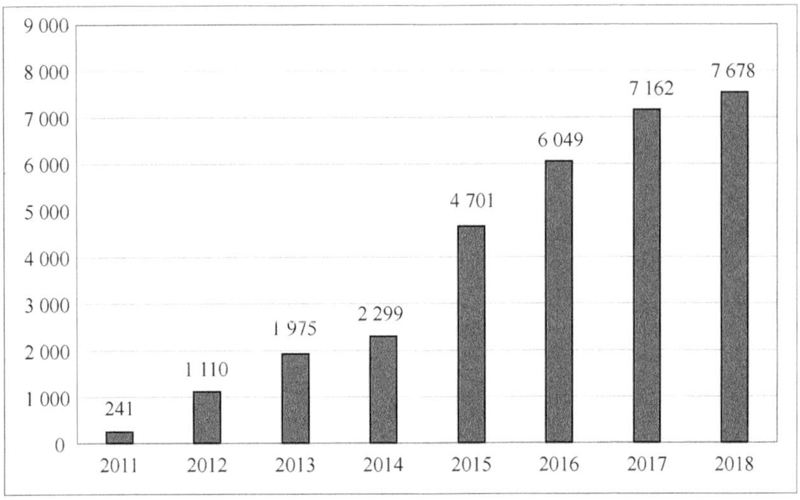

图 10.2　联合信息咨询中心各年度受理服务数量

得查新资质的情况下，主动联系北京科技大学图书馆，借助 BALIS 联合信息咨询中心系统平台就科技查新工作和北京科技大学图书馆开展相关合作，使得该馆科技查新服务得以顺利开展，满足师生科学研究的迫切需求；再如，在京津冀协同发展的背景下，北京科技大学图书馆、北京工商大学图书馆、天津科技大学图书馆、河北科技大学图书馆 4 校图书馆携手合作，根据《京津冀协同发展规划纲要》中打造“京津冀协同创新共同体”的建设目标，于 2016 年 5 月 23 日在北京科技大学图书馆签署合作协议，成立京津冀高校图书馆信息资源服务与共享协同创新联盟。依托 CALIS、CASHL、BALIS、TALIS 等共建共享协同服务平台，争取支持，积极开展协同创新信息服务。期望合作内容包含：基于合作各图书馆专业人员和馆藏资源特点，在学术论文的收录引用检索服务、科技查新工作、学科分析评价与评估等方面开展馆际协同服务，分工合作，优势互补，挖掘服务潜力，提高服务水平。2016 年中心为河北科技大学图书馆开通了联合信息咨询服务系统的使用功能，河北科技大学图书馆也派出馆员到北京联盟学校实地工作学习，期望通过共享平台促进河北科技大学科技查新等信息咨询工作的进一步拓展。

10.2.3　覆盖国内其他地区的广泛服务应用

BALIS 联合信息咨询中心的服务对象不仅限于北京各成员馆的本校师生，而是面向全国广大校内外用户提供多样的信息咨询服务，充分发挥了高校图书馆对地方经济乃至全国各地经济社会发展的信息支撑作用。以科技查新服务为例，用户范围不仅局限于北京高校、研究院所和企事业单位与个人，而是覆盖整个京津冀地区，包括山西、内蒙古、河南、山东等 20 多个省市地区的用户，甚至有云南昆明的用户委托 BALIS 联合信息咨询中心进行科技查新。根据联合信息咨询服务系统统计（见表 10.2），2014—2018 年，中心成员馆为本校师生用户的比例仅占 13.73%，为本校和其他院校提供的科技查新数量占总服务量的 23.57%，面向高新技术企业、大中型企业以及科研院所的科技查新服务占比约为 64.54%。

表 10.2 BALIS 联合信息咨询中心科技查新统计

年度	总受理项目数(个)	成员馆校项目数量(个)	其他院校项目数量(个)	高新企业项目数量(个)	大中型企业项目数量(个)	科研院所项目数量(个)	其他项目数量(个)
2014	1 136	124	89	302	139	246	236
2015	1 352	203	128	327	120	540	34
2016	1 253	130	102	354	137	336	194
2017	1 068	124	94	319	112	269	150
2018	1 223	247	181	299	114	279	103
合计	6 032	828	594	1 601	622	1 670	717

另外，据中心 2010 年服务数据统计，当年 BALIS 联合信息咨询中心在北京市中小企业创新基金项目申请过程中完成了百余项科技查新报告，根据当时项目评审公示的结果，有 75 个项目获批，累计金额 2 290 万元，可见 BALIS 联合信息咨询中心在服务北京地区经济与技术发展过程中发挥了很大的作用。

10.3 联合培养专业馆员咨询队伍

10.3.1 高素质咨询馆员团队培养

BALIS 联合信息咨询中心自成立以来，坚持面向校内外用户提供多样性的信息服务，而要做好服务的前提是必须加强信息服务馆员的培养，壮大信息服务队伍，提升成员馆的服务实力。BALIS 联合信息咨询中心在过去的 8 年发展时间里一直注重馆员服务能力的培养，建立了系列培养计划，通过科技查新、学科服务、专利信息服务等系列培训逐步提升服务馆员的信息检索和分析能力，成功举办各种培训 19 次，参加培训馆员 1 000 余人次。组织调研参观 13 个高校图书馆，调研学习内容涉及区域图书馆信息服务合作、服务平台建设、服务岗位管理、信息服务拓展情况等。8 年共评选服务先进馆 127 馆次，共有 147 名馆员得到中心的表彰和奖励，为馆员的专业水平提升，业务能力拓展，职称晋升提供了广阔的发展空间。

10.3.2 成员馆的咨询服务实力提升

参与建设与共享服务的成员馆，咨询馆员队伍得到加强，咨询服务实力增强，许多图书馆的咨询服务项目业务拓宽。例如，在 BALIS 联合信息咨询中心的帮助与支持下，北京化工大学图书馆和北京交通大学图书馆先后成功被批准为教育部科技查新工作站。通过多次的学科学术评价方法交流与研讨，一批成员馆学校开展了学科学术评价工作，较好地支持了高校的学科建设与科研工作。BALIS 联合信息咨询中心的 6 个委员馆更是由于开拓进取，积极开展专利信息服务，在派遣馆员参加专利系列培训后均成功组建专利信息服务小组，拓展了各馆原有的信息服务范畴，成功开展了专利信息服务。中心的主任馆，北京科技大学图书馆也因其在专利信息服务方面的优秀表现成功获得批准为全国专利文献服务网点。北京科技大学图书馆和中心委员馆北京交通大学图书馆双双入选首批高校国家知识产权信息服务中心。

10.4　经济效益良好

在获得较好的社会效益的同时，BALIS 联合信息咨询服务也取得了较好的经济效益，主要体现在节约成本与服务收益两个方面。

首先，在联合信息咨询服务系统的建设和使用方面，中心统一规划建设，建成的服务系统由所有成员馆共同使用，节约了每个馆自行开发服务系统需要耗费大量的人力物力，从而为国家节省了巨额教育经费支出。目前，联合信息咨询系统两期研发费用总计 32.5 万元。我们可以假设，如果中心 45 个成员馆中有 20 个馆自行开发信息服务系统则需要 650 万元经费投入，由此可见 BALIS 联合信息咨询服务系统的建设至少为成员馆节省了 600 余万元的经费支出。

其次，BALIS 联合信息咨询中心为成员馆开展专利信息服务所需的专利检索分析数据库采取集团订购方式，通过与数据库代理商谈判先后争取到中心内部 6 家委员馆共用和 11 家成员馆共用的权利，从而节省了大量的购置费用，4 年下来，共节省数据库订购经费多达 400 余万元。

另外，在信息咨询服务馆员培训方面，BALIS 联合信息咨询中心采取了与规模经济模式类同的思路，在保证培训效果的前提下，每次培训交流的参会人数尽可能最大化，降低培训边际成本，提高了培训整体效用。

最后，BALIS 联合信息咨询中心的成员馆为用户提供的信息咨询服务一般是有偿服务，可以创造经济收益，这些收益能够为成员馆提高馆员福利、改善工作条件提供可观的经费补充。

10.5　科学研究与学术成果

10.5.1　科学研究

BALIS 联合信息咨询中心在开展信息咨询服务实践的同时，积极进行科研活动，成功申请了 8 项研究基金项目。项目名称如下：

（1）高校区域性联合信息咨询服务实证研究（北京市教育科学规划项目）

（2）北京高校网络图书馆分布式联合虚拟参考咨询模式研究（北京高校图工委项目）

（3）高校联合信息咨询服务系统架构与应用研究（北京高校图工委项目）

（4）图书馆联合信息服务管理模式及实证研究（北京高校图工委项目）

（5）高校图书馆文献类采购招投标评价体系研究（北京高校图工委项目）

（6）网络化时代如何实现电子资源和纸质信息资源的协调采购与有效整合（北京高校图工委项目）

（7）区域高校图书馆专利信息协同服务模式研究（北京高校图工委项目）

（8）微信公众服务在联合信息咨询中的应用研究（北京高校图工委项目）

10.5.2　学术论文

2011 年以来，中心委员/工作人员共发表图书情报相关学术论文 27 篇，其中 CSSCI 来源刊和中文核心期刊19篇。代表性论文如下：

[1] 季淑娟，董月玲，张丽英．高校学科学术表现与影响的文献计量评价分析[J]．科技管理研究，2013，01：69-73+89．

[2] 季淑娟，王晓丽．高校区域性联合信息咨询服务的系统架构研究[J]．大学图书馆学报，2013，03：74-79．

[3] 李晓娟，任思琪，黄国彬．国外高校图书馆应用增强现实技术的案例研究[J]．图书情报工作，2015，11：73-81+105．

[4] 孙会军，左文革，季淑娟．科技查新合同规范化研究[J]．图书馆工作与研究，2013，10：87-91．

[5] 季淑娟，刘恩涛，王晓丽．北京高校区域联合信息咨询服务全流程规范控制研究[J]．图书情报工作，2015，(24)：53-58．

[6] 黄芳，王晓民．医学高校学科建设数据信息平台研究[J]．中华医学图书情报杂志，2016，11：56-59+65．

[7] 杜璟，左文革，王超，季淑娟．《教育部科技查新工作站查新报告撰写规范》分析比较研究[J]．图书情报工作．2013 Vol. 57(16)：81-85．

[8] 李国俊，季淑娟，王瑜等．美国高校图书馆开放教材行动的实践与启示[J]．大学图书馆学报，2015，04：36-40．

[9] 王晓丽，景怀宇．科技查新中专利文献的检索与对比分析[J]．现代情报，2015，07：89-92．

[10] 张长恒，黄芳．高校学科建设数据信息平台的设计与实现[J]．图书情报工作，2015，08：111-117+146．

[11] 张长恒，黄芳．利用微信公众平台构建高校图书馆APP的技术实现[J]．图书情报工作，2015，04：37-43．

[12] 周丽英，冷伏海，左文革．引文耦合增强的共词分析方法改进研究——以ESI农业科学研究主题划分为例[J]．情报理论与实践，2015，11：120-125．

[13] 王婷，伊雷，张智萍，张建文，杨守文．基于文献计量的高层次科研人才发现服务体系构建——以北京化工大学为例[J]．情报探索，2015，07：7-11．

[14] 杨波，张玲，李晓娟．高校图书馆留学生信息素质教育的理论与实践研究——以北京师范大学和美国肯塔基大学为分析对象[J]．图书情报导刊，2016，03：100-103．

[15] 杜建杰，程艾军，刘玉婷，黄芳．基于BB平台的医学信息检索网络课程建设与在线考试[J]．医学教育管理，2016，03：496-499．

[16] 王晓丽，何欢聚．科技查新的查新点与专利权利要求的对比分析[J]．现代情报，2016，08：118-121．

[17] 王超，李书宁，李晓娟．期刊论文下载分布特征及其机制研究[J]．情报科学，2016，12：59-63．

[18] 周丽英，冷伏海，左文革．基于创新团队的专利组合识别方法研究[J]．情报理论与实践，2016，11：116-120．

[19] 汪琴，张建文，张智萍，谢智敏，郭倩玲．机构知识库可持续发展策略[J]．情报杂志，2017，(05)：164-167+174．

第 11 章　联合信息咨询的发展前瞻

11.1　BALIS 项目的整体发展设想

BALIS 项目的总体建设思想是：稳步推进、不盲目、不冒进，重在落实；继续发挥北京地区高校图书馆的积极性，群策群力，共同奋进！

主要建设内容如下。

(1) 继续做好 BALIS 项目建设工作，利用成熟的技术条件，继续做好已经投入使用的原文传递、馆际互借、联合信息咨询、非书资料云服务平台、文献资源建设分析管理数据库需求分析系统、BALIS 数字资源集采平台、北京地区高校图书馆文献资源统一检索系统、中国人民大学博士生主文献资源库、BALIS 培训平台九大系统平台的维护、功能完善，以及平台升级工作，做好各系统平台之间的融合、数据的共享；做好新平台的调研、试用工作，为提高北京地区高校图书馆的整体业务素养夯实基础。

(2) 继续做好已经开展的各项服务工作。加强宣传，力争在服务模式、服务质量、服务数量、服务功能上取得更好的成绩。

(3) 继续开展区域图书馆联盟建设组织管理、运行机制的研究。不断创新管理机制，力争让 BALIS 项目运行更加高效、更加科学、资源配置更加合理，调动更多的图书馆人参与到这项工作中来。

BALIS 项目建设发展设想如图 11.1 所示。

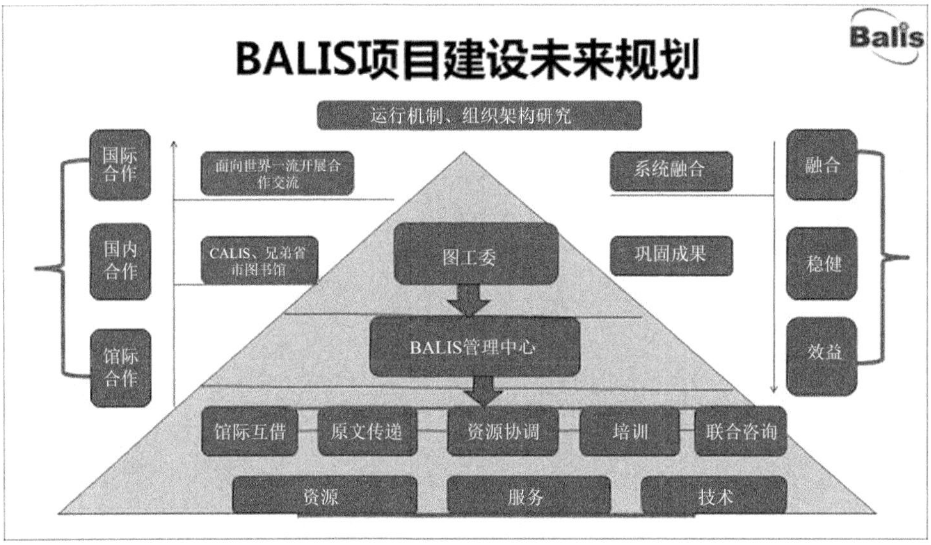

图 11.1　BALIS 项目建设发展设想

11.2 联合咨询服务现存问题与改进

11.2.1 问题与不足

随着我国高等教育的快速发展，图书馆的区域性联合信息咨询的业务范围在不断扩大，咨询的层次和深度往往需要借助一些分析工具完成。连续稳定的资金投入和支持是联合咨询稳定运行和发展的基础。资金的筹措和合理使用也是联合咨询发展的一个重要制约因素。争取政府的大力支持是目前区域性图书馆联合信息咨询发展的最大动力。同一地区或归属同一上级主管部门的图书馆可通过申报项目的方式从各级政府的主管部门获得经费支持，从而调动各成员馆开展工作的积极性。今后也要积极开拓其他经费来源渠道，如主管部门支持、各种赞助捐款、成员馆会费、科研项目经费、对外服务性收费等，形成多元化的筹资渠道，为区域性图书馆联合信息咨询服务的高水平建设和持续发展提供充足可靠的经费保证。

区域性联合信息咨询服务体系建设是以实现信息资源的共建、共知、共享为目标，其根本目的仍然是为了更好地满足用户的信息需求。通过多年的持续稳定发展，虽然取得了一定的成效，但受研究周期和研究深度的影响，基于 2015 年联合信息咨询中心开展的服务系统使用问卷调查发现，目前联合信息咨询系统的服务功能与咨询业务发展、用户需求、服务成员馆需求还是存在一定的差距，如系统的业务功能、系统的在线处理能力、智能分析与处理水平、原始文献的定位及在线处理等方面都存在继续开发和挖潜的可能，无论是系统支撑的业务模块还是服务功能仍有很大的提升空间。区域联合信息咨询服务系统的研究与改进是一个持续优化的过程，随着新技术的不断涌现和新的服务需求增长点的出现，系统的维护和升级也是一项经常性、持续性的工作。BALIS 联合信息咨询中心 2015 年在 40 家成员馆和 5 家信息服务开展得较好的非成员馆范围内开展了服务系统使用问卷调查，旨在了解成员馆的当前信息服务状态及其对服务系统功能升级的具体需求，征集信息服务开展得较好的北京高校图书馆对联合信息咨询中心工作及服务系统的建议，为联合信息咨询中心制定下一阶段的发展目标及规划服务系统的升级建设方向提供参考依据。调查共设计 15 个问题，采用网络形式进行（http://www.diaochapai.com/survey/1356929a-4f1f-4c25-89ef-d06fb2b5bbde）。

一、问题设计

1. 贵馆已经开展的信息服务形式有：*（必填，多选）

- [ ] 科技查新
- [ ] 论文收录引用检索
- [ ] 情报服务
- [ ] 文献专题服务
- [ ] 学科服务
- [ ] 参考咨询
- [ ] 其他补充______

2. 贵馆通过本系统开展的信息服务形式有：(多选)

☐ 科技查新

☐ 论文收录引用检索

☐ 情报服务

☐ 文献专题服务

☐ 学科服务

☐ 参考咨询

3. 贵馆已经在本系统注册了本馆信息服务人员体系？ *(必填，单选)

○ 是

○ 否

4. 贵馆是否指定人员每天监控通过本系统提交给贵馆的服务委托并分配任务？ *(必填，单选)

○ 是

○ 否

5. 感觉本系统对贵馆信息服务的开展是否有帮助？ *(必填，单选)

○ 有帮助

○ 帮助不大

○ 没帮助

6. 如果感觉本系统对贵馆信息服务开展帮助不大或没帮助，原因在于：*(多选)

☐ 本馆不提供本系统中列出的信息服务类型

☐ 本馆有其他类似的服务系统

☐ 本系统服务功能不理想

☐ 本系统运行不稳定

☐ 本系统运行速度慢

☐ 本系统操作不方便

☐ 其他补充______

7. 对于本系统，您最关心哪些方面：*(必填，多选)

☐ 服务管理功能是否完善

☐ 服务流程是否清晰

☐ 在线操作自动化水平高低

☐ 操作是否简单便捷

☐ 其他补充______

8. 如果对本系统的科技查新模块进行升级建设，您希望增加或完善哪些功能：*(必填，多选)

☐ 增加更多查新报告模板

☐ 增加在线统一检索功能

☐ 增加微信营销宣传模式

☐ 增加电子商务支付功能

☐ 其他补充______

9. 如果对本系统的论文收录引用检索模块进行升级建设，您希望增加或完善哪些功能？ *（必填，多选）

- [ ] 提供统一的检索报告模板
- [ ] 主要检索类型，如 SCIE 收录引用，能够在线自动完成
- [ ] 增加电子商务支付功能
- [ ] 增加微信营销宣传模式
- [ ] 其他补充

10. 如果对本系统的学科服务模块进行升级建设，您希望增加或完善哪些功能？ *（必填，多选）

- [ ] 提供成员馆共用的学科服务/学科评价工具
- [ ] 提供统一的学科评价报告模板
- [ ] 增加电子商务支付功能
- [ ] 增加微信营销宣传模式
- [ ] 其他补充

11. 如果对本系统的情报服务模块进行升级建设，您希望增加或完善哪些功能？ *（必填，多选）

- [ ] 提供成员馆共用的情报服务/分析工具
- [ ] 提供统一的情报服务报告模板
- [ ] 增加电子商务支付功能
- [ ] 增加微信营销宣传模式
- [ ] 其他补充

12. 如果对本系统的文献专题服务模块进行升级建设，您希望增加或完善哪些功能？ *（必填，多选）

- [ ] 提供成员馆共用的文献数据源
- [ ] 提供统一的文献专题服务报告模板
- [ ] 增加电子商务支付功能
- [ ] 增加微信营销宣传模式
- [ ] 其他补充

13. 如果对本系统的参考咨询模块进行升级建设，您希望增加或完善哪些功能？ *（必填，多选）

- [ ] 提供成员馆统一使用的便捷的实时参考咨询平台
- [ ] 完善成员馆表单咨询和实时咨询的制度安排
- [ ] 其他补充

14. 对本系统的使用和升级建设，您还有哪些宝贵建议？ *（必填）

15. 除了提供完善的联合信息服务系统，您希望 BALIS 联合信息咨询中心加强哪些方面的工作来更好地位成员馆服务？ *（必填）

二、结果分析

问题 1～问题 6 涉及各图书馆的事实数据，不做具体比较。根据问卷反馈情况，对问题 7～问题 15 进行详细的分析，结果如下。

7. 对于本系统，您最关心哪些方面：

选项 ↑	数据量	百分比
服务管理功能是否完善	36	66.67%
服务流程是否清晰	38	70.37%
在线操作自动化水平高低	35	64.81%
操作是否简单便捷	42	77.78%
其他补充 查看详细填写结果	4	7.41%
		回答 54 (100%)

结果分析："操作简单便捷"是最受成员馆使用者关注（42 份）；随其后是"服务流程是否清晰"（38 份）；"服务管理功能是否完善"（36 份）和"在线操作的自动化水平"（35 份）受关注程度相当。另有一条补充内容如下：

开始时间	IP	7. 对于本系统，您最关心哪些方面：/其他补充
2015-06-24 09:30:27	218.241.190.168	是否得到及时响应

8. 如果对本系统的科技查新模块进行升级建设，您希望增加或完善哪些功能：

选项 ↑	数据量	百分比
增加更多查新报告模板	31	57.41%
增加在线统一检索功能	40	74.07%
增加微信营销宣传模式	24	44.44%
增加电子商务支付功能	22	40.74%
其他补充 查看详细填写结果	4	7.41%
		回答 54 (100%)

结果分析："增加在线统一检索功能"选项反馈最高（40 份）；其后是"增加更多查新报告模板"（31 份）；"增加微信营销宣传模式"和"增加电子商务支付功能"分别为 24 份和 22 份。另外，有反馈提出系统当前报告模板存在的问题，增加删除重复委托功能，简化提交报告操作。

另有 4 份补充需求：

开始时间	IP	8. 如果对本系统的科技查新模块进行升级建设，您希望增加或完善哪些功能：/其他补充
2015-07-10 11:31:58	166.111.123.13	价格参数、FAQ模板维护、机构信息维护等
2015-07-02 09:13:32	114.251.216.230	目前的模板在字体格式、页面版式方面离查新规范要求的差距太大，需做大量的人工整理
2015-06-24 14:35:21	182.48.104.64	增加多次提交删除功能
2015-06-24 09:29:03	123.124.224.8	改善查新目录浏览功能和简化提交报告操作，增加删除无效申请记录功能

9. 如果对本系统的论文收录引用检索模块进行升级建设,您希望增加或完善哪些功能?

选项	数据量	百分比
提供统一的检索报告模板	39	72.22%
主要检索类型，如SCIE收录引用，能够在线自动完成	45	83.33%
增加电子商务支付功能	21	38.89%
增加微信营销宣传模式	17	31.48%
其他补充 查看详细填写结果	2	3.7%
	回答 54	(100%)

结果分析:普遍反映希望“主要检索类型能够在线自动完成(45 份)”;希望“提供统一的检索报告模板”的反馈 39 份;希望“增加电子商务支付功能”和“增加微信营销宣传模式”分别为 21 份和 17 份。

另有来自北京农业职业学院图书馆和首都医科大学图书馆的补充内容。

开始时间	IP	9.如果对本系统的论文收录引用检索模块进行升级建设，您希望增加或完善哪些功能？ /其他补充
2015-07-02 09:43:11	58.30.20.3	可以检索EI索引号
2015-06-24 09:29:03	123.124.224.8	增加删除无效申请记录功能

10. 如果对本系统的学科服务模块进行升级建设,您希望增加或完善哪些功能?

选项	数据量	百分比
提供成员馆共用的学科服务/学科评价工具	46	85.19%
提供统一的学科评价报告模板	43	79.63%
增加电子商务支付功能	19	35.19%
增加微信营销宣传模式	19	35.19%
其他补充 查看详细填写结果	2	3.7%
	回答 54	(100%)

结果分析:希望“提供成员馆共用的学科服务/学科评价工具”的反馈最多(46 份);其次为“提供统一的学科评价报告模板”(43 份)。反映出成员馆在学科服务/学科评价方面需要解决采用什么工具、如何实施服务并呈现结果的问题。“增加电子商务支付功能”和“增加微信营销宣传模式”均为 19 份。

11. 如果对本系统的情报服务模块进行升级建设,您希望增加或完善哪些功能?

选项	数据量	百分比
提供成员馆共用的情报服务/分析工具	47	87.04%
提供统一的情报服务报告模板	39	72.22%
增加电子商务支付功能	19	35.19%
增加微信营销宣传模式	19	35.19%
其他补充 查看详细填写结果	3	5.56%
	回答 54	(100%)

结果分析:本问题的反馈结果与问题 10 的反馈结果相当,主要集中在采用什么服务工具、如何实施服务操作、如何呈现服务结果方面。

12. 如果对本系统的文献专题服务模块进行升级建设，您希望增加或完善哪些功能？

选项	数据量	百分比
提供成员馆共用的文献数据源	48	88.89%
提供统一的文献专题服务报告模版	40	74.07%
增加电子商务支付功能	19	35.19%
增加微信营销宣传模式	19	35.19%
其他补充 查看详细填写结果	2	3.7%

回答 54（100%）

结果分析：本问题的反馈结果与问题 10、问题 11 的反馈结果相当，主要集中在采用什么服务工具（数据源）、如何实施服务操作、如何呈现服务结果方面。“其他补充”信息无实际内容。

13. 如果对本系统的参考咨询模块进行升级建设，您希望增加或完善哪些功能？

选项	数据量	百分比
提供成员馆统一使用的便捷的实时参考咨询平台	48	88.89%
完善成员馆表单咨询和实时咨询的制度安排	36	66.67%
其他补充 查看详细填写结果	4	7.41%

回答 54（100%）

结果分析：48 份反馈希望“提供成员馆统一使用的便捷的实时参考咨询平台”；36 份反馈希望“完善成员馆表单咨询和实时咨询的制度安排”。另有补充信息如下：

开始时间	IP	13. 如果对本系统的参考咨询模块进行升级建设，您希望增加或完善哪些功能？/其他补充
2015-07-10 11:31:58	166.111.123.13	参考咨询知识库，有共性的疑难问题共享答案；整理参考咨询工具等。
2015-06-24 14:35:21	182.48.104.64	未用
2015-06-24 09:29:03	123.124.224.8	目前还比较方便

14. 对本系统的使用和升级建设，您还有哪些宝贵建议？

反馈结果如下。

(1) 简化流程—方便易用

本馆无法处理的请求经由本系统处理，流程上需要优化。

简化使用流程，突出成员馆的优势和特色，便于用户选择。

希望操作尽量简化，显示界面上的项目可以根据各馆自行调整。

更加方便，更加及时，服务说明更加细致一些。

增加成员馆之间即时沟通功能，操作更简单方便，系统更加稳定。

操作简单，流程清晰。

操作流程更为便捷。

提供更多灵活性，方便使用。

系统在能保证实现功能的前提下，尽可能的简单操作，高效。

最好能方便、好用。

智能、人性化。

(2) 现有功能的细节问题

科技查新模块中，增加用户删除已重复提交的委托单的功能。

有返回功能，操作失误后可以后退。

提供统一的各类报告模板。

希望能自动生成查新报告格式。

有些特殊情况要考虑，比如我校分布在北京与保定两地，还有电力查新，需要有更多统计选项。最重要的是提供查新报告模板。

提供多种报告模板；保存检索报告并可以检索(比如可按被检索人姓名检索)。

选择机构的时候，能否把机构默认为任意学校。

系统在功能上已基本够用，系统的统计功能可以做得更完善一些，目前有些统计类别不能用。

咨询功能加强，便捷，方便。

(3) 增设服务与功能

加强基于每所高校的学科和针对学科类型的文献数据分析。

能够自动检索相关数据库；有新请求时系统能够自动提示。

站在信息技术发展前沿、无缝连接互联网，加大微信平台服务。

(4) 其他建议

对提出的意见能及时修改。

首先是应该将系统现有的功能保证完全正常，并完善起来，其次各模块应该以馆员的实际使用需求为标准，随时更新，修改，保证可以真正实现，系统能为馆员的操作便利性提供方便。

15. 除了提供完善的联合信息服务系统，您希望 BALIS 联合信息咨询中心加强哪些方面的工作来更好地为成员馆服务？

反馈结果如下。

(1) 资源共享方面

充实资源；

扩展共享数字资源；

加强各个馆之间资源服务的共建共享；

资源共享，多开展活动，促进各馆之间的学习和交流；

多提供一些实用的分析和统计工具；

希望尽快提供 BALIS 统一检索平台。

(2) 加强服务方面

加强馆员培训、服务模式研究、资源与工具评价等；有些服务可以联合，有些工作需要各馆有特色有个性，因为读者需求不同；

加强机构知识库的相互支持、联系与建设；

可考虑是否增加针对科研机构或个人的“文献计量分析服务”；

学科服务与专利信息服务；

个性化的参考咨询服务。

(3) 关于服务系统的使用
实用；
及时更新；
提高在线服务功能；
添加删除功能；
信息服务人员交流平台；
和本馆的具体情况相适应，具有更好的灵活性；
能让使用者方便，在系统设置的时候，能否在有新的提交申请时，有手机提示。

11.2.2　改进与完善

BALIS 联合信息咨询服务在前期建设与服务的基础上应在如下几个方面进行改进。

(1) 完善系统平台功能：增强系统平台服务的智能化水平是未来系统平台改进的努力方向。例如，系统平台对相关文献资源元数据的统一检索、原文定位等功能研发；论文收录引证检索与报告的自动生成服务等服务引入，可满足各成员馆对提高服务质量和效率的需求，进一步提升系统各项服务流程的在线智能化处理能力。

(2) 以改善用户和馆员的使用和互动体验为主，结合系统应用、页面视觉、交流互动等综合感受，改进系统前台使用和后台服务界面，使服务的全流程更简易、高效地满足用户和馆员的使用需求与习惯。

(3) 探索移动云服务的联合咨询服务新模式，将移动服务、微信平台融合于服务过程中的用户沟通、需求提交、过程查询、网上支付等，方便用户随时随地享受咨询服务。可以提供微网站、微信公众管理、微信互动营销、微信支付等微信云服务模式。

(4) 服务功能向个性化、自动化和智能化方面提升。通过持续不断的深入研究，全面提升北京高校区域联合信息咨询服务流程化、自动化与智能化的服务水平。

(5) 继续完善制度建设：在目前联合信息咨询现有规章制度的基础上，进一步完善制度建设，使得中心主任馆、委员馆及各成员馆在完善的制度框架下有序地进行业务管理，有效地开展信息服务。

(6) 加强成员馆咨询馆员的专业技能培养，加强馆员之间的业务交流和研讨。加大各项信息咨询服务的宣传力度，利用新媒体技术，开展多种形式的宣传推广活动。

(7) 开拓服务思路、创新服务方法，积极拓展新的业务服务形式，关注图书馆服务高校学科与科研发展的学科服务。同时，为贯彻落实国家实施创新驱动发展战略、知识产权战略和“十三五”规划，推动《高等学校知识产权管理规范》贯彻，有效运用专利制度提升高等学校科技创新能力，服务高等学校科研项目全流程知识产权管理，做好专利信息分析等服务也是亟待加强与推进的工作。

(8) 加强信息咨询服务的科学研究：坚持以科学研究带动信息服务提升，围绕信息服务开展学术研究。

参考文献

[1] 黄朴民,刘春鸿.共建·共享·共知[M].北京:北京邮电大学出版社,2018.

[2] 柯平.信息咨询概论[M].北京:科学出版社,2008.

[3] 江洪.图书馆战略规划研究[M].北京:科学出版社.2013.

[4] 中国大百科全书总委员会《本卷编辑》委员会.中国大百科全书[M].北京:中国大百科全书出版社,1993.

[5] 郑建明.信息咨询学[M].南京:南京大学出版社.2010.

[6] 张爱优.论建立高校图书馆联合参考咨询服务系统[J].图书情报知识,2004(01):68-69.

[7] 陈勤,区域合作数字参考咨询服务额独特优势和功能[J].图书馆学研究,2007(07):56-58.

[8] http://www.loc.gov/rr/digiref.

[9] http://www.ndcnc.gov.cn.

[10] https://www.cadal.cn/.

[11] http://www.calis.edu.cn/.

[12] http://www.balis.edu.cn/.

[13] http://www.ucdrs.net/.

[14] http://www.netlib.edu.cn/.

[15] https://www.julac.org/.

[16] http://sflm.bnu.edu.cn/.

[17] http://www.knowledgeatshare.cn/.

[18] http://www.libconsortia.edu.cn/.

[19] 周志峰.网上联合数字参考咨询平台的实证研究——联合知识导航站与联合参考咨询网的比较分析[J].图书馆学研究,2008(8):68-74.

[20] 谢翠香.虚拟参考咨询服务的建设与发展[J].陕西当代图书馆,2003(03):14-16.

[21] 王昕,李勇.咨询服务过程中的知识转移和整合[J].情报杂志,2005(04):117-119.

[22] 强自力.现代图书馆联盟兴起的成因及其特点[J].情报杂志,2005(07):118-119+122.

[23] 戴龙基,张红扬.图书馆联盟——实现资源共享和互利互惠的组织形式[J].大学图书馆学报,2000(03):36-39.

[24] 石海玉,王芳芳,肖莉明.虚拟网络环境下的图书馆组织——华盛顿研究图书馆联盟[J].图书馆杂志,1999(05):41-43.

[25] 赵力飒. 用图书馆联合的方法扩展图书馆的功能——美国伊利诺宜州的图书馆系统简介[J]. 图书馆建设,2001(02):89-91.

[26] 高波,孙琼. 加拿大图书馆信息资源共享模式研究[J]. 图书馆论坛,2008,28(06):127-130.

[27] 孔令玉,高波. 美国的图书馆信息资源共享模式[J]. 大学图书馆学报,2008(05):34-38.

[28] 杨丽,高波. 西欧四国的图书馆信息资源共享模式[J]. 大学图书馆学报,2008(05):39-42+48.

[29] 叶宏. 图书馆联盟与传统图书馆管理模式之比较[J]. 情报资料工作,2004(05):54-57.

[30] 张红芹,赵乃瑄. 国内典型区域跨系统图书馆联盟建设现状与发展对策实证研究[J]. 图书情报工作,2016,60(07):41-46.

[31] 孙慧明,邓菊英,王璇. 我国跨系统区域图书馆联盟建设发展研究综述[J]. 图书馆工作与研究,2016(01):17-20+27.

[32] 鄂丽君,许子媛. 我国区域图书馆联盟建设现状调查与分析[J]. 图书馆,2012(01):62-65.

[33] 张甫,吴新年,张红丽. 国内区域图书馆联盟建设与发展研究[J]. 情报杂志,2011,30(08):138-143+162.

[34] 孙宇,孙志权. 关于区域图书馆联盟建设的几点思考[J]. 图书馆学研究,2011(08):92-94+88.

[35] 陆地,郭秦茂. 我国高校图书馆联盟建设现状与发展思考[J]. 江西图书馆学刊,2009,39(03):18-19+22.

[36] 何燕. 对公共图书馆联盟发展的思考[J]. 图书馆论坛,2006(05):210-212.

[37] 唐婵飞. 地区图书馆联盟发展问题及对策[J]. 情报探索,2006(02):3-5.

[38] 林嘉. 网络环境下图书馆联盟建设的思考[J]. 中国图书馆学报,2003(02):31-33+43.

[39] 范亚芳,郦金花,王传卫. 图书馆联盟共建共享评价指标体系与方法研究[J]. 情报科学,2011,29(05):676-680+685.

[40] 范亚芳,王传卫. 我国图书馆联盟绩效评估要素研究[J]. 图书情报工作,2010,54(11):56-61.

[41] 范亚芳,王传卫. 我国高校区域性图书馆联盟建设模式研究[J]. 图书馆,2008(01):65-67+80.

[42] 梁欣. 移动数字图书馆联盟:高校图书馆信息资源共享的发展趋势[J]. 现代情报,2012,32(01):63-66.

[43] 沈静. 珠三角数字图书馆联盟的创新性与实践研究[J]. 图书馆学研究,2011(12):86-90.

[44] 何琳. 我国区域性高校数字图书馆联盟建设现状调查分析[J]. 图书馆,2010(04):61-63.

[45] 曾春春,詹庆东. 中美区域性高校数字图书馆联盟治理体系比较研究[J]. 图书馆建设,2016(10):84-91.

［46］沈嵘．技术联盟：高校图书馆数字化建设的新方向——以浙江省高校数字图书馆联盟建设为例［J］．图书情报工作，2010，54(05)：71-74.

［47］郭一平，王亮．数字图书馆联盟构建模式的选择与实践［J］．图书馆论坛，2007(04)：1-3.

［48］李富玲，卢振波．数字图书馆联盟研究［J］．大学图书馆学报，2005(02)：11-15.

［49］关志英，王晶晶．我国图书馆联盟馆际互借服务质量控制研究——以CASHL为例［J］．大学图书馆学报，2012，30(04)：30-35+41.

［50］蒋玲，刘春．基于层次分析法的异质性区域图书馆联盟服务质量评价体系研究［J］．乐山师范学院学报，2010，25(11)：132-133.

［51］金毅，黄敏，林皓明，郭晶．CALIS分布式联合虚拟参考咨询系统的开发［J］．大学图书馆学报，2005(03)：30-33.

［52］张春红，肖珑，梁南燕．虚拟参考咨询服务规范研究及其应用［J］．大学图书馆学报，2006(02)：57-62.

［53］赵配影，王雅娟，熊军洁．天津市高校数字图书馆联盟信息服务质量评价指标体系研究［J］．农业图书情报学刊，2013，25(04)：150-152.

［54］袁静．图书馆联盟服务质量提升的策略研究［J］．情报资料工作，2010(05)：74-77.

［55］唐琼，张玫，曾颖，陈一梅，徐涌．基于LibQUAL+～(TM)的广东高校图书馆服务质量评价［J］．大学图书馆学报，2006(02)：63-69.

［56］黄芳，季淑娟，黄肇隽．地区高校图书馆联合信息咨询服务中的知识产权研究［J］．医学信息学杂志，2012，33(11)：71-74.

［57］侯爱花．基于生命周期的图书馆联盟知识产权冲突与对策研究［J］．图书馆工作与研究，2015(06)：8-11.

［58］Morgan E L. Resource sharing and consortia，or becoming a 600-pound gorilla. Computers in Libraries，1998，1(4)：40-41.

［59］DAVID F. KOHI. Resource Sharing in a Changing Ohio Environment. LIBRARY TRENDS，1997，45(3)：435-447.

［60］Hirshon，Arnold，. Libraries，consortia，and change management. The Journal of Academic Librarianship. 1999，25(2)：124-126.

［61］SHARON L. BOSTICK. Academic Library Consortia in the United States：An Introduction. LIBER QUARTERLY. 2001(11)：6-13.

［62］KIM Tae-seung. Interlibrary Cooperation Organization in Korea：Its Current Status and Activities. http://www. nii. ac. jp/publications/kaken/HTML1999/99KimTS-E. html.

［63］WERNER REINHARDT，PETER TE BOEKHORST. Library Consortia in Germany. LIBER QUARTERLY. 2001，11：67-79.

［64］MAJA JOKIC. Library Consortia in Croatia. LIBER QUARTERLY. 2001(11)：35-41.

［65］Wright，David A. Library Consortia：Do the Models Always Work? Resource Sharing & Information Networks，2005，18(1-2)：49-60.

[66] Jody Condit Fagan. The dimensions of library service quality：A confirmatory factor analysis of the LibQUAL + instrument[J]. Library & Information Science Research. 2014,36(1):36-48.

[67] Simpson,Donald B. Library Consortia and Access to Information：Costs and Cost Justification. Journal of Library Administration,1990,12(3):83-97.

[68] Alexander,Adrian W. Toward "The Perfection of Work"：Library Consortia in the Digital Age. Journal of Library Administration,1999,28(2):114.

[69] HIRSHON Arnold. International Library consortia：Positive starts,promising futures. Journal of library administration. 2001,35(1-2):147-166.

[70] Rona Wade. The very model of a modern library consortium. Library Consortium Management：An International Journal,1994,1(1/2):5-18.

[71] Allen,Barbara McFadden；Hirshon,Arnold. Hanging Together To Avoid Hanging Separately：Opportunities for Academic Libraries and Consortia. Information Technology and Libraries,1998,17(1):36-44.

[72] Arenas M L,Morel M P'Anita M J. Four years of academic library co-operation in Chile "Alerta al Conocimiento". Interlending & Document Supply. 2000,28(4):163-168.

[73] Diane Nester Kresh. Offering High Quality Reference Service on the Web：The Collaborative Digital Reference Service (CDRS). Library of CongressD-Lib Magazine. http://www. dlib. org/dlib/june. OO/kresh/06kresh. html.

[74] 杨柳,何海波. 区域图书馆联盟馆际互借中知识产权风险规避[J]. 长春师范学院学报,2011,30(12):184-187.

[75] 崔雁. 馆际互借与文献传递中的知识产权风险防范[J]. 图书馆建设,2005(02):13-15.

[76] 黄欣. 合作式数字参考咨询服务的知识产权保护现状探讨[J]. 图书馆论坛,2010,30(04):4-6.

[77] 袁红军,杨智. 合作式数字参考咨询服务中知识产权保护机制构建[J]. 情报科学,2009,27(10):1475-1478+1482.

[78] 杜文娟. 合作虚拟参考咨询服务的知识产权保护机制研究[J]. 图书馆界,2009(03):24-26.

[79] 朱海雅,刘伟成. 合作数字参考咨询服务中的知识产权保护机制[J]. 图书馆理论与实践,2006(06):36-38.

[80] 孔繁超,周奇志. 图书馆联盟知识产权风险防范体系构建[J]. 图书馆建设,2009(11):8-11.

[81] 赵丽琴. 信息服务业发展视角下的图书馆信息服务发展路径研究[J]. 图书与情报. 2011(3):85-87.

[82] 霍敏,李碧清,杨懿菲,程志臻,王勇. 定题服务模式与实践研究[J]. 图书情报工作,2014,58(S2):108-111.

[83] 孙书平,张艳英,李冶. 网络定题服务质量管理体系架构的研究[J]. 现代情报,2007(08):189-191+195.

[84] 瞿方华. 公共图书馆专题服务实践与思考——以浦东图书馆航运专题为例[J]. 图书情报导刊,2016,1(05):125-128.

[85] 赵慧,于丽曼,车锦华. 图书馆为全运会专题信息服务实践研究[J]. 图书馆学刊,2012,34(11):66-67+102.

[86] 李斌. 美国大学学科馆员服务的典型案例及其启示[J]. 图书馆杂志. 2004,23(7):38-40.

[87] 向燕慧. 高校学院图书分馆服务功能发展趋势漫谈[A]. 全国高校社科信息资料研究会. 全国高校社科信息资料研究会第 14 次理论研讨会论文集[C]. 全国高校社科信息资料研究会:,2012:5.

[88] 初景利. 新信息环境下学科馆员制度与学科化服务[J]. 图书情报工作. 2008,(2):5.

[89] 刘琼. 中美大学学科馆员的初步比较研究[J]. 大学图书馆学报. 2005(4):13-16.

[90] 刘丽莉. 图书馆合作发展研究述评[J]. 新世纪图书馆,2017(03):92-96.

[91] 李锦兰. 国内区域图书馆联盟研究——基于 31 个省级图书馆联盟网站的调研[J]. 图书馆工作与研究,2017(03):56-61.

[92] 冯君,赵乃瑄. 我国跨系统区域图书馆联盟多极化运行模式[J]. 图书馆论坛,2016,36(09):85-92.

[93] 许子媛. 面向科研的高校图书馆学科服务联盟模式研究[J]. 图书馆建设,2016(02):48-52+62.

[94] 杜杏叶,李亚峰,李贺,王硕. 我国图书馆联盟管理与运行机制现状调查研究[J]. 图书情报工作,2014,58(09):37-45.

[95] 燕今伟. 图书馆联盟的构建模式和发展机制研究[J]. 中国图书馆学报,2005(04):24-29.

[96] 陈卫静. 基于 ESI 和 InCites 的学科发展评价研究[J]. 四川图书馆学报,2016(03):57-60.

[97] 周光礼,武建鑫. 什么是学术评价的全球标准——基于四个全球大学排行榜的实证分析[J]. 中国高教研究,2016(04):51-56.

[98] 季淑娟,董月玲,张丽英. 高校学科学术表现与影响的文献计量评价分析[J]. 科技管理研究,2013,01:69-73+89.

[99] 季淑娟,王晓丽. 高校区域性联合信息咨询服务的系统架构研究[J]. 大学图书馆学报,2013,03:74-79.

[100] 孙会军,左文革,季淑娟. 科技查新合同规范化研究[J]. 图书馆工作与研究,2013,10:87-91.

[101] 季淑娟,刘恩涛,王晓丽. 北京高校区域联合信息咨询服务全流程规范控制研究[J]. 图书情报工作,2015,(24):53-58.

[102] 杜璟,左文革,王超,季淑娟.《教育部科技查新工作站查新报告撰写规范》分析比较研究[J]. 图书情报工作. 2013 Vol. 57 (16): 81-85.

[103] 张长恒,黄芳. 利用微信公众平台构建高校图书馆 APP 的技术实现[J]. 图书情报工作,2015,04:37-43.

[104] 杜建杰,程艾军,刘玉婷,黄芳. 基于 BB 平台的医学信息检索网络课程建设与在

线考试[J]. 医学教育管理,2016,03:496-499.

[105] 周丽英,冷伏海,左文革. 基于创新团队的专利组合识别方法研究[J]. 情报理论与实践,2016,11:116-120.

[106] 汪琴,张建文,张智萍,谢智敏,郭倩玲. 机构知识库可持续发展策略[J]. 情报杂志,2017,(05):164-167+174.

[107] 刘水. 美国高校图书馆社会化服务实践及其启示[J]. 河北工程大学学报(社会科学版),2017,34(04):21-23+36.

[108] 刘政. 美国高校图书馆延伸服务实践及其启示——以加州大学伯克利分校图书馆为例[J]. 图书馆学研究,2016(23):97-101.

[109] 孙晓凤. 美国高校图书馆延伸服务案例研究及其启示[J]. 大学图书情报学刊,2016,34(03):101-104.

[110] 施亦龙,许鑫. 美国高校图书馆服务分析及其启示——基于威斯康辛大学麦迪逊分校图书馆的调研[J]. 图书馆建设,2014(09):70-74.

[111] Jeal Y. 2005. Re-engineering customer Services: university of salford information services division[J]. New library world,2005,106(7/8):352-362.

[112] Lippincott J K. 2005. New library facilities: Opportunities for collaboration[J]. Resource sharing and information networks,2005,(17):1-2.

[113] 祁克军. 国内外图书馆联合数字参考咨询服务研究综述[J]. 农业图书情报学刊,2018,30(08):147-151.

[114] 沈涛. 国外图书馆参考咨询服务规范分析及启示[J]. 河北科技图苑,2017,30(06):43-46.

[115] 陆红如,陈雅. 基于模式分析的网络参考咨询服务模式研究[J]. 数字图书馆论坛,2017(10):55-60.

[116] 苏红霞,盛小平. 基于服务规范的中美参考咨询馆员能力的比较研究[J]. 图书情报工作,2017,61(14):29-33.

[117] 贾娟. 西北地区高校图书馆参考咨询服务调查研究——以《图书馆参考咨询服务规范》为参照[J]. 国家图书馆学刊,2017,26(01):23-28.

[118] 刘洪辉,沈静.《图书馆参考咨询服务规范》的编制及特点[J]. 国家图书馆学刊,2015,24(06):36-41.

[119] 徐春,殷铭. 区域性联合参考咨询平台服务模式实证研究——以"江苏省工程文献信息中心平台"为例[J]. 图书馆理论与实践,2015(02):102-105.

[120] 黄欣. 基于学科的高校区域性联合参考咨询服务模式——以福州大学城为例[J]. 图书馆学刊,2014,36(11):69-72.

[121] 李彩虹. 开放与融合背景下的虚拟参考咨询服务标准规范研究[J]. 图书馆建设,2014(03):70-73+69.

[122] 胡昌平,胡媛. 跨系统农业信息咨询的协同化实现[J]. 图书馆论坛,2013,33(06):14-18.

[123] 王云英. 地方院校图书馆联合参考咨询服务模式探讨[J]. 科技情报开发与经济,2013,23(10):38-40.

[124] 张荣勤.国内图书馆联盟建设现状与发展趋势研究[J].情报探索,2011(07):122-123.

[125] 张久珍,王雪菲,孙小婷.国外数字参考咨询服务规范解读与启示[J].图书馆理论与实践,2011(03):20-23.

[126] 田会明,张玉娥.网络联合参考咨询服务模式初探[J].佳木斯大学社会科学学报,2010,28(05):187-188.

[127] 李月华.图书馆联盟建设及发展趋势[J].信阳农业高等专科学校学报,2010,20(03):159-160.

[128] 覃燕梅.高校图书馆数字化参考咨询服务资源组织探究[J].现代情报,2009,29(03):93-96.

[129] 莫少强.将联合参考咨询网建设成为全国文化信息资源共享工程的重要服务窗口和阵地[J].图书馆建设,2008(02):106-107+111.

[130] 江梅.RUSA虚拟参考咨询服务实施与维护指南[J].图书馆建设,2007(04):85-87+90.

[131] 徐庆宁,江梅.论图书馆虚拟咨询的内容范畴及规范原则[J].图书馆工作与研究,2007(03):68-71.

[132] 武利红.美国《参考咨询和信息服务人员行为指南》及其对我们的启示[J].图书馆建设,2005(02):52-54.

[133] 吴怡青.领导决策信息咨询网络安全体系的建构[J].现代情报,2004(12):188-191.

[134] 王晓丽,季淑娟.高校图书馆联合信息咨询微信公众服务研究[J].创新科技,2018,18(05):85-88.

附录　BALIS 联合信息咨询服务系统使用指南

本使用指南是北京地区高校图书馆文献资源保障体系（BALIS）联合信息咨询服务信息中心门户平台和服务系统的使用指南，便于业界了解该系统的基本功能和使用方法。

1. 使用指南—用户部分

本使用指南—用户部分详细描述了 BALIS 联合信息咨询中心的用户（服务对象）使用网站的操作方法。

（1）前台使用

1）首页相关功能

前台用户登录网站后，可进入如附图 1 所示的网站首页，此时用户可以根据自己的需要单击相关业务对应按钮进行服务委托。

附图 1　BALIS 联合信息咨询中心网站首页

2）科技查新

网站用户单击网站首页左侧“快速通道”栏目的

链接，网站显示“科技查新”业务页面，用户需要根据要求仔细填写委托合同表单，如附图 2 所示，填写完后单击

按钮就可以完成委托业务的提交。

附图 2　科技查新委托合同表单填写页面

① 用户提交委托业务单后，网站将自动给“委托人”以及“机构管理员”发送通知邮件。

② 业务提交成功后，用户可以单击 点此下载 按钮，下载所提交委托的 Word 格式文档。

③ 说明：用户在选择“机构名称”下拉框时，如果事先没有选择“机构分类”，则“机构名称”的下拉框没有内容可选，用户只有选择“机构分类”时“机构名称”才有内容可选；同时通信地址和邮政编码等信息会自动生成，无须用户手动输入。“机构名称”主要用来决定用户（委托人）提交委托订单后，由哪个机构来提供服务。

3）论文收录引用

网站用户单击网站首页左侧“快速通道”栏目的 论文收录引用 链接，网站显示“论文收录引用”业务页面，用户需要根据要求仔细填写申请表单，如附图 3 所示，填写后单击 提交 按钮就可以完成服务委托的提交。

① 用户提交委托业务后，网站将自动给“委托人”以及“机构管理员”发送通知邮件。

② 业务提交成功后，用户可以单击 点此下载 按钮，下载所提交报告的 Word 格式文件。

③ 说明：用户在选择“机构名称”下拉框时，如果事先没有选择“机构分类”，则“机构名称”的下拉框没有内容可选，用户只有选择“机构分类”时“机构名称”才有内容可选；同时通信地址和邮政编码等信息会自动生成，无须用户手动输入。“机构名称”主要用来决定用户（委托人）提交委托订单后，由哪个机构来提供服务。

附图3　论文收录引用证明申请表单填写页面

4）情报分析

网站用户单击网站首页左侧“快速通道”栏目的“情报分析”链接，网站显示“情报分析”业务页面，用户需要根据要求仔细填写委托表单，如附图4，填写后单击“提交”按钮就可以完成委托业务的提交。

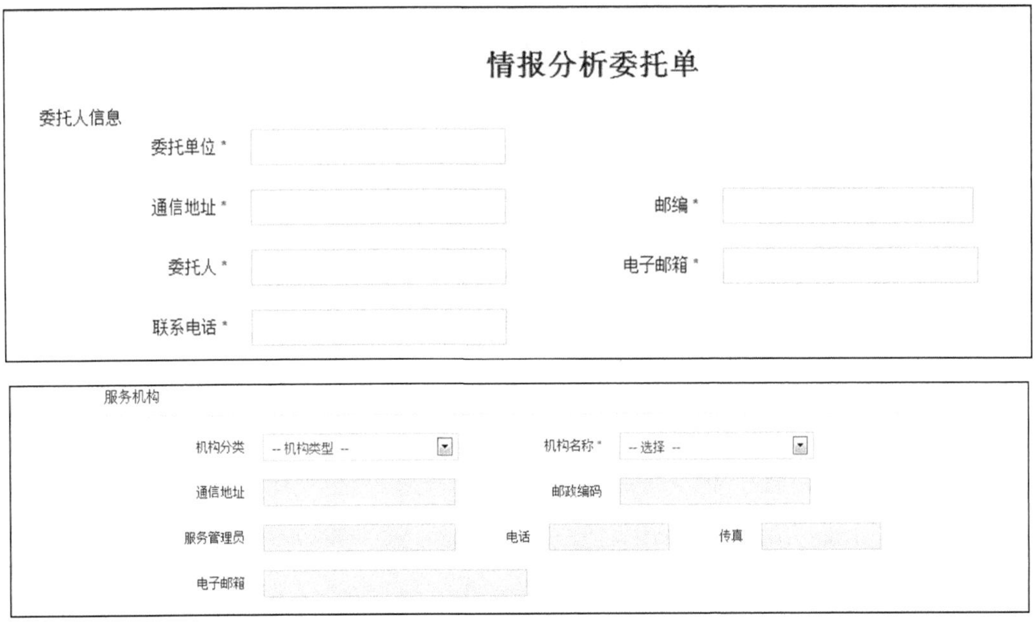

附图4　情报分析委托单填写页面

① 用户提交委托业务后，网站将自动给“委托人”以及“机构管理员”发送通知邮件。

② 业务提交成功后，用户可以单击 点此下载 按钮，下载所提交报告的 Word 格式文件。

③ 用户选择“机构名称”下拉框时，如果事先没有选择“机构分类”，则“机构名称” 的下拉框没有内容可选，用户只有选择“机构分类”时“机构名称”才有内容可选；同时通信地址和邮政编码等信息会自动生成，无须用户手动输入。“机构名称”主要用来决定用户(委托人)提交委托订单后，由哪个机构来提供服务。

5）文献/专题服务

网站用户单击网站首页左侧“快速通道”栏目的 文献/专题服务 链接，网站显示“文献/专题服务”业务页面，用户需要根据要求仔细填写表单，如附图 5 所示，填写后单击 提交 按钮就可以完成委托业务的提交。

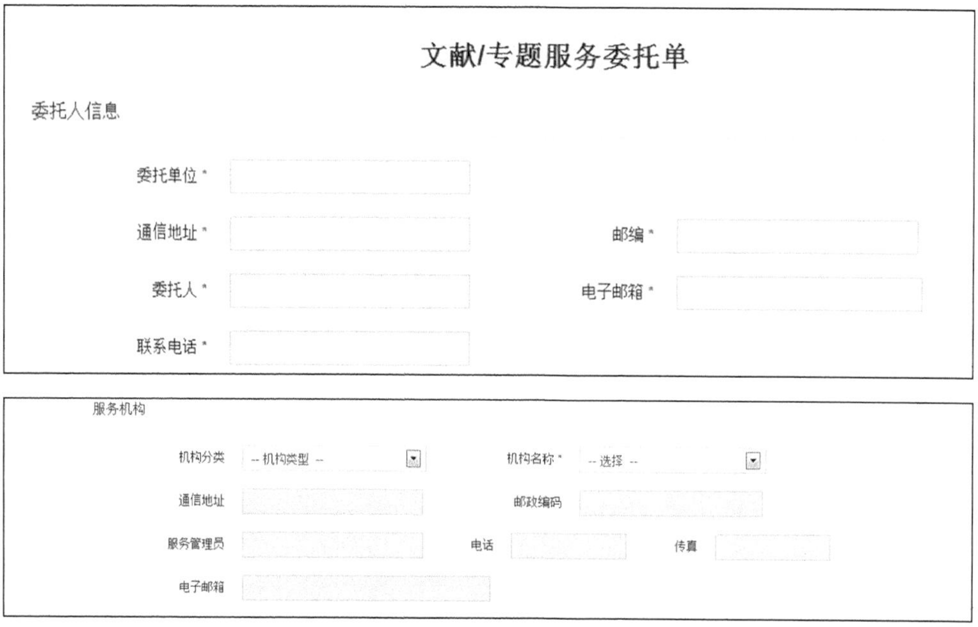

附图 5　文献/专题服务委托单填写页面

① 用户提交委托业务后，网站将自动给“委托人”以及“机构管理员”发送通知邮件。

② 业务提交成功后，用户可以单击 点此下载 按钮，下载所提交报告的 Word 格式文件

③ 说明：用户选择“机构名称”下拉框时，如果事先没有选择“机构分类”，则“机构名称”的下拉框没有内容可选，用户只有选择“机构分类”时“机构名称”才有内容可选；同时通信地址和邮政编码等信息会自动生成，无须用户手动输入。“机构名称”主要用来决定用户(委托人)提交委托订单后，由哪个机构来提供服务。

6）学科服务

网站用户单击网站首页左侧“快速通道”栏目的 学科服务 链接，网站显示“学科服务”业务页面，用户需要根据要求仔细填写表单，如附图 6 所示，填写后单击 提交 按钮就可以完成委托业务的提交。

① 网站用户提交委托业务后，网站将自动给“委托人”以及“机构管理员”发送通知邮件。

② 业务提交成功后，您可以单击 点此下载 按钮，下载您提交报告的 Word 格式文件。

附图6　学术/学科评价申请表填写页面

③ 说明：用户在选择“机构名称”下拉框时，如果事先没有选择“机构分类”，则“机构名称”的下拉框没有内容可选，用户只有选择“机构分类”时“机构名称”才有内容可选；同时通信地址和邮政编码等信息会自动生成，无须用户手动输入。“机构名称”主要用来决定用户（委托人）提交委托订单后，由哪个机构来提供服务。

7）信息服务

网站用户单击网站首页左侧的链接，根据要求仔细填写表单，如附图7所示，填写后单击按钮就可以完成委托业务的提交。

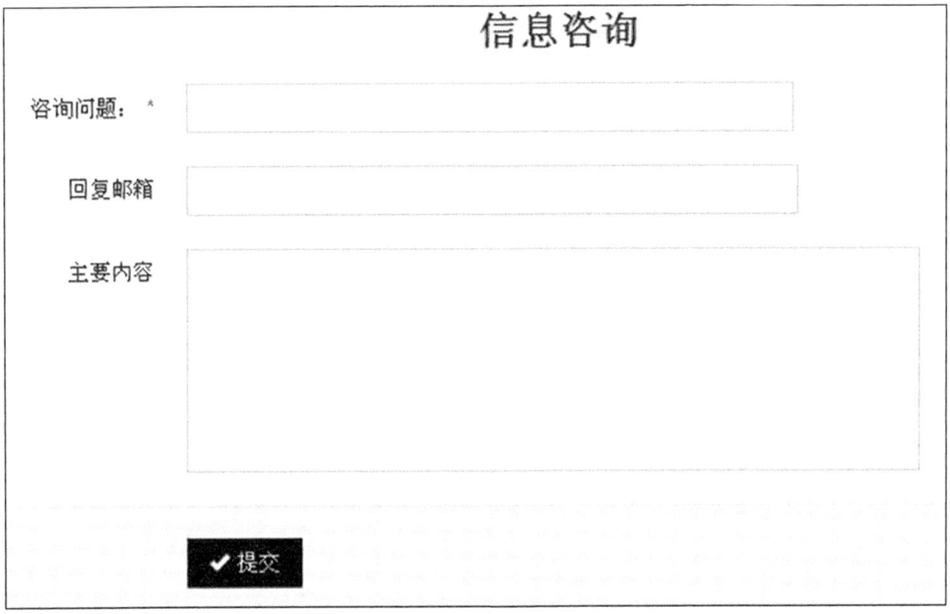

附图7　信息咨询表单填写页面

(2) 网站简介

网站用户单击网站首页顶部“中心简介“链接,网站显示“BALIS 联合信息咨询中心简介”页面,如附图 8 所示,用户可以通过本页面了解网站及相关职能。

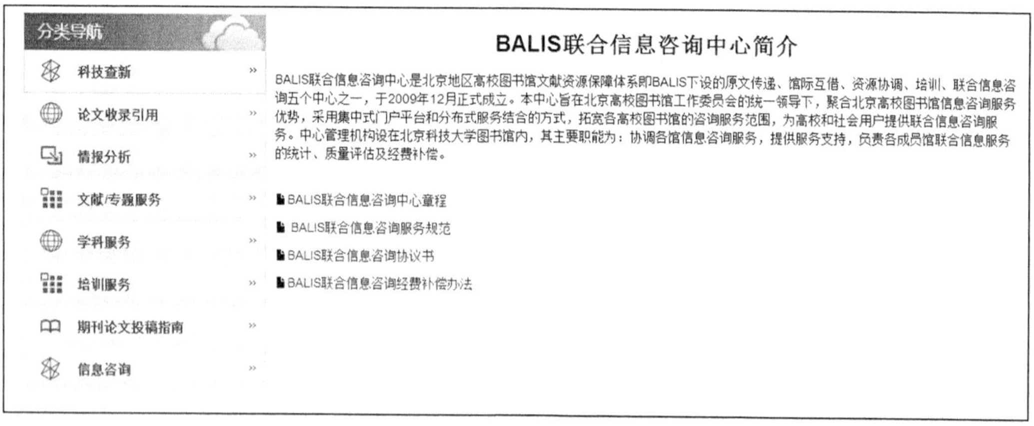

附图 8　BALIS 联合信息咨询中心简介页面

1) 成员导航

网站用户单击网站首页顶部“成员馆导航”链接后,网站显示“成员导航”页面,如附图 9 所示,可以单击进入成员馆网站首页。成员馆网站链接由成员馆机构管理员在后台的“机构信息管理”中进行维护。

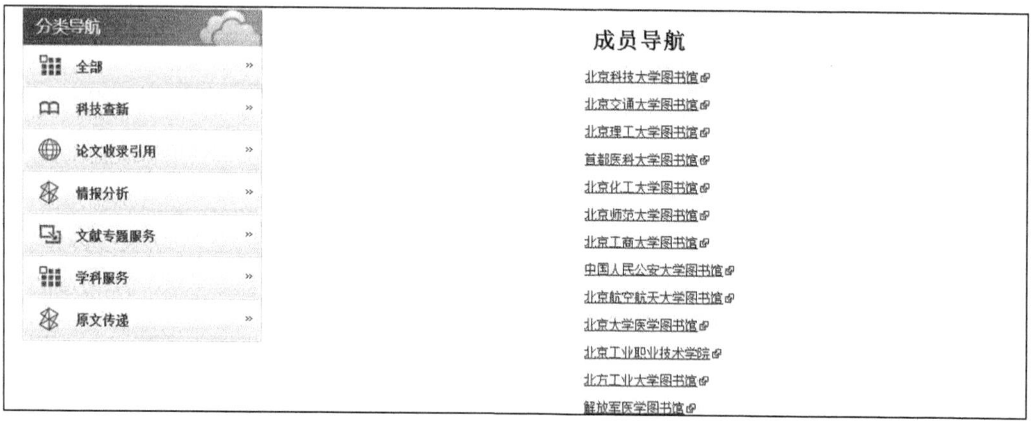

附图 9　成员馆导航页面

2) 服务查询

网站用户(委托人)提交自己的订单后,可以通过单击网站首页顶部“服务查询”链接显示“服务查询”页面,如附图 10 所示,查询自己之前提交的业务,跟踪业务的状态。

3) 公告中心

网站用户(委托人)单击网站首页顶部“公告中心”链接,网站显示“公告中心”页面,如附图 11 所示,用户在该页面可以查看各类公告信息。

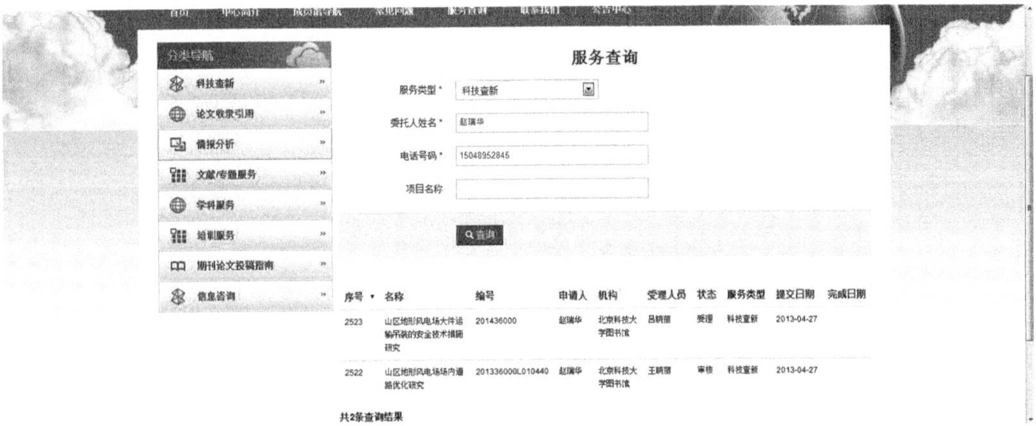

附图 10　用户服务查询页面

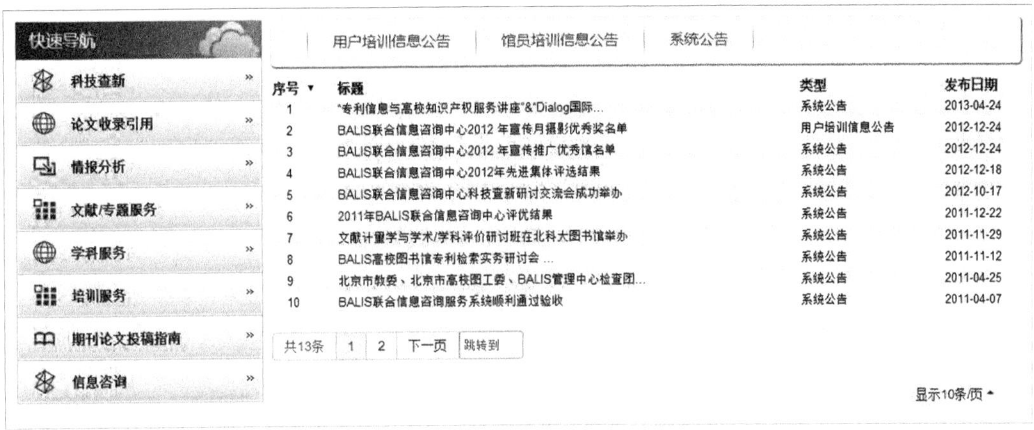

附图 11　公告中心页面

4）常见问题(信息咨询)

网站用户单击网站首页顶部“常见问题”链接，网站显示“常见问题”页面，如附图 12 所示，用户可以通过这个页面提出自己的问题，后台的系统管理员进行答复，也可以浏览其他用户提出的咨询问题。

5）联系我们

网站用户单击网站首页顶部“联系我们”链接，网站显示“联系我们”页面，如附图 13 所示，用户可以通过这个页面查看网站联系人等相关信息。

6）服务指南

网站用户找到网站首页“服务指南”部分，可以查看 6 类服务表单，填写相关信息和其他业务信息，如附图 14 所示。

2. 使用指南—管理员部分

本使用指南—管理员部分详细描述了 BALIS 联合信息咨询中心的后台管理人员使用网站的操作方法。后台权限体系说明如下。

系统管理员：统一管理网站所有事务，具有最高权限。

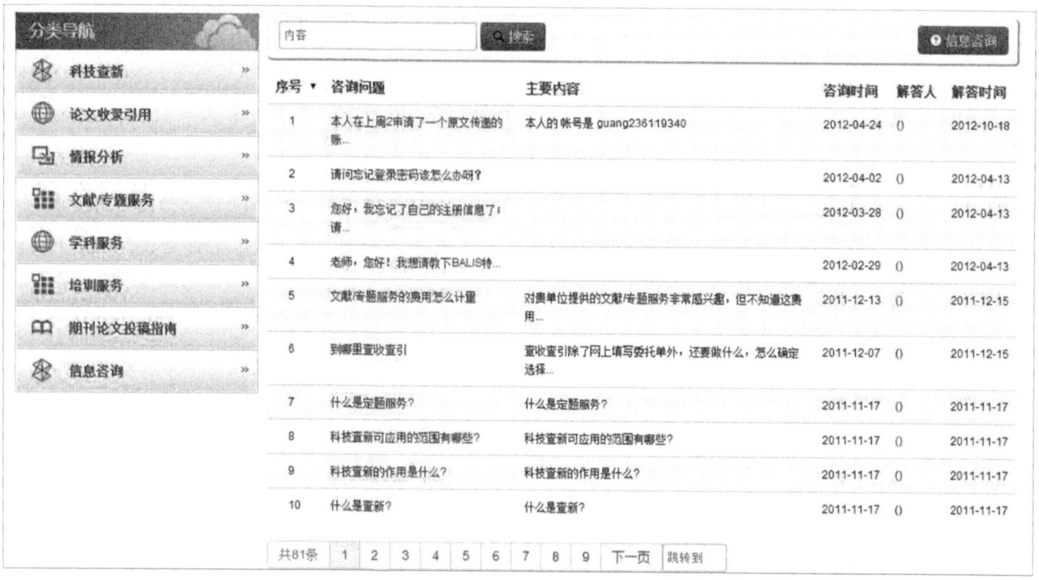

附图 12　常见问题页面

附图 13　联系我们页面

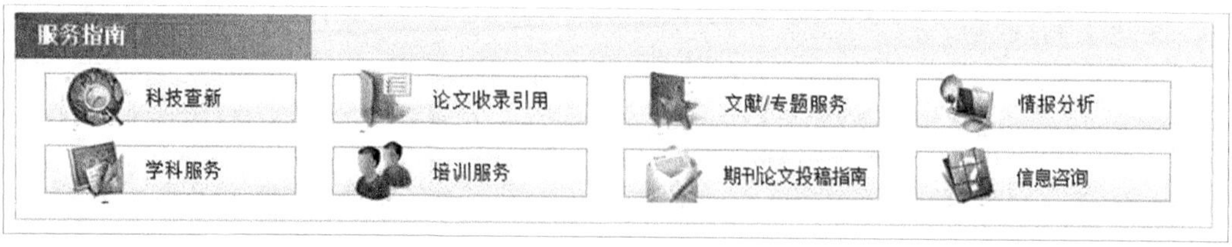

附图 14　服务指南页面

机构管理员：由系统管理员创建，机构管理员是某一机构（图书馆）的最高等级用户（相当于某一学校），对自己机构的服务管理员、服务馆员、机构会计、审核员进行统一管理。

服务管理员：由机构管理员创建（相当于学校里的系），主要任务是把 6 类订单业务分配给服务馆员，服务管理员也可以直接做订单。

服务馆员：由机构管理员或服务管理员创建（相当于系里的工作人员），主要职责是处理服务管理员分配过来的订单业务。

机构会计：由机构管理员创建，主要业务是确认和录入各类业务的收费确认信息。

机构审核员：由机构管理员创建，主要业务是审核服务管理员或者服务馆员的科技查新报告。

（1）系统管理员

系统管理员的主要功能：统一管理网站的所有事务，具有最高的权限。下面将逐一介绍系统管理员的功能。

1）机构管理

系统机构管理的主要功能：统一管理网站的所有机构用户，如附图 15 所示。

序号	机构名称	机构类别	服务类别	地址	邮编	注册日期	操作
15	北京理工大学图书馆	综合类 理工类	学科服务 论文收录引用 情报分析 文献专题服务 科技查新	北京市海淀区中关村南大街5号	100081	2014-01-27	
14	北京交通职业技术学院	理工类		北京市 昌平区 邓庄村	102200	2014-01-27	
13	北京化工大学图书馆	综合类	学科服务 论文收录引用 情报分析 文献专题服务 科技查新	北京市朝阳区北三环东路15号	100029	2014-01-27	
12	北京航空航天大学图书馆	理工类	学科服务 论文收录引用 情报分析 文献专题服务 科技查新	北京市海淀区学院路37号	100191	2014-01-27	
11	北京工业职业技术学院图书馆			北京市石景山区石门路368号	100042	2014-01-27	
9	北京工业大学图书馆	理工类	学科服务 论文收录引用 情报分析 文献专题服务 科技查新	北京市朝阳区平乐园100号	100124	2014-01-27	

附图 15　系统机构管理页面

① 创建机构：系统管理员登入账号进入后台首页面后，单击页面上“机构管理”链接进入“机构管理”页面，在该页面系统管理员单击 注册机构用户 按钮进入“注册服务机构”业务界面，如附图 16 所示，系统管理员按要求填写相关信息后，单击 保存 按钮即可完成机构信息创建。

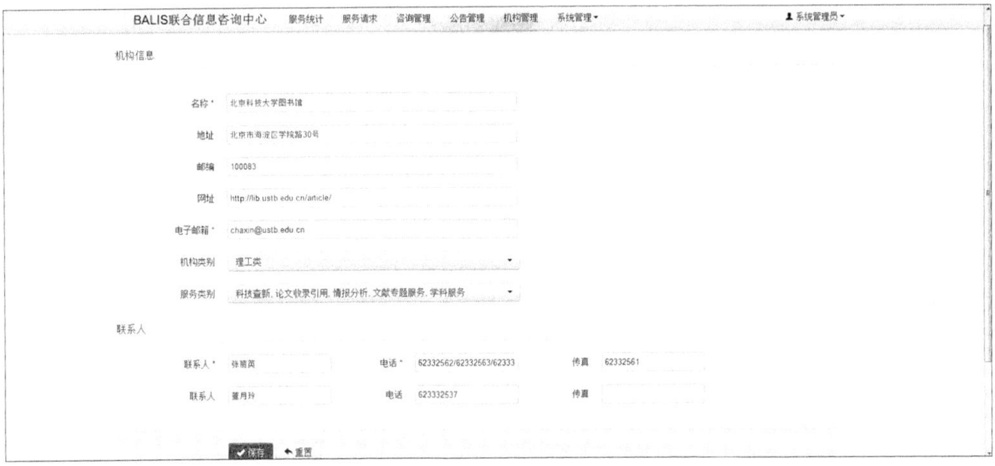

附图 16　注册服务机构的业务界面

② 创建机构管理员:机构信息被创建后,系统管理员可以单击机构显示列表中的“👤”图标,接着单击“注册机构管理员”,填写相关信息来创建该机构的机构管理员。如附图 17 所示。

附图 17 注册机构管理员页面

③ 通知机构管理员:系统管理员把开户信息通知相关机构管理员,机构管理员登录后可以修改密码与机构注册信息,可以开始相关业务处理。附图 18 是某个机构管理员所辖的组织用户信息示例。

附图 18 机构管理员所辖的组织用户信息示例

④ 导出管理人员:系统管理员登录账号进入后台首页面后,单击页面上“机构管理”链接进入“机构管理”页面,在该页面单击“导出管理人员”导出网站所有的管理人信息,并下载成一个 Excel 文件,如附图 19 所示。

2) 系统管理→字段管理

字段管理:用于配置统计字段和 Excel 导出字段的功能,在本页面选择的字段,将可以进行统计或在 Excel 导出。

系统管理员单击后台页面上“系统管理”链接下面的“字段管理”链接,网站进入“字段管

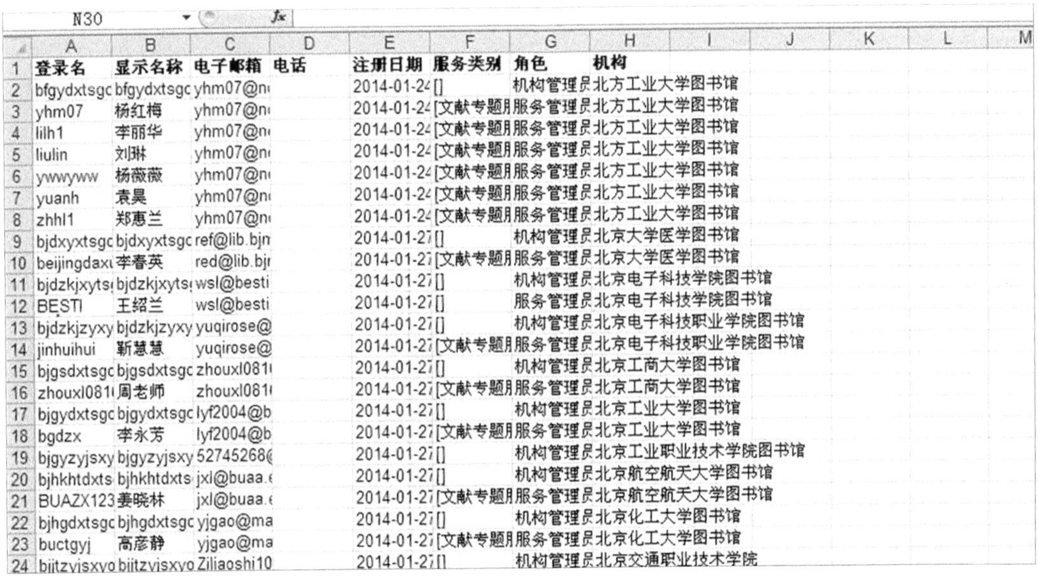

附图 19　导出网站管理人信息示意

理”页面，如附图 20 所示，在该页面系统管理员可以分别调整系统管理员、机构管理员、服务管理员、服务馆员、机构会计、机构审核员角色作为在导出“服务请求”详细信息 Excel 表格及进行结果统计的字段。

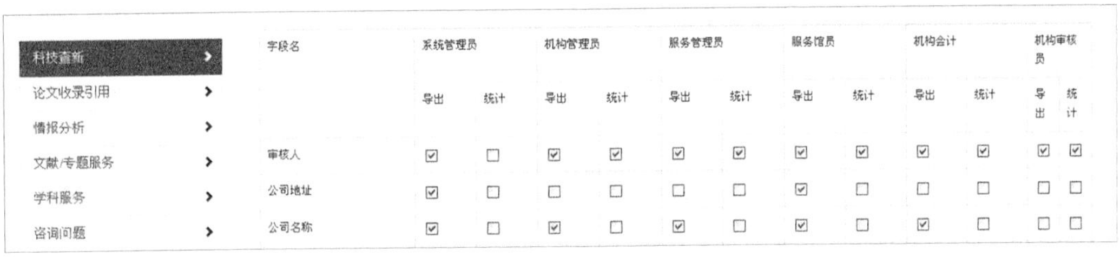

附图 20　系统字段管理页面

3）系统管理→邮件模板

邮件模板：用于配制本网站业务状态发生变化时，发送邮件通知客户的内容。

系统管理员单击后台页面上“系统管理”链接下面的“邮件模板”链接，网站进入“邮件模板”页面，如附图 21 所示，在该页面系统管理员可以定义网站后台用户在做业务操作时给客户发送的邮件内容。

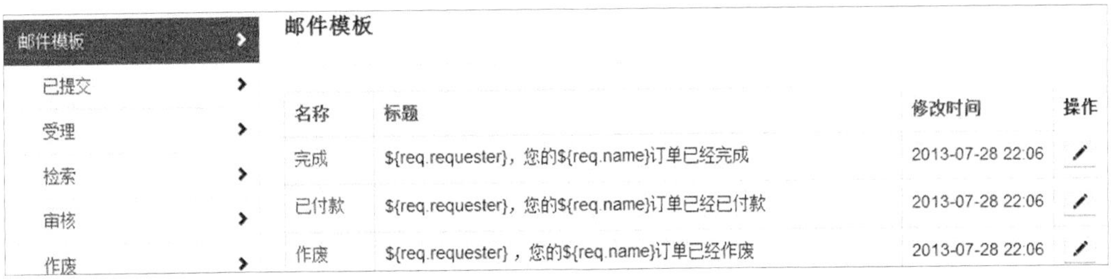

附图 21　邮件模板页面

例如，系统管理员可以通过“动态字段”来定义邮件动态内容，附图 22 是一个定义的样例。

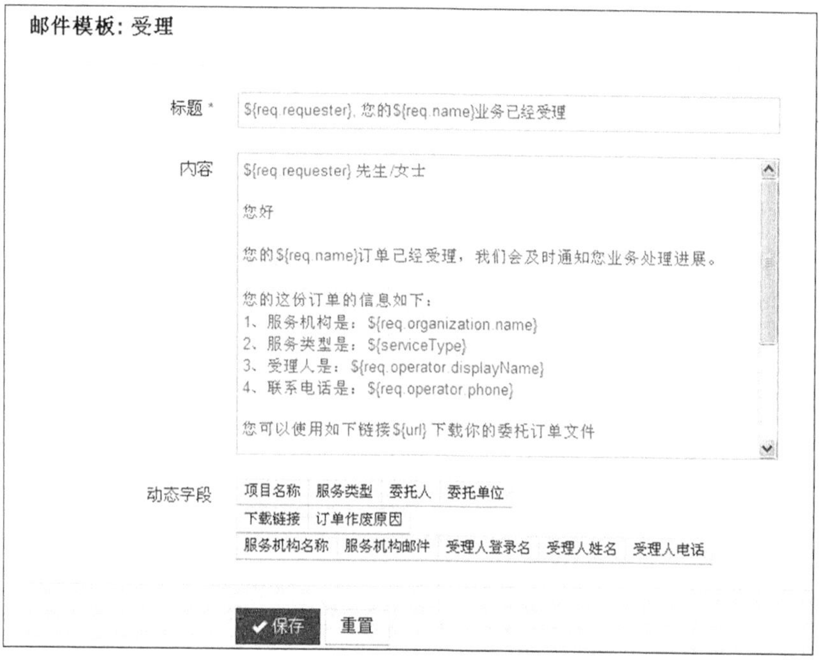

附图 22　定义邮件动态内容样例

说明：图中内容列表框就是“动态字段”，通过合理的配置，将有效地写出内容完整的邮件内容。

4）系统管理→机构信息管理

本功能用于填写本网站的机构信息。系统管理员单击后台页面上“系统管理”链接下面的“机构信息管理”链接，网站进入“机构信息管理”页面，如附图 23 所示，在该页面系统管理员可以填写联系信息。

5）系统管理→查新数据库维护

本功能用于维护本网站查新业务生成查新报告时使用的查新数据库内容（对于数据的增删改查等维护操作），系统管理员可以通过本功能对理工类、医学类及林学类数据库进行维护。

系统管理员单击后台页面上“系统管理”链接下面的“查新数据库维护”链接，网站进入“查新数据库维护”页面，如附图 24 所示，在该页面系统管理员可以对“查新数据库维护”进行各种操作。

① 添加数据库，可以单击 创建 按钮进入创建页面，如附图 25 所示。

② 删除数据库，可以单击 删除 按钮。

③ 修改数据库，可以单击 修改 按钮进入修改页面，如附图 26 所示。

④ 查询数据库，可以单击 搜索 按钮进入查询页面，如附图 27 所示。

6）系统管理→查新报告模板

本功能用于配置本网站查新业务使用的查新报告模板（本模板需要专门的定制后，才可

附图 23　机构信息管理页面

附图 24　查新数据库维护页面

上传使用)。系统管理员单击后台页面上“系统管理”链接下面的“查新报告模板”链接，网站进入“查新报告模板”页面，如附图 28 所示，在该页面系统管理员可以对“查新报告模板”进行各种操作。

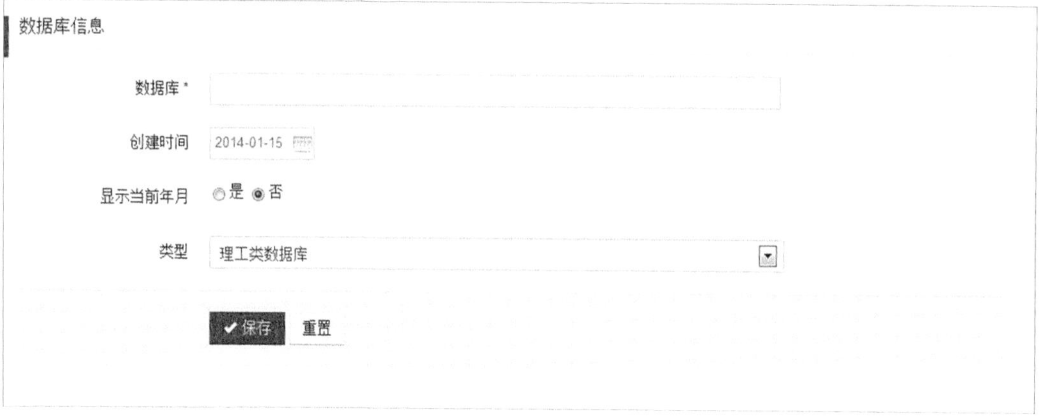

附图 25　查新数据库添加页面

附图 26　查新数据库修改页面

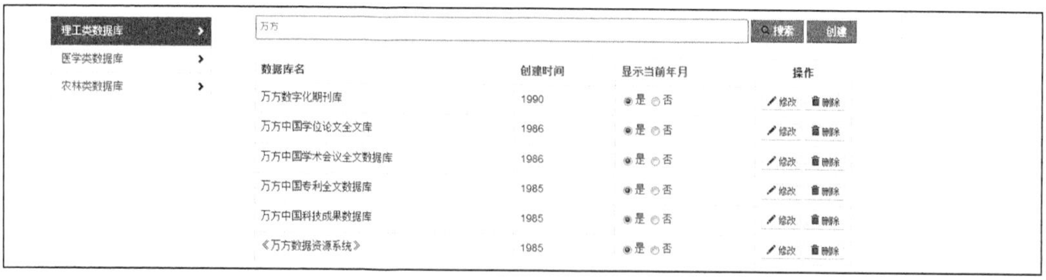

附图 27　查新数据库查询页面

① 上传新模版

系统管理员可以通过单击“选择文件”按钮，选择自己想要上传的模板文件，然后单击“上传”按钮即可上传模板文件，如附图 29 所示。

② 下载模版

系统管理员单击页面上的 图标可以下载已上传的“查新报告模板”。

附图 28 查新报告模板管理页面

③ 删除模版

系统管理员单击页面上的图标可以删除已上传的“查新报告模板”。

附图 29 上传查新报告模板页面

7）公告管理

用于管理本网站的公告信息。

系统管理员单击后台页面上“公告管理”链接，网站进入“公告管理”页面，如附图 30 所示，在该页面系统管理员可以发布、删除、修改公告信息。

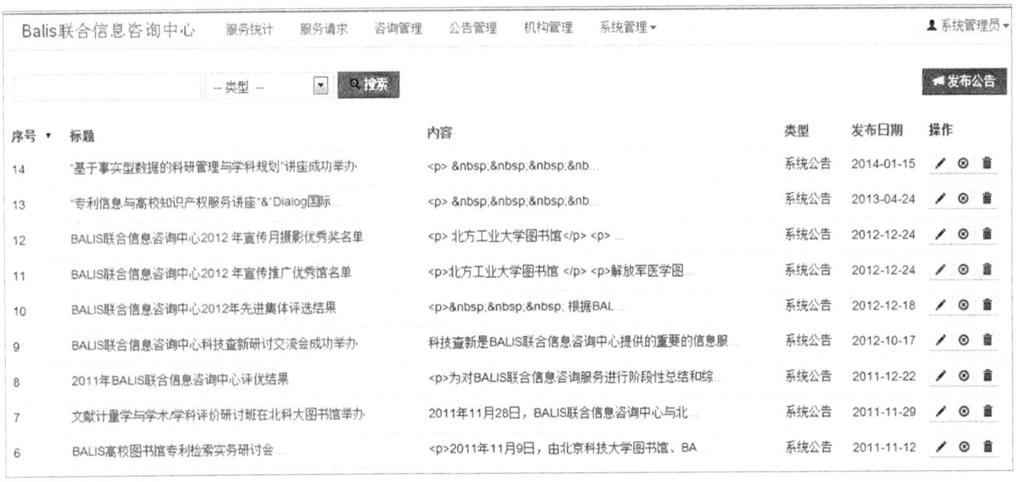

附图 30 公告管理页面

8）咨询管理

本功能用于管理委托人的咨询信息。

系统管理员单击后台页面上“咨询管理”链接，网站进入“咨询管理”页面，如附图 31 所示，在该页面系统管理员可以回复前台用户咨询的信息。

9）服务请求

系统管理员可以看到委托人提交的所有 6 类业务，但没有权限处理任何业务。

附图 31　咨询管理页面

单击后台页面上“服务请求”链接，网站进入“服务请求”页面，在该页面系统管理员可以查看网站处理业务的情况，可以将委托列表按不同的统计方式进行统计，如附图 32 所示。

附图 32　系统管理员服务查看与统计页面

10）服务统计

用于查看网站业务统计的情况。

系统管理员单击后台页面上“服务统计”链接，网站进入“服务统计”页面，在该页面系统管理员可以查看服务统计信息，如附图 33 所示。

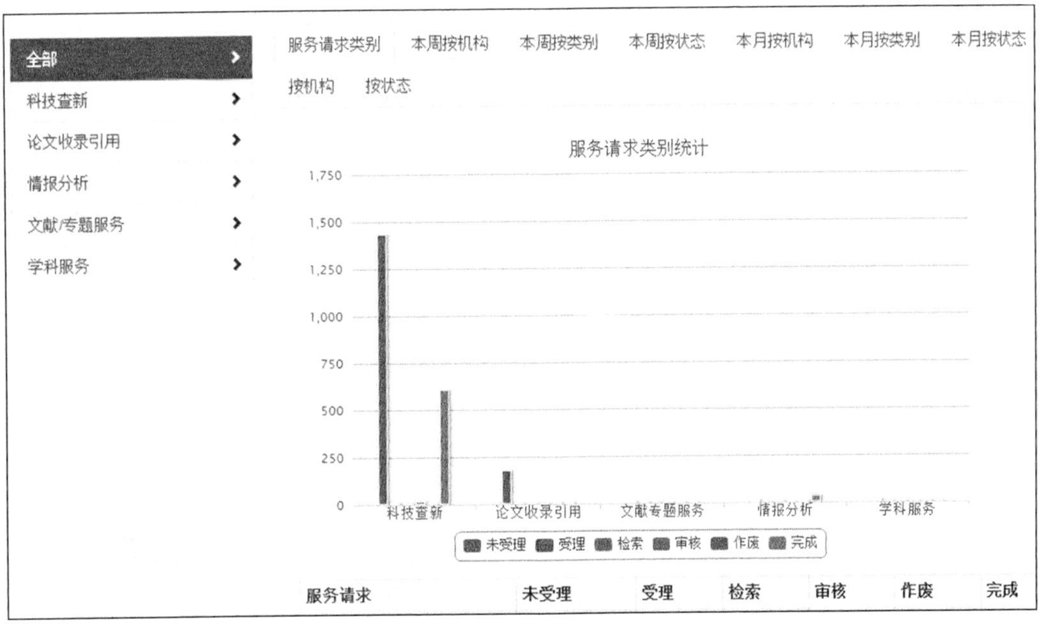

附图 33　系统管理员服务统计图示

（2）机构管理员

机构管理员的功能：对自己机构的服务管理员、服务馆员、机构会计、机构审核员以及相关业务进行统一管理。下面将逐一介绍机构管理员的功能。

1）机构管理员信息管理

机构管理员单击后台页面右上角登录名的下拉三角按钮，可以修改个人信息和密码，如附图 34 所示。

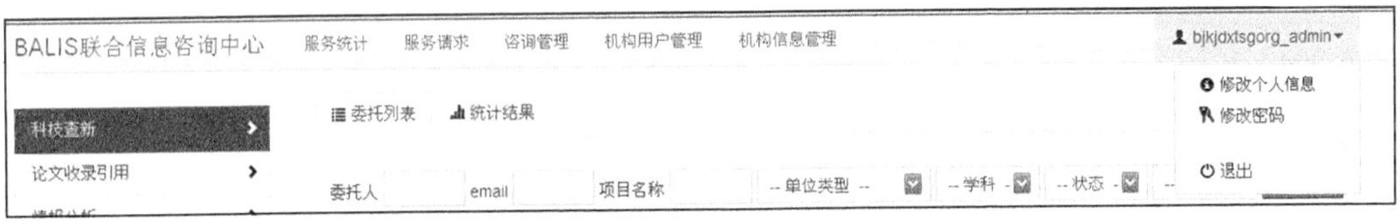

附图 34　机构管理员个人信息和密码修改页面

2）机构信息管理

机构管理员单击后台页面顶部“机构信息管理”链接，网站进入“机构信息管理”业务页面，在该页面机构管理员可以根据要求修改已经注册的机构信息，如附图 35 所示。

3）机构用户管理

用于管理本机构的用户。

机构管理员单击后台页面顶部“机构用户管理”链接，网站进入“机构用户管理”业务页面，如附图 36 所示，在该页面上单击“注册机构用户”按钮进入“注册机构用户”页面，此时机构管理员可以根据需要创建和管理自己的用户。

机构管理员可以根据本馆的业务需求，分别创建服务管理员、服务馆员、机构会计、机构审核员 4 类用户，如附图 37 所示。

附图 35　机构信息管理页面

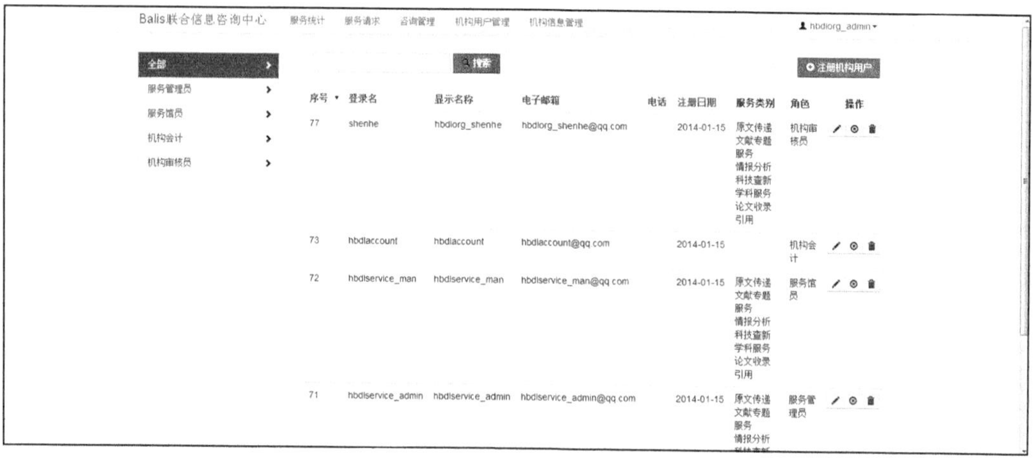

附图 36　机构用户管理页面

机构管理员可以分别授予他们处理相关业务的权限，能受理的业务包括科技查新、论文收录引用、文献专题服务、学科服务，具体授权操作如下。

① 创建服务管理员：单击“注册机构用户”，填写相关信息，在角色下拉框中选择“服务管理员”项，选择相关受理的“服务类型”，并填写相关创建信息，如附图 38 所示。

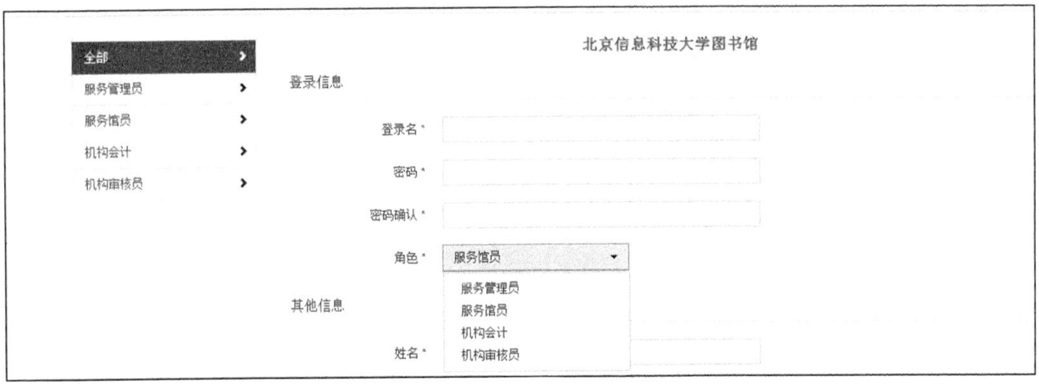

附图 37　创建机构用户页面

附图 38　创建服务管理员

② 创建服务馆员：单击“注册机构用户”，填写相关信息，在角色下拉框中选择“服务馆员”项，选择相关受理的“服务类型”，并填写相关创建信息，如附图 39 所示。

③ 创建机构会计：单击“注册机构用户”，填写相关信息，在角色下拉框中选择“机构会计”项，并填写相关创建信息，如附图 40 所示。

④ 创建机构审核员：单击“注册机构用户”，填写相关信息，在角色下拉框中选择“机构审核员”项，选择相关受理的“服务类型”，并填写相关创建信息，如附图 41 所示。

附图 39　创建服务馆员

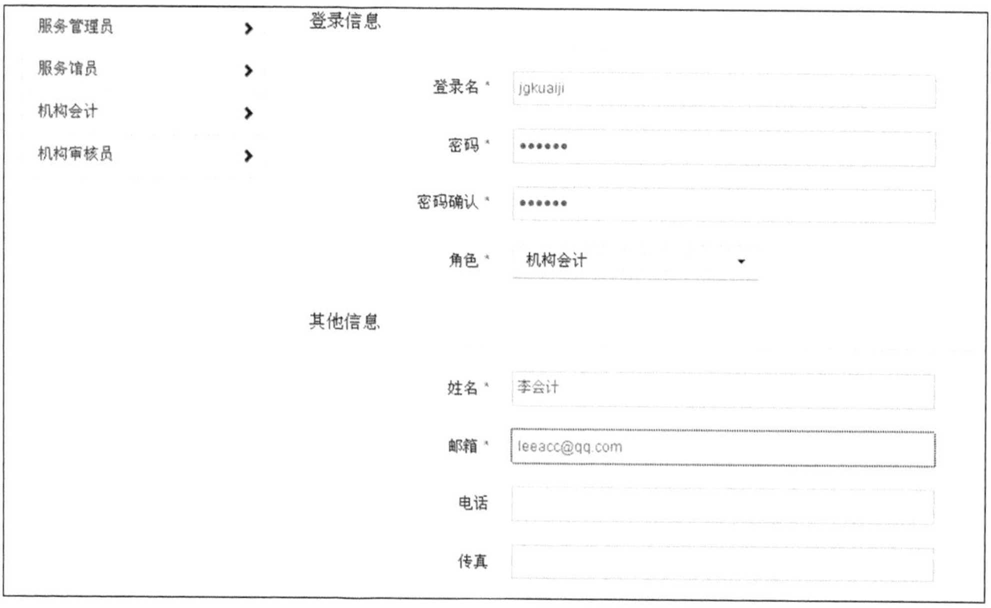

附图 40　创建机构会计

附图 41　创建机构审核员

4）咨询管理

机构管理员单击后台页面顶部“咨询管理”链接，网站进入“咨询管理”业务页面，在此页面机构管理员可以回复前台用户咨询的信息，如附图 42 所示。

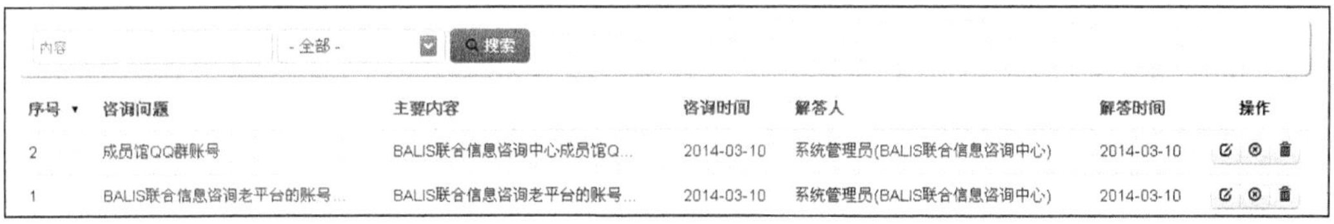

序号	咨询问题	主要内容	咨询时间	解答人	解答时间	操作
2	成员馆QQ群账号	BALIS联合信息咨询中心成员馆Q...	2014-03-10	系统管理员(BALIS联合信息咨询中心)	2014-03-10	
1	BALIS联合信息咨询老平台的账号...	BALIS联合信息咨询老平台的账号...	2014-03-10	系统管理员(BALIS联合信息咨询中心)	2014-03-10	

附图 42　咨询管理页面

5）服务请求

机构管理员可以通过本功能查看本机构的“委托列表”及业务处理情况，单击 导出列表 按钮可以导出包括多字段的服务业务详细信息的 Excel 表格。在“统计结果”页面可以根据不同的统计方式对服务数据进行统计，如附图 43 所示。

6）服务统计

机构管理员单击页面顶部“服务统计”链接，网站进入“服务统计”业务页面，如附图 44 所示，在该页面机构管理员可以查看本机构的业务统计情况。

（3）服务管理员

服务管理员的主要功能：统一管理服务馆员，分配业务以及处理订单业务。下面将逐一介绍服务管理员的功能。

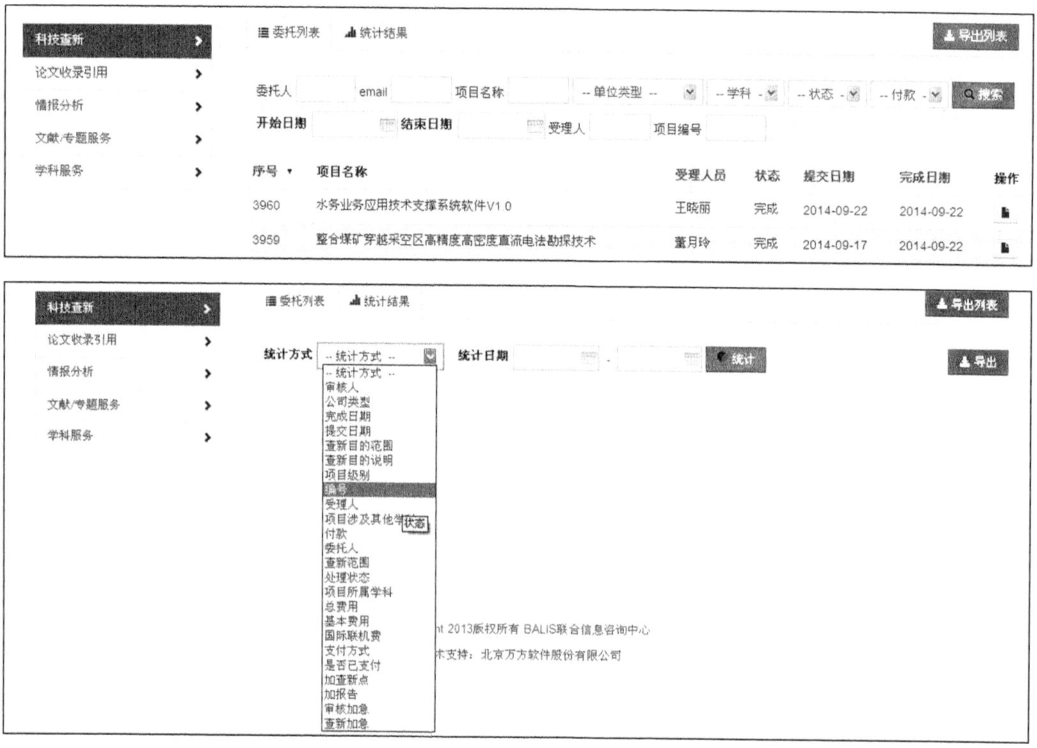

附图 43　机构管理员服务查看与统计页面

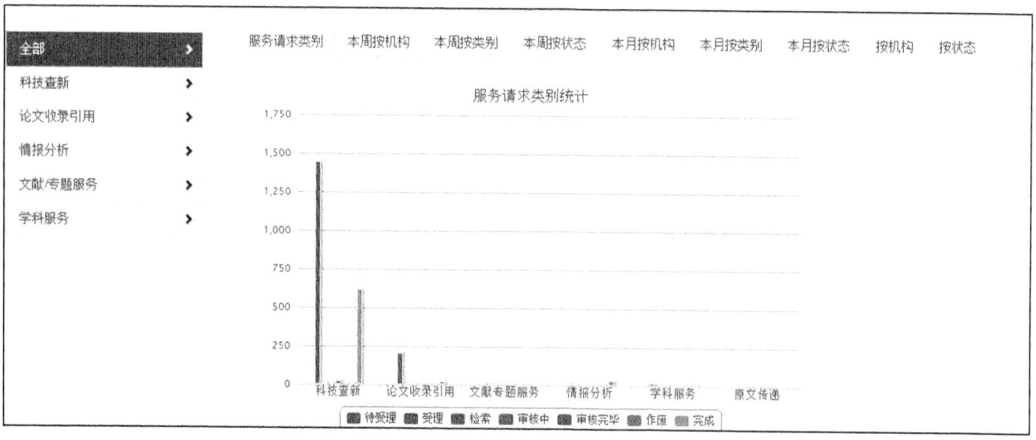

附图 44　机构管理员服务统计图示

1）服务管理员本人信息管理

服务管理员单击后台页面右上角登录名的下拉三角按钮，可以修改个人信息和密码，如附图 45 所示。

2）服务馆员管理

同机构用户管理创建服务馆员的操作。

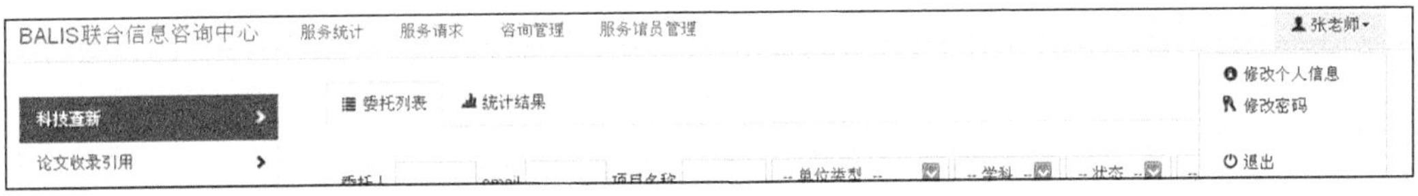

附图 45　服务管理员本人信息和密码修改页面

3）服务统计

服务管理员单击后台页面顶部“服务统计”链接，网站进入“服务统计”业务页面，在该页面服务管理员可以查看对应权限类别服务的业务统计情况。

同机构用户服务统计的操作。

4）咨询管理

服务管理员单击后台页面顶部“咨询管理”链接，网站进入“咨询管理”业务页面，在此页面服务管理员可以回复前台用户咨询的信息。

5）服务请求

服务管理员可以通过本功能查看本机构的“委托列表”及业务处理情况，在该页面服务管理员可以查看本人和其他服务馆员处理业务的情况，并进行业务处理。单击 按钮可以导出包括多字段的服务业务详细信息的 Excel 表格。在“统计结果”页面可以根据不同的统计方式对服务数据进行统计。同机构用户服务请求的操作。

6）服务任务分配

在“服务请求”的“委托列表”中单击“操作”按钮中的 图标，选择“服务馆员”项，确定该条服务指派的受理人。

7）本人服务编辑处理

编辑处理分配给服务管理员本人的服务任务。服务管理员也可以用“服务馆员”身份单独创建账户，其服务处理见下面内容。

（4）服务馆员

服务馆员的主要功能：服务馆员单击后台页面顶部“服务请求”链接，网站进入“服务请求”业务页面，在该页面服务管理员可以查看分配给本人处理业务的情况，并进行业务处理，包括下载委托合同、查看付款信息、编辑处理、更改服务状态等。

1）本人信息管理

服务馆员单击后台页面右上角登录名的下拉三角按钮，修改个人信息和密码，同服务管理员本人信息管理的操作。

2）服务统计

服务馆员可以通过本功能查看本人的业务统计的情况。同服务管理员服务统计的操作。

3）咨询管理

服务馆员单击后台页面顶部“咨询管理”链接，网站进入“咨询管理”业务页面，在该页面可以对前台用户提交的问题进行回复、作废、删除的操作。

4）服务请求

服务馆员可以通过本功能查看本人的“委托列表”及业务处理情况，单击 按钮可以导出包括多字段的服务业务详细信息的 Excel 表格。在“统计结果”页面可以根据不同的统计方式对服务数据进行统计。同服务管理员服务请求的操作。

5）下载委托合同

在“服务请求”—“委托列表”业务页面单击“操作”按钮中的 图标，可以下载用户提交的委托合同 Word 版本。

6）查看项目收费

在“服务请求”—“委托列表”业务页面单击“操作”按钮中的 图标，可以查看该条服务的收费详情。

7）更改服务进展状态

在“服务请求”—“委托列表”业务页面单击“操作”按钮中的 图标，根据服务进展情况更改状态，如附图 46 所示。

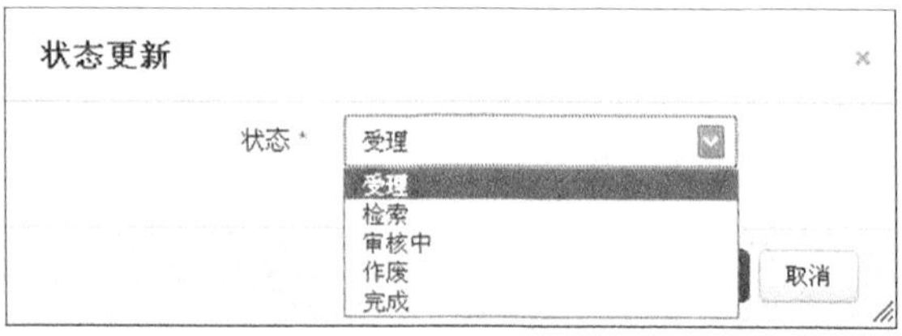

附图 46　更改服务进展状态

8）编辑处理服务任务

在“服务请求”—“委托列表”业务页面单击“操作”按钮中的 图标，浏览委托合同详细信息，进入服务任务处理页面。进行包括修改委托合同、生成查新报告、上传查新报告、查新报告提交审核等处理。

① 修改委托合同：可以对委托合同进行修改，并填写其他信息，单击页面底部的 保存并返回 按钮保存修改的信息。

② 生成查新报告：单击页面底部的 生成查新报告 按钮，选择查新报告模板和对应数据库，上传 Notexpress 格式导出的.txt 参考文献文档，单击“生成报告”按钮，生成查新报告，如附图 47 所示。

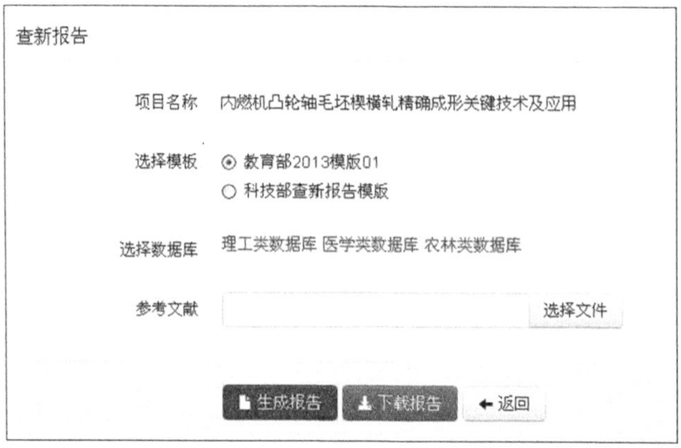

附图 47　生成查新报告页面

③ 报告生成后，你可以下载报告（注：只有报告生成后，才能上传修改后的报告和审核

报告),如附图 48 所示。

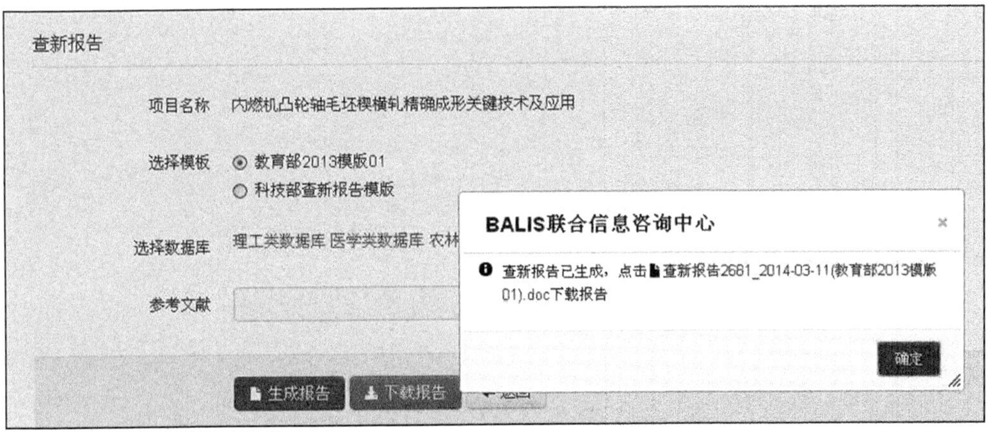

附图 48　下载查新报告页面

④ 上传查新报告:生成的查新报告经修改后可以通过页面底部的 上传文件 按钮进行覆盖更新,如附图 49 所示。

附图 49　上传查新报告页面

⑤ 查新报告审核:待审核的查新报告通过页面底部的 审核员审核 按钮选择审核员,提交审核,如附图 50 所示。

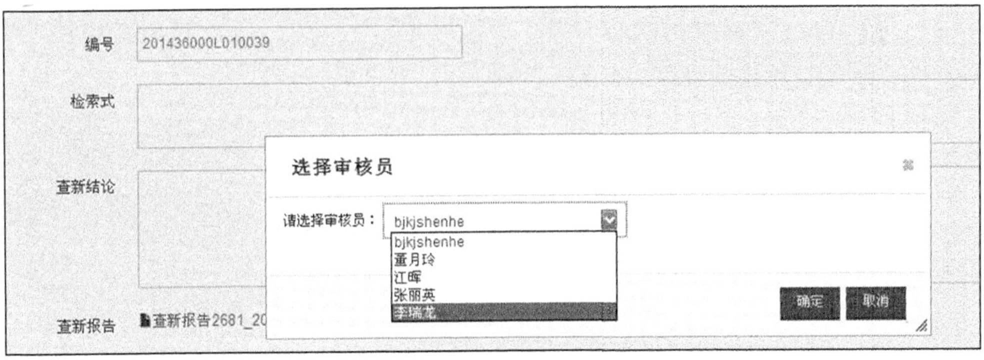

附图 50　查新报告提交审核页面

(5) 机构审核员

机构审核员的主要功能:对查新员提交的查新报告进行审核,包括下载查新报告、上传查新报告、设置审核结果。

1) 本人信息管理

审核员单击后台页面右上角登录名的下拉三角按钮,可以修改个人信息和密码。同服务馆员本人信息管理的操作。

2）查新报告审核

在“服务请求”—“委托列表”下，对待审核的查新报告进行审核操作，如附图 51 所示。

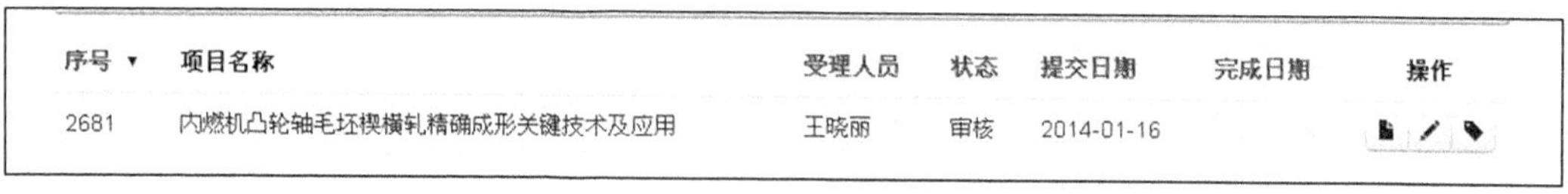

附图 51　查新报告审核操作页面

① 单击图标，下载待审核的查新报告 Word 版本。

② 审核修改后的查新报告，通过图标上传。

③ 查新报告通过审核，单击图标。

3）咨询管理

机构审核员单击后台页面顶部“咨询管理”链接，网站进入“咨询管理”业务页面，在该页面审核员可以对前台用户提交的问题进行回复、作废、删除的操作。

4）服务统计

机构审核员可以通过本功能查看本人的业务统计的情况。同服务馆员服务统计的操作。

（6）财务人员

财务人员的主要功能：统一管理本机构服务收费情况。

1）本人信息管理

财务人员单击后台页面右上角登录名的下拉三角按钮，可以修改个人信息和密码。同机构审核员本人信息管理的操作。

2）服务请求

财务人员可以通过本功能在“服务列表”页面下查看本机构的业务费用收取情况。可以导出包括多字段的服务收费的 Excel 表格，可以在“统计结果”页面下根据多种方式进行统计。

① 收费明细填写确认：在“服务请求”—“服务列表”页面，单击图标，可以下载该项服务的委托合同。

② 填写确认收费明细：在“服务请求”—“服务列表”页面，单击图标，可以填写并确认该项服务的详细收费信息，如附图 52 所示。

附图 52　确认收费明细页面

3）服务统计

财务人员可以通过本功能查看本机构的业务统计的情况。

4）咨询管理

财务人员可以通过本功能查看和处理前台用户咨询的相关问题。